casasolaeditores.com

HONDURAS

Crónicas de un pueblo golpeado

OSCAR ESTRADA

HONDURAS

Crónicas de un pueblo golpeado

casasola
www.casasolaeditores.com

HONDURAS: Crónicas de un pueblo golpeado.
Autor: Oscar Estrada ©
Derechos Reservados 2013
Prólogo © Marc Zimmerman
Editorial LACASA (Latin American/Latino/a
Cultural Activities and Studies Arena)
http://www.class.uh.edu/mcl/lacasa/pubs.asp
Marc Zimmerman, Director.
Tel. 281-513-9475, EMAIL: mzimmerman@uh.edu
Serie de Testimonio, Crónicas y Documentos.
Autor: Oscar Estrada.
Corrección del texto: Rolando Muñoz Félix y
Roberto Carlos Pérez.
Diagramación: Casasola Editores.
Diseño de portada: Mario Ramos.
Fotografía de portada: Roverto Barra.

Primera Edición: Casasola Editores 2012 ©
215 East Hill Rd, Brimfield MA. 01010
1(413) 245-3289

ISBN: 978-0-9850825-8-1
6x9 pulgadas, 250 páginas

Impreso en Estados Unidos
casasolaeditores.com

info@casasolaeditores.com/oscarlestrada@gmail.com

Oscar Estrada (Honduras, 1974). Escritor, guionista y abogado, estudió en la Escuela Internacional de Cine y Televisión de La Habana. Ha trabajado en producción de radionovelas, programas televisivos y documentales sociales como *El Porvenir* (2008). Durante el golpe de Estado de 2009 fue el enlace con varios medios informativos internacionales. Parte del material que grabó durante los acontecimientos aparece en el documental *Quién dijo miedo, Honduras de un golpe*, de la cineasta Katia Lara. *Honduras, crónicas de un pueblo golpeado* es la versión impresa de los hechos referidos. Oscar Estrada es también autor de *Invisibles, una novela de migración y brujería* (2012).

GUATEMALA
EL SALVADOR
NICARAGUA
PACIFIC OCEAN
ISLAS DE LA BAHÍA
ATLÁNTIDA
COLÓN
GRACIAS A DIOS
CORTÉS
YORO
OLANCHO
SANTA BÁRBARA
COPÁN
OCOTEPEQUE
LEMPIRA
INTIBUCÁ
COMAYAGUA
FRANCISCO MORAZÁN
LA PAZ
EL PARAÍSO
VALLE
CHOLUTECA
Tegucigalpa
San Salvador
Managua
Puerto Cortés
La Ceiba
El Progreso
Trujillo
Frontera de Las Manos
San Vicente
San Miguel
Choluteca
Estelí
Matagalpa
León
Chinandega
Puerto Barrios
Santa Ana
Nacaome
Juticalpa
Santa Rosa de Copán
Nueva Ocotepeque
La Esperanza
Danlí
Comayagua
National capital
Provincial capital
City, town
Major airport
International boundary
Departmental boundary
Pan American Highway
Main road
Secondary road
Railroad
0 25 50 75 100 km
0 25 50 75 mi

EL LIBRO DE OSCAR ESTRADA
Y SU LUGAR EN LACASA

Con gran placer y orgullo, como investigador por largo tiempo sobre asuntos centroamericanos y del Caribe, y director de LACASA Books, presento la nueva crónica de Oscar Estrada, un libro que trata de manera vital y directa el golpe de Estado de Honduras en 2009.

Como centroamericanista he escrito y editado varios libros que retratan la historia de América Central y su literatura, pero aunque siendo sobre el norte de Centro América, nunca había entrado al mundo de Honduras. Después de todo -podría argumentar que esta limitación ha sido por cuestiones políticas- yo estaba concentrado en el pasado y presente de los países implicados en las luchas revolucionarias durante las décadas de los 70 y 80. Sólo en el volumen *Estudios culturales centroamericanos en el nuevo milenio* (coedición de LACASA con la Editorial UCR, de la Universidad de Costa Rica), supervisé la publicación de algunos ensayos centrados específicamente en Honduras. Por eso, ante el golpe de Estado de 2009, sabía que debía que hacer algo más.

Para mi suerte, en la Feria del Libro LéaLA en Los Ángeles, a principios de mayo de 2012, me encontré con Oscar Estrada, un brillante escritor hondureño quien no sólo demostró una comprensión profunda de Honduras en su novela *Invisibles*, sino que también me informó que tenía escrita una crónica del golpe de Estado, que esperaba publicar en un futuro próximo.

Permítanme señalar que LACASA, por su siglas en inglés significa las Actividades Culturales de América Latina/Latino Cultural Activities and Studies Arena, que ha venido publicando textos desde 1998; y después de 2002 como un proyecto asumido por el World Cultures and Literature Program del De-

[i]

partmento de Lenguas Clásicas y Modernas de la Universidad de Houston. Somos una empresa editorial que pretende impulsar el trabajo de jóvenes profesores y estudiantes avanzados de postgrado, en su intento de publicar obras significativas, centradas en la cultura latinoamericana, *Cutting Edge Series of Collective Volumes on Latino and Latin American Cultural Studies and Globalization*, que incluye artículos sobre temas centroamericanos de Arturo Arias, Beatriz Cortéz, Claudia Ferman, Magda Zavala, entre otros. Dos dimensiones fundamentales de nuestro esfuerzo han sido: las publicaciones académicas en español, debido a que el trabajo académico latinoamericanista, en los EE.UU. y Canadá, en su mayoría, se publica en inglés, y las coediciones con editores latinoamericanos, con el fin de que los textos que presentamos sobre Latino América y los latinos en Estados Unidos, lleguen a todo el mundo de habla hispana.

En octubre de 2011 me retiré de la Universidad de Houston, pero decidí continuar con el proyecto LACASA y publicar obras colectivas en una serie sobre estudios culturales latinoamericanos y globalización, incluyendo algunos artículos sobre temas centroamericanos del nuevo volumen *Giros culturales en la marea rosa de América Latina*, y una nueva serie titulada *Testimonio, crónicas y documentos*. En la sección dedicada a testimonio incluimos *Bringing Aztlan to Mexican Chicago*, el relato testimonial de José González, pintor y activista cultural mexicano; y junto con el Centro de Estudios Sociales de la Universidad de Puerto Rico coeditamos *El despertar de las comunidades afrocolombianas*, un libro de relatos testimoniales editado y presentado por María Inés Martínez. Ahora, al conocer a Oscar Estrada, me enfrenté con la posibilidad de redondear (de alguna manera) mi contribución a los estudios del norte de Centro América y proporcionar la primera crónica de la nueva serie de LACASA. Era natural que pidiera ver el manuscrito de Estrada, que resultó ser de la mayor calidad e importancia.

¿Qué hay detrás del interés de LACASA en su nueva serie? ¿Por qué la preocupación por los géneros especificados: testimonio, crónicas y documentos? Para nosotros, en efecto, *documentos* es el depositario de una serie de adherida a modos literarios, tales como dibujos, historietas, gráficos por ordenador, blogs, sitios web, etc., que no encajan bajo la rúbrica de testimonio o crónica. Yo fui uno de los que en la década de los 80, prestó especial atención al testimonio, como una forma de expresar lo que otros géneros literarios no decían sobre la realidad centroamericana; buscaba dar voz a los sin voz o, por lo menos, proporcionar otro tipo de comprensión de los hechos y procesos. En la confusión de los fenómenos observados, en términos hegemónicos, los testimonios publicados en las últimas décadas han aportado nuevas perspectivas sobre la representación literaria e histórica, ofreciendo interpretaciones alternativas a los puntos de vista, a menudo enterrados y borrosos en el esquema general de la causalidad social y política.

En este contexto, hay quienes subestiman la trascendencia de los trabajos testimoniales en la evolución del entorno social, cultural y político, sugiriendo su decadencia al afirmar que el período revolucionario en el que se habían desarrollado pertenecía al pasado, dando mayor importancia a los procesos de globalización y transnacionalización. Sin embargo, considero que el testimonio aún está vivo, aunque cambiante en función de las circunstancias de América Latina y el mundo. Por eso es imperativo mantener un espacio para la nueva producción testimonial relacionada con la escena contemporánea.

La crónica es un género con raíces en la conquista que se extiende desde el período colonial de Latino América hasta el presente. De hecho, la crónica fue vista como un modo ideal para la representación de los procesos urbanos, como en el caso de Carlos Monsiváis, quien demostró, una y otra vez, que también puede ser política. Una perspectiva que el manuscrito de Oscar Estrada me reafirmó. Tomamos nuestra orientación de una de las críticas más agudas del género (que también es una afiliada clave de LACASA), Anadeli Bencomo, de la Universidad de Houston:

La crónica es un género periodístico-literario al que Monsiváis asignó identidad literaria por sobre la informativa; que da muestras de hibridaciones discursivas que delatan su parentesco con los relatos del reportaje, el ensayo, el diario personal o los apuntes viajeros, que reiteran la idea de la factura maleable del género. No obstante, sobrevive el imperativo de la crónica por abordar los temas de actualidad, tanto en su versión protagónica (la de los sucesos registrados en los titulares de prensa), como en sus vertientes marginales. [...] J.M. Servín [...] se refirió a las dos vertientes del género: la crónica que privilegia el contenido social o el dato duro (guerras, dictaduras, etc.) y aquella que va detrás de la historia cotidiana o menor, para narrarla como si de un relato breve se tratara. Servín caracteriza al cronista como un cazador que porta un rifle cargado con una única bala, ésa que debe reservarse a la puntería del cronista como francotirador de limitado arsenal. El autor de piezas crónisticas posee mirada de cazador, oído de auscultador y resistencia de maratonista para recorrer kilómetros de territorios y de historias diversas. *

La Crónica de Estrada es el testimonio de alguien que sigue día a día, detalle por detalle, los acontecimientos que describe a medida que estos se desarrollan en su país. Aunque no es protagonista de todo lo que reporta (no está siempre presente en cada evento que narra), su calidad de buen novelista, con ojo para el detalle y brío narrativo, hacen de este un trabajo conmovedor e informativo sobre el golpe de Estado en Honduras. Me parece que la calidad literaria e híbrida del documento de Estrada nos regresa a las perspectivas de Bencomo, quien, siguiendo a Monsiváis pregunta "¿Quien se dedica a la crónica, puede escribirla como si de poesía o novela se tratara?" Es decir, quién le otorga a la prosa crónistica la estatura que desde el New Journalism norteamericano es ya indiscutible. Más aún, se trata no sólo de escribir crónica periodística desde el aliento literario, sino de insistir en el protagonismo de un referente real al que se asedia desde la perspectiva de la indagación constante y abierta, que no se contiene en versiones unívocas. En este asedio el informante es un elemento indispensable, tal y como apunta Cristián Alarcón, al sostener que quien habita una región, de un barrio, de una época, conoce de primera mano la versión de los hechos. Un buen cronista, entonces, debe ser capaz de construir esta relación de

---

[*]*Anadeli Bencomo, "Notas sobre crónica",* de Entre héroes, fantasmas y apocalípticos. Testigos y paisajes en la crónica mexicana. *Colección Voces del Fuego. Cartagena: Pluma de Mompox, 2011.*

confianza y compromiso que permita a los informantes ofrecer el relato más fidedigno. Partiendo de esta premisa de colaboración entre el cronista y sus informantes, podemos defender la idea de la crónica como un género dialógico por excelencia.

Por supuesto, siempre hay un precio para cualquier decisión que tomamos en la vida y en las letras. La misma habilidad que permite a Estrada presentar los acontecimientos durante el golpe de Estado, le impide retratar las fuerzas internacionales en juego, más allá de los epifenómenos representados. Como lo expresa en su introducción, el temor del chavismo y del ALBA fue claramente el interés (o pretexto) principal de los golpistas, pero también fue una de las principales preocupaciones de los funcionarios del gobierno estadounidense, como Hillary Clinton, quien mientras aborreció la idea de un golpe de Estado, hipócritamente deja una diapositiva con efecto dominó en una lógica que se remonta a la Guerra Fría. También debemos recordar las acciones de la representante republicana cubanoamericana, Ileana Ros-Lehtinen, partidaria clave del gobierno de facto de Roberto Micheletti, y tal vez la figura con más influencia en la decisión de Clinton (y Obama), para no adoptar las medidas que muchos de nosotros esperábamos de los EE.UU. en relación con la toma de posesión ilegítima militar del poder en Honduras.

En efecto, uno de los giros clave de la posible participación de Centroamérica en la llamada Marea Rosa, fue significativamente bloqueado. Pero, lo que esto podría significar para Honduras, América Central y América Latina e incluso la historia mundial, está más allá del alcance de este libro. Estrada no se centra en las decisiones de política exterior estadounidense bajo la administración de Obama; elige evitar las macro-explicaciones y se concentra en lo que le pasó a un pueblo atrapado en la política del momento, un pueblo que a pesar de todos sus esfuerzos de resistencia, se encuentra bloqueado por fuerzas superiores a ellos mismos. Estrada se aferra a la cualidad fundamental del género, que nos da una sensación vívida de lo que pasó, forjando esa relación de confianza y compromiso que permite a los informantes ofrecer el relato más próximo a los hechos.

Por esta razón nos alegrarnos de que Oscar Estrada escribiera su crónica testimonial, un importante documento en la nueva serie LACASA y, más importante, por supuesto, que nos ofrezca una experiencia intensa y rica para sus lectores. De esta forma me ha ayudado a pagar, al menos, una parte de la deuda que tengo con los estudios del norte de Centroamérica.

MarcZimmerman
LACASA.Chicago,4/10/12

INTRODUCCIÓN

Supe que algo iba a pasar en Honduras cuando, en agosto de 2008, asistí a un evento organizado por la Casa Presidencial, con motivo de la firma del tratado del ALBA (Alianza Bolivariana para América Latina). En el estrado se encontraban, junto a la plana mayor del Presidente Manuel Zelaya, Hugo Chávez, Daniel Ortega y Evo Morales. "Honduras y el pueblo hondureño no tienen que pedirle permiso a ningún imperialismo para suscribir el ALBA", proclamó el presidente, gritando un "¡Viva el socialismo!" que me hizo pensar, por un momento, que me había equivocado de dimensión.

—¿Alguien ha gritado vivas al socialismo frente a Casa Presidencial y no ha sido arrestado? —me pregunté sorprendido.

Acababa de pasar la huelga de hambre de los fiscales del Ministerio Público, que había iniciado una crisis en las altas estructuras del poder, y el giro de Zelaya hacia el Socialismo me pareció explosivo. Desde entonces comencé a poner especial atención a los movimientos políticos del país.

La idea de la reelección presidencial ha sido una constante en Honduras. Desde Suazo Córdova, en 1984, con excepción quizá de Carlos Roberto Reina, siempre se coqueteó con la idea de reformar los *Artículos Petreos* de la Constitución que impiden la reelección y establecen el periodo de gobierno por cuatro años; pero esta vez era diferente. Manuel (Mel) Zelaya había anunciado el inicio del proceso de transformación nacional, con una política socialista cercana a los países del ALBA y para lograrlo necesitaba cierta estabilidad en el gobierno, que no se puede conseguir con administraciones fugases. Esta era la tesis principal.

Luego vino la contienda electoral primaria de los principales partidos políticos, en la que tanto Roberto Micheletti Baín como Elvin Santos Ordóñez estaban deshabilitados por ley para participar; el primero por ser Presidente del Congreso Nacional y el segundo por ser Vicepresidente de la República. Para lograrlo, Micheletti tuvo que maniobrar desde la Corte Suprema de Justicia para derogar el numeral 1 del artículo 240 reformado de la Constitución (1), y Santos renunció a la Vicepresidencia del país dejando el cargo vacío el 18 de noviembre de 2008.

El 24 de marzo de 2009 el gobierno de Mel Zelaya anunció la famosa Consulta Popular para el 28 de junio, en la que proponía una nueva reforma a la Constitución. Dos días después, el 26 de marzo, la Fiscalía inició acciones para frenarla y con ellos se agruparon todos los actores sociales con poder en el país que se sintieron amenazados. A medida que el 28 de junio se acercaba, la lucha entre los poderes del Estado pasaba de la retórica a las acciones. El 12 de junio de 2009 la Agencia Internacional de Noticias, AFP, publicó que "dos piedras o disparos impactaron el vehículo en que viajaba el Presidente de Honduras, Manuel Zelaya", sin que causaran daños. Según luego informó el propio presidente: "No sé si se trata de un atentado, no podría decirlo. Aquí está el Departamento de Investigación para investigar", añadió, sin que se confirmará un atentado. El 25 de junio, Zelaya destituyó del cargo de Comandante de la Fuerzas Armadas al General Romeo Vásquez Velásquez. Horas después, la Corte Suprema de Justicia anuló la destitución, devolviéndole su cargo al General. El 26 de junio, apenas dos días antes de la Consulta Popular, el Presidente, acompañado por cientos de seguidores, ingresó a las instalaciones de la Fuerza Aérea para recuperar las urnas que, por orden de la fiscalía, habían sido confiscadas para impedir la consulta del domingo 28 de junio.

(1) *Fallo emitido por la CSJ el catorce de diciembre del 2007, derogando el Decreto Legislativo No. 412-02 del 13 de noviembre de 2002, ratificado mediante decreto 154-03 del 23 de septiembre de 2003.*

Yo me encontraba a unos metros, tras la línea de soldados que marcaban la frontera de lo impenetrable, mientras el General Luis Prince Suazo (Comandante de la Fuerza Aérea Hondureña) hablaba con Zelaya, permitiendo el acceso a las instalaciones. La expresión del General era tensa mientras recibía llamadas por el celular; nunca apartaba la vista de Zelaya, quien anunciaba a los manifestantes que la Consulta Popular iba "contra viento y marea". Ese día 26 de junio llovía. Recuerdo las caras sorprendidas de los militares que habían hecho un cordón para impedir el acceso a las áreas claves de la base aérea y las sonrisas de los manifestantes que sacaban las urnas de cartón de las bodegas y las metían en los camiones civiles.

—¿Cuántos años soñamos con hacer algo así? —me dijo uno de ellos.

Luego vino el silencio. El sábado 27 de junio la ciudad estaba desierta, no había soldados ni policías en las calles y los negocios estaban cerrados. Esperábamos algo, pero nadie sabía qué. El Presidente Zelaya había repartido las urnas entre las organizaciones populares que se habían agrupado en torno suyo y las envió a los distintos lugares del país que servirían de centros de votación.

Cuando en la madrugada del 28 de junio me llamaron para informarme del golpe de Estado que estaba en ejecución, no lo podía creer. Como todos en el país, pensaba que los golpes de Estado eran acciones desesperadas del pasado, creía que había un mínimo de interés en los grupos de poder por fortalecer y preservar la institucionalidad, por la que se había trabajado durante más de treinta años.

—Frente a la Casa Presidencial se está agrupando la gente —me alertó la voz en el auricular—, este golpe lo vamos a revertir.

Tomé mi cámara de vídeo y me fui a Casa Presidencial, para registrar este acontecimiento inédito en nuestra historia.

Honduras siempre ha tenido golpes de estado, pues a través de su historia han sido la forma de hacer política. Sin embargo, nunca había sucedido que la población civil se resistiera.

Cuando comencé a escribir estas notas pensaba, como todos en el país, que la crisis iba a durar poco y que la institucionalidad se restablecería al punto previo al 28 de junio. En la vorágine de los sucesos anotaba todo en una vieja libreta, sin sospechar que esos apuntes desembocarían en un libro.

Originalmente estas notas fueron publicadas en redes sociales, hablahonduras.com y por correo electrónico, y reproducidas en inglés por Quotha.net y otros blogs. La idea era romper el cerco mediático que desde los medios de comunicación hondureños se había impuesto, e informar al mundo de lo que en Honduras estaba pasando.

Rescatar este documento tiene, además, el propósito de rendir un merecido homenaje a los mártires hombres y mujeres, que vi morir en el transcurso de esos días.

Oscar Estrada

A Gabriel Fino Noriega, Isis Obed Murillo Mencías, Anastacio Barrera, Róger Bados, Pedro Magdiel Salvador Muñoz, Moisés García Gómez, Róger Abraham Vallejo, Pedro Pablo Hernández, Juan Gabriel Figueroa Tomé, Jonathan Osorio, Félix Orlando Murillo López, Rubén Estrada, Elvis Jacobo Perdomo Euceda, Francisco Alvarado, Wendy Elizabeth Avila, Jairo Sánchez, Olga Osiris Uclés, Mario Fidel Contreras Moncada, Mateo Antonio Leiva, Marco Antonio Martínez Lezama, Sergio Eliseo Juárez, Félix Noel Hernández, José Blas Romero Caballero, Gradis Espinal, Ángel Salgado, Isaac Coello, Róger Reyes, Keneth Rosa, Gabriel Parrales, Marcos Vinicio Matute, Santos Corrales García, Walter Orlando Tróchez, Carlos Alberto Valenzuela, Carlos Roberto Turcios Maldonado, Karen Yessenia Hernández Mondragón, Edwin Renán Fajardo, Janeth Lourdes Marroquín, Hugo Noé Contreras, Blas López, Vanessa Zepeda, Julio Fúnez Benítez, Dara Gudiel, Claudia Larissa Brizuela, Nahún Palacios, Francisco Castillo, José Manuel Flores Arguijo, Antonio Trejo Cabrera, Eduardo Díaz Mazariegos, Erick Martínez Ávila, Eduardo Alejandro Cuello, Mártires del golpe de estado, todos y todas.

PRIMERA PARTE
EL GOLPE Y LA CALLE

28 DE JUNIO-29 DE AGOSTO DE 2009

Qué puedo decir de lo que han sido las últimas treinta horas en Honduras, con la tensión de la toma de calles aledañas a Casa Presidencial, las barricadas que se formaron en el perímetro y la constante amenaza de desalojo violento que nos mantuvo en vela permanente. Han sido las treinta horas más importantes para la historia reciente de este país.

La izquierda hondureña se caracterizó siempre por ser una izquierda fragmentada, sectaria, desconfiada de sí misma; pero con esta avanzada del fascismo, hoy nos vemos obligados a unirnos y hacer un solo nudo, porque sabemos que la suerte de uno, es la suerte de todos.

En la mañana salió el sol y con él la esperanza de que aquello terminaría. No fue así. Al mediodía la represión continuó. Arremetieron con todo lo que tenían: tolete, bombas lacrimógenas, tanquetas de agua, bala viva, desapariciones (1) y arrestos; todo lo que puede esperarse de asesores de la talla de Billy Joya Améndola (2) y demás asesinos de la *Doctrina de Seguridad Nacional* (3) reimpuesta

(1) En las primeras horas después del golpe, la información a la que teníamos acceso era nula y la experiencia inmediata de golpes de Estado eran Chile y Argentina. Los rumores que circulaban en los canales alternativos indicaban el regreso a la práctica de desaparecimiento forzado usada en lo guerra de Centro América.

(2) Según datos del comité de Familiares de Desaparecidos COFADEH. En los años 80, Billy Joya Améndola era uno de los dirigentes principales del Batallón de Inteligencia 3-16, encargado del secuestro y desaparición de opositores políticos y fundador de los escuadrones de la muerte "Lince" y "Cobra". Cubriendo esta función, se convirtió en uno de los principales ejecutores de secuestros, torturas y asesinatos en Honduras. Se le acusó de al menos once ejecuciones bajo el pseudónimo de "Doctor Arranzola". Además, se le acusó del secuestro y tortura de seis estudiantes, cuatro de los cuales siguen aún desaparecidos. Fuente: http://www.cubadebate.cu/opinion/2009/07/06/billy-joya-amendola-historia-del-sicario-preferido-de-goriletti/

(3) Doctrina de la seguridad nacional es un concepto utilizado para definir ciertas acciones de política exterior de Estados Unidos tendientes a que las fuerzas armadas de los países latinoamericanos modificaran su misión para dedicarse con exclusividad a garantizar el orden interno, con el fin de combatir aquellas ideologías, organizaciones o movimientos que, dentro de cada país, pudieran favorecer o apoyar al comunismo en el contexto de la Guerra Fría, legitimando la toma del poder por parte de las fuerzas armadas y la violación sistemática de los derechos humanos.

en Honduras. Sin embargo, tienen todo perdido. Jamás había visto a la gente resistir con tanta rabia. Ponían sus cuerpos tratando de detener las tanquetas, inhalaban gas lacrimógeno como quien respira perfume y lanzaban piedras emulando la resistencia Palestina.

Agentes de las fuerzas armadas sacaron un vehículo de la empresa de telecomunicaciones HONDUTEL, cuyas instalaciones habían tomado, y atropellaron al joven empleado Rosel Ulises Peña, quien protestaba con otros empleados por la represión de la que eran objeto (4), en esta lucha que tiene a Mel como fin, pero a la desigualdad social como causa.

Replegaron a la gente, sí, ellos siempre están mejor preparados y no podríamos —ni buscamos— ganarles midiendo fuerzas. La lluvia también fue un factor importante en contra, pero no nos venció. Si hay algo que teníamos en mente, al volver a casa golpeados e indignados, era la convicción de que al día siguiente, al levantarse el toque de queda, volveríamos a medir fuerzas con un ejército que nos supera en armamento, pero no en moral y convicción.

El plan es simple: queremos hacer caer al gobierno de Micheletti desde adentro; romper una economía que tomó partido al legitimar un golpe de Estado contra el sistema democrático que ellos mismos decían defender. Y lo lograremos, porque no hay ejército que pueda sacar al pueblo de las calles porque las calles son del pueblo.

30 DE JUNIO

Al tiempo que el Gobierno de facto de Micheletti se prepara para lo que llaman una "Avanzada Diplomática", buscando sacar de su "error" a los 200 países del mundo que según él, se han equivocado al creer que lo que pasa en Honduras es un golpe de Estado, nosotros nos preparamos para tomar las calles una vez más. Nuevas organizaciones se han declarado en resistencia a lo largo y ancho del país. Actualmente hay más gente resistiendo el golpe que todos los votos juntos obtenidos por Mel Zelaya en las pasadas

(4)Las imágenes captadas por aficionados con celulares muestran a un hombre atropellado por un vehículo de la Empresa Hondureña de Telecomunicaciones, Hondutel, que pasa sobre él y es rodeado por sus compañeros, quienes lo trasladaron a un hospital.

elecciones. Esto demuestra que, más que el retorno de esta trágica administración de Manuel Zelaya, queremos una verdadera democracia, porque las cosas no pueden seguir como están.

Los medios de comunicación no informan sobre lo que pasó ayer en las calles. No dicen que las carreteras están tomadas, que hay pueblos sublevados y batallones levantados en armas (5) contra el poder de facto. Dicen que somos unos pocos, pagados con dinero del chavismo, que no podremos durar mucho tiempo en esta actitud y que hoy no habrá manifestación porque, apoyamos a Micheletti. Dicen muchas cosas y no dicen nada.

Hoy, saldrá más gente que ayer a enfrentar al ejército. Habrá más violencia en las calles. Habrá más heridos, porque ya no le creemos a los medios. Porque ya no controlan a un pueblo alzado en resistencia. Seguimos llamando a las demostraciones pacíficas, deseamos de corazón que no se derrame sangre, pero conocemos la naturaleza sanguinaria de nuestro ejército y su *Doctrina de Seguridad Nacional*. Vamos adelante, porque creemos firmemente que la historia nos llama.

Lo que pude ver el día de hoy es la falta de organización y cabeza evidente del movimiento de resistencia. Algunos compañeros dicen que "nado como pez en el agua", pues el anarquismo está en todos lados. A falta de organización, muchas veces alguien sube y ofrece cualquier idea descabellada que termina creando un caos mayor en el grupo.

La marcha en Tegucigalpa comenzó al mediodía. Unas cinco mil personas se dieron cita la Universidad Pedagógica e igual número en el centro de la ciudad, frente a la catedral. Unos protestando contra el golpe, otro en apoyo a la "sucesión presidencial "(6), dando vivas a las fuerzas armadas. La diferencia de clases era evidente. Por el lado

(5) *Varias fuentes, como Radio Globo y* El Libertador, *indicaban hasta ese momento la presencia de batallones sublevados en contra del golpe de Estado. Nunca se confirmó si dicho rumor era real o no, pero la gente en la calle discutía constantemente y se esperaba un enfrentamiento con el bando golpista.*

(6) *Sucesión Presidencial es el eufemismo que la derecha golpista utilizó para referirse al golpe de Estado. Para ellos, el Congreso sustituyó a Zelaya con Micheletti en una sucesión de mando. Vale aclarar que tal figura no existe en la Constitución de la República y que la "Sucesión" es propia de los gobiernos monárquicos.*

del golpe, niños y niñas de las escuelas bilingües, con carteles en inglés y camisas blancas remarcando la "pureza" de sus intenciones. Por el lado de la resistencia, el pueblo pobre, hombres y mujeres trabajadoras, con rostros cansados. La prensa es tan buena en subrayar esa diferencia, que quien no tiene una idea de lo que pasa, querría estar con los que más se parecen al ideal de imagen que la televisión nos ha metido por Televicentro.

Luego, nuevamente la lluvia. Nos cayó con tanta fuerza que me hizo pensar: "Si Dios existiera sería, obviamente, reaccionario". La reunión de la derecha fue en la mañana y a alguien se le ocurrió que la nuestra, para evitar enfrentamientos, debía ser por la tarde. Sin pensar que es en la tarde que comienza siempre a llover. Ya nos vamos acostumbrando a vivir con la ropa mojada.

En el resto del país fue diferente. En San Pedro Sula la manifestación de "la democracia" de la derecha, se confrontó con la manifestación de la "democracia" de la izquierda. A diferencia de Tegucigalpa, donde se evitó la confrontación (aparte de los miles de policías que cuidaban a los demócratas del golpe), en San Pedro Sula sí hubo enfrentamientos entre los bandos dejando varios heridos.

Varias ciudades del país se han sublevado: Santa Bárbara, Catacamas, Lempira, La Esperanza, La Paz, Tocoa, El Progreso, La Ceiba, entre otras, bloqueando carreteras, puentes y edificios. Varias de estas manifestaciones han terminado en violencia y algunas fuentes mencionan las primeras muertes.

La televisión muestra imágenes de la marcha de la derecha con una linda versión del *Himno de la alegría*, de Beethoven. Para ellos, todos estamos felices en Honduras. El Gobierno de facto presentó a sus ministros, quienes aseguran poder demostrar que el golpe de Estado no es ningún golpe y no mencionan la violencia que crece sin precedentes en Honduras.

Nos seguimos moviendo con mucho riesgo y valentía. Gente que conocemos ha desaparecido o están exiliadas, entre ellos Allan McDonald, conocido y respetado caricaturista que siempre se ha pronunciado a favor de los más pobres. Las noticias nos seguirán diciendo que todo está "normal" y de hecho es cierto: la normalidad en Honduras ha sido violenta los últimos años. La diferencia es que ahora un grupo de patéticos gorilas le ha dado una fuerza a la lucha de clases que les debe dar miedo. Nosotros seguiremos mojándonos en las calles, para detener al fascismo del siglo XXI.

1 DE JULIO

Sigue lloviendo. Por momentos da la impresión de que el cielo se parte a pedazos, o que llora junto a nosotros por el dolor de ver como se desgarra esta frágil nación. Hoy las acciones fueron mejores. Comenzamos en la mañana, cuando desde temprano se fue aglutinando la gente para ser, alrededor de la una de la tarde, un mar enorme y bello. Es difícil hacer estimados exactos, nunca había visto tanta gente junta en la ciudad.

Comenzamos en las afueras de la casa presidencial (lo escribo con minúsculas porque las mayúsculas sólo llegaran cuando caigan los golpistas). Bajamos por la avenida que da al Instituto Nacional Agrario, que se encontraba militarizado, hasta el boulevard Morazán, a unas 10 cuadras aproximadamente. En medio de la marcha, no le veía principio ni fin. Para no entrar en detalles, fue sumamente agotadora y llegamos hasta el Parque Central. Luego nos dispersamos. En general impera el optimismo, mientras tanto nos mantenemos atentos a las negociaciones que parecen estar ocurriendo. El Congreso Nacional ha eliminado las garantías individuales de la constitución: libertad de reunión, libertad de expresión, libertad de prensa son causa legal para ser detenido, entre otros. Nos da miedo, sí. Estamos esperando que esta noche los gorilas entren a nuestras casas y se lleven a los compañeros por sedición. Lo más probable es que quieran descabezarnos, aunque ignoran que no podrán llevarse nuestros corazones.

En el interior del país se reportó que varias de las caravanas que venían a Tegucigalpa, para participar en las marchas, no pudieron llegar porque fueron detenidas por el ejército. Entre ellas los quince buses que traía el líder ambientalista el padre Tamayo desde Olancho, quien denunció que fueron atacados con disparos y muchas personas tuvieron que refugiarse en las montañas por temor a la represión del ejército. Como ésta, hay muchas historias más.

Varios alcaldes y candidatos a elección popular están renunciando a sus cargos y a su partido, para sumarse al pueblo en la toma de carreteras y calles de todo el país. Esto está creciendo. Nosotros estamos esperando seguros de que ¡no pasarán!

2 DE JULIO

Las marchas siguen creciendo. La cantidad de gente que se movilizó hoy fue impresionante, más, mucha más gente que los días anteriores y seguimos creciendo. Era un hermoso mar de gente, una fiesta popular que nos moralizó y nos hizo creer que sí es posible cambiar este mundo. Pude ver gente que jamás en su vida había salido a marchar por algo; hoy estaban allí.

Me llamó la atención ver como resaltaba entre los manifestantes la figura de Carlos Eduardo Reina, hijo de uno de los políticos más conocidos de la izquierda del Partido Liberal (7). Da la impresión de que están tratando de subir su perfil entre la gente, para hacer de él, en el futuro, una figura dentro del partido. No es de extrañar, que de esta crisis ha de salir más de algún "héroe".

Como dije ayer, el contraste entre las dos marchas es evidente, elegantes damas de la sociedad vestidas de blanco llegan con sus prados a la manifestación y gritan que todos somos iguales, mientras del otro lado de la ciudad la *pobrería* grita que no, que no somos iguales. Para mañana se tiene programada otra marcha frente a la Universidad Pedagógica. Ojalá sea mayor que la de hoy. Apenas a cinco cuadras de nosotros, la derecha convocó a otra marcha (la de los blancos, porque van vestidos de blanco) para apoyar el golpe. Su decisión fue intencional y está hecha para provocar confrontaciones. Nos han quitado todo, ahora quieren quitarnos las calles. La diferencia es que ellos tienen al ejército y la policía que trabajará defendiéndolos de los "mugrosos manifestantes", como dijo una simpática mujer al ver pasar la marcha frente a su casa.

En el interior del país la situación es más violenta, siguen los arrestos y la represión, sigue la persecución a los artistas, comu-

(7) Carlos Eduardo Reina, hijo de Jorge Arturo Reina, hermano menor del Ex presidente Carlos Roberto Reina. Es considerado uno de los "bebesaurios" del Partido Liberal. Estuvo casado con quien durante el golpe de Estado fungía como Vicepresidenta del Congreso Nacional, Lizzie Flores, hija del también ex presidente Carlos Roberto Flores Facussé, a quien se le acusa de ser uno de los organizadores del golpe de Estado. Carlos Flores Facussé es sobrino de Miguel Facussé Barjúm, magnate vinculado con el conflicto agrario del Aguán y la APROH, Alianza para el Progreso de Honduras, organismo de ultra derecha de los ochenta que dirigió el general Gustavo Álvarez Martínez, artífice de las desapariciones forzadas en esa época.

nicadores, alcaldes y dirigentes populares, los canales locales callan mientras piden ayuda al ejército por temor a represalias del pueblo. La gente común (la que no ha tomado partido) está confundida. Por un lado siente una cosa, por el otro los medios le dicen otra. Esto ha demostrado el poder que tienen los medios y la gran carencia que tenemos, desde el movimiento popular, por no tener medios alternativos e independientes de comunicación. Aunque los que se poseen también fueron cerrados.

Este país ha crecido y ha crecido mucho. Ahora sabemos que no somos todos iguales, que no queremos lo mismo, que sólo el pueblo salva al pueblo.

3 DE JULIO

El Secretario General de la Organización de Estados Americanos, José Miguel Insulza, acaba dar su declaración a la prensa en donde manifiesta la poca voluntad de los grupos golpistas para ceder en sus posturas. Fue categórico: "No importa cómo le quieran llamar, cómo lo quieran justificar, esto es un golpe de Estado y la OEA no lo piensa tolerar". Mañana se reúnen para decidir sobre la suspensión de Honduras del organismo.

Impresionante. Los ideólogos de la política nacional se tiran los pelos viendo como sus viejos paradigmas de poder han cambiado y como ellos no han sabido seguirlos al mismo ritmo. Estamos viviendo momentos *surrealistas,* más allá de la realidad. La derecha recalcitrante hondureña acusando a la OEA de ser un instrumento del imperialismo y gritan a toda garganta que los hondureños seremos capaces de vivir aislados del mundo, porque nuestra fuerza de voluntad es grande. Quiero verlos; realmente quiero verlos.

En otro ejemplo de la miopía política: en una entrevista al canciller de facto Enrique Ortéz Colindres, refiriéndose a Obama dijo que "El negrito no conoce donde queda Tegucigalpa" y más aldelante, al referirse al presidente del gobierno español, José Luis Rodríguez Zapatero le dijo: "zapatero a tus zapatos". Da la impresión que han perdido completamente la cordura, a cada paso que dan se hunden más en esta parodia que estamos presenciando.

La marcha de hoy fue impresionante, miles y miles de personas cubriendo cuadras completas. Los "blancos" (llamados así porque así visten) hicieron su propia marcha, protegida por elementos de ejército claro está. Se tomaron la plaza frente a Casa Presidencial e hicieron su plantón de apoyo a Micheletti; desde donde le gritaban a la manifestación contraria "¡no les tenemos miedo!", mientras veíamos a sus espaldas a los gorilas antimotines quienes, de cara a nosotros, cargaban sus armas, cubriéndose con sus escudos, como para cubrir la vergüenza del papel que les está tocando jugar. Micheletti amenazó a grito partido que tendrán que sacarlo por la fuerza si quieren volver a ver a Mel en la silla. Eso provocó un estallido de carcajadas de los miles de manifestantes de ambos lados, cada quien reía por sus propias razones.

Es difícil hacer números en este tipo de cosas. Si tomamos las cifras que la prensa maneja de la marcha de los blancos, quienes se atreven a decir que había 120,000 personas en la plaza, puedo asegurar que la de los "rojos" era mucho mayor, posiblemente el doble. Es importante recordar que hemos tomado los mismos colores que tenían los bandos de las guerras civiles de principio del siglo XX. Nuevamente, como en esas guerras, estamos viviendo con dos presidencias paralelas.

Se dice que mañana viene Mel Zelaya. Los rojos aseguran que irán a recibirlo para devolverlo a la Presidencia. Los blancos dicen que lo arrestarán nomás pise tierra, porque se atrevió a violar la Constitución en su mandato, pues para ellos el golpe es constitucional. Viendo el nivel de optimismo y energía de la resistencia puedo asegurar que mañana irán igual o mayor número de personas. Será muy difícil que la marcha logre llegar hasta el aeropuerto. Puede haber represión. De eso depende lo que pase. Viendo la actitud del gobierno de facto, quien tiene sus apuestas en el desgaste y el cansancio de los manifestantes, parece que terminaremos viendo una radicalización de los sectores populares.

Las noticias informan del arresto de setenta nicaragüenses, trabajadores inmigrantes que viven ilegales en el país, acusados de venir a crear caos y atentar contra el Estado de Honduras. Se preparan procesos de sedición contra ellos. De igual manera se reporta un joven muerto a golpes, que vestía una camiseta de *la cuarta urna*, de las muchas que repartió Manuel Zelaya cuando promovia la consulta popular para reformar la Constitución. Acaba de salir en las noticias que Honduras ha decidido salirse de la OEA. ¡Increíble!

4 DE JULIO

Estoy cansado. He estado esperando la resolución de la OEA, donde se discute la posibilidad de suspender a Honduras. Ayer el gobierno de facto de Micheletti intentó renunciar a este organismo, sin embargo, por no ser una autoridad reconocida internacionalmente, no le fue posible. Es ridículo. Ver a la derecha golpista pedir soberanía e independencia. Por la mañana se transmitió en cadena nacional el discurso del Cardenal Oscar Andrés Rodríguez Maradiaga, quien tomó una postura a favor del golpe, llamando a la paz y a la "cordura", que en su discurso significa que el pueblo debe dejar que otros decidan por él. Por si no quedó claro, terminó su discurso con una clara amenaza, afirmando que si Zelaya vuelve al país, habría derramamiento de sangre (8). Zelaya planea regresar a Honduras a mediodía.

La marcha de hoy fue enorme. Repito esto todos los días porque es lo que se percibe. Cada día las marchas son mayores, mucho mayores a las del día anterior. En Tegucigalpa se dice que la de hoy fue una manifestación de 250,000 personas. En San Pedro Sula hubo otra de unos 150,000. Los medios de comunicación se han empeñado en decirnos que los hondureños somos "pasmados", pasivos, e indiferentes. Hoy vieron que no es así. Miles y miles de personas caminaron varios kilómetros para hacer escuchar su voz. Fué impresionante.

Hay que reconocer el trabajo de la organización de la resistencia para mantener la paz en las manifestaciones. Controlar miles de personas es una tarea difícil, más difícil aún cuando el enojo se ha acumulado por décadas. Lo han hecho bien, no ha habido violencia y esperamos que así se mantenga. Aunque viendo la postura del gobierno de facto y la amenaza del Cardenal Rodríguez, luego de escuchar la denuncia del embajador de Nicaragua en la OEA, quien dijo conocer un plan para provocar derramamiento de sangre a la llegada de Zelaya, parece que la violencia será inevitable.

(8) *"Sé que usted ama la vida, se que usted respeta la vida, hasta el día de hoy no ha muerto ni un tan solo hondureño (sic), por favor medite, porque después sería demasiado tarde". Cardenal Oscar Andrés Rodríguez: http://www.latribuna.hn/2009/07/04/ cardenal-rodriguez-insta-al-dialogo-entre-los-hondurenos/*

Nos estamos preparando para lo peor. Parece que estamos viviendo un nuevo modelo de golpe de Estado, en el cual la represión es más encubierta, aunque nada indica que no será diferente a los otros de los cuales tenemos memoria, especialmente ahora que el gobierno de facto está cada vez más acorralado y aislado del mundo.

Para mañana esperamos la llegada de más personas a la marcha. Me cuesta creer que pueda llegar más gente de la que ya hemos recibido. Esperamos que llegue Zelaya y mantenga con eso la moralidad de la resistencia. De todo corazón, que esto se haga con la misma paz (no por eso sin firmeza) con la que hemos resistido.

5 DE JULIO

Estoy triste. Me es difícil no llorara mientras escribo estas notas. Realmente creímos que íbamos a recuperar la democracia sin sangre. Pero no fue así. El ejército disparó y mató, hirió y lastimó profundamente a esta nación. El cardenal lo dijo, "habrá derramamiento de sangre". Pese a su amenaza, seguimos adelante. Ser valiente no significa no tener miedo, es tener miedo y a pesar de ello seguir adelante.

Nadie escucha ya a ninguna figura de "autoridad", porque hemos descubierto que ahora son nuestros enemigos. A la marcha de hoy se sumaron más personas. Algunos medios manejan 400,000 personas. Todos en paz, todos felices de estar en las calles sintiéndonos uno, fuertes, grandes. Llegamos al aeropuerto y pasamos los cercos de la policía hablando con ellos. No queremos violencia, no buscamos enfrentamientos. "Policía, amigo, la lucha no es contigo".

A eso de las cuatro de la tarde, mientas el pueblo esperaba el avión de Zelaya (que no pudo aterrizar por los tanques y camiones en la pista), algunas personas comenzaron a romper la cerca que protege el aeropuerto. El ejército lo tomó como una provocación y disparó contra la multitud. Háganse una idea, cientos de miles de personas huyendo de las balas y los gases. Yo estaba en frente, grabé a los soldados disparándonos y vi sus rostros derabia y odio, de rabia. Las mujeres lloraban impotentes, gritando: "No tenemos armas, no nos disparen", pero ellos seguían disparando. En algún momento alguien gritó que las balas eran de salva, la gente le creyó y siguió adelante, pero eran reales y mataban. Isis Obed Murillo Mencía, de diecinueve años, es prueba de ello. Alrededor de su sangre la gente comenzó a cantar el himno nacional y puedo asegurarles que nunca lo había sentido tan profundamente. "Serán muchos, oh Honduras tus muertos, pero todos caerán con honor".

Al terminar la marcha descubrimos que el gobierno había decretado toque de queda a partir de las seis y media. Eran las seis y no teníamos transporte. Con dificultad logramos llegar a un lugar seguro, para descubrir que varios de nuestros amigos están detenidos. Aún no se sabe dónde.

Micheletti pensó que al dispararnos haría crecer el miedo entre nosotros. Se equivoca. Mañana a la misma hora y en el mismo lugar, se reunirá la marcha para demostrarle al mundo que se equivoca.

6 DE JULIO

Hoy el día colgó con una calma que eriza los pelos. En las calles reina el miedo y la incertidumbre. Nadie habla, nadie comenta las muertes, como si al no mencionarlas dejaran de existir. La prensa local nos tiene tan acostumbrados a ver cadáveres en las alcantarillas que la idea de la muerte no nos asusta. Ayer pasó algo distinto. Por primera vez todo el pueblo hondureño comparte un mártir. Hasta este momento cada movimiento ha tenido su mártir, pero nunca habíamos tenido uno que nos perteneciera por igual a todos. Eso es distinto.

La marcha de hoy fue corta, duró apenas cuatro horas, y había menos gente que los dos días anteriores. Los coordinadores de la resistencia se reunieron todo el día para discutir sobre la estrategia a seguir a partir del punto de giro de ayer por la tarde. Eso permitió a la gente ir a sus casas a descansar. Han sido ocho días agotadores.

Aproveché el asueto para llevar a reparar mis computadoras, ambas tienen el disco duro muerto. Fui a la UTH a mis clases, donde el tema recurrente de la clase media y alta es la justificación del ejército al disparar a la población, como si las piedras fueran proporcionales a los fusiles. Entre los blancos golpistas existe una macabra sonrisa de victoria. Creen que nos han ganado y no volveremos a marchar. Realmente no comprenden nada.

Fui al centro comercial, aproveché para comprar más cintas para lo que se que viene. La ciudad es una ciudad fantasma, no hay nadie en las calles, ni en las tiendas. La gente está enojada y cansada. Sobre todo indignada. En el fondo sabemos que la razón por la que las balas no golpearon en nuestras humanidades es pura probabilidad. Sabemos que pudimos ser nosotros.

Hemos querido pensar que este es el golpe más estúpido de la historia. Analizándolo, veo que es la nueva generación de golpes de Estado, tan sofisticados, tan selectivos, aunque no por eso menos crueles. Las muertes de ayer (el Comité de Familiares de Detenidos Desaparecidos en Honduras, COFADEH, reporta cuatro) se dieron como un aviso "preventivo" para causar miedo en los manifestante. La cobertura mediática es igual. Aparte de decir que los disparos provenían de los nicaragüenses que viven en el país (vale mencionar que ahora están deteniendo a todo nicaragüense y salvadoreño por suponerlos terroristas) han dicho además que los manifestantes atacaron primero al ejército y este actuó en defensa propia. La radio contaba hace unos minutos cómo el des-gobierno tuvo que darle a la familia de uno de los manifestantes muertos el ataúd porque la gente que lo empujó a la muerte no eran solidarios. Una y otra vez el gobierno de facto repite la misma mentira: "aquí no pasa nada", "acá estamos bien, nosotros somos los buenos", "los revoltosos son los malos", "esa marcha es pagada por Chávez" etc. El Comisionado de Derechos Humanos, Ramón Custodio López (9), se ha negado a reconocer las violaciones a los mismos argumentando que nos lo estamos buscando. No sé cómo seguirá esto a partir de ahora. Puedo asegurar que no ha terminado y de hecho sólo empieza. Mañana la marcha dará inicio a la misma hora y en el mismo lugar. Estaré allí para seguir haciendo lo que creo que debo hacer. Son las nueve de la noche. No he llegado a casa. Debo irme para evitar que me agarre el toque de queda en la calle.

(9) Custodio López fue fundador del Comité para la Defensa de los Derechos Humanos en Honduras, CODEH, a principios de los ochenta, en respuesta a las desapariciones forzadas que impulsaba la doctrina de Seguridad Nacional que ejecutaba el General Álvarez Martínez. Durante más de dos décadas funcionó como presidente de la institución, hasta que fue nombrado por el Congreso Nacional como Comisionado Nacional de los Derechos Humanos en sustitución de Leo Valladares Lanza. Varias semanas antes del golpe de Estado, Custodio López fue reelecto en su puesto de comisionado a falta de "un mejor candidato", a pesar de la oposición de los organismos no gubernamentales que trabajan en la materia.

7 DE JULIO

Hoy los blancos hicieron sus marchas junto a la nuestra. El detalle que me llamó la atención es que las imágenes aéreas que presentan a los blancos esta vez fueron recicladas. No digo que no llegó gente, obviamente tienen capacidad de convocatoria. Por internet circula el documento fechado el 26 de junio en el cual se le pide la "colaboración" a todas las empresas de la asociación de industriales para apoyar la "búsqueda" de "soluciones" democráticas al tema de la cuarta urna. Esa nota se dio dos días antes del golpe.

El centro de la ciudad se llenó de grupos coreográficos blancos y bandas musicales pop que cantaban a la paz y la democracia. Conversando con varias personas que fueron a la marcha del viernes pasado, me enteré que mucha gente decidió no ir a esta marcha, "porque las cosas se han puesto muy complicadas" y ellos no están dispuestos a sacrificar su vida por Zelaya o Micheletti. Esa es, al final, la diferencia. Ellos no están dispuestos a los sacrificios (al menos no en este momento), nosotros sí.

Me pareció interesante cómo, mientras bajaba por el Guanacaste para buscar un mejor ángulo para grabar la marcha, muchos carros salían huyendo del supermercado *Más por Menos*, espantados por la llegada de los revoltosos que la prensa local retrata como ogros sanguinarios y destructores de los valores y el respeto. ¿Por qué no pueden protestar con respeto? preguntaba el Cardenal Rodríguez en el noticiero TVC de Televicentro, sin mencionar que él fue el centro del repudio luego de amenazar con el derrame de sangre del día domingo.

La marcha de hoy salió del mismo lugar del que han salido las cinco anteriores, de la Universidad Pedagógica. Esta vez se sumó la primera dama Xiomara Castro quien dijo a la prensa que no podía seguir escondiéndose cuando el pueblo estaba arriesgando su vida por la democracia y anunció que, a partir de éste día, ella también marcharía con el pueblo.

Debo admitir que no me gusta la forma como ciertas figuras del partido liberal están tratando de figurar dentro de las marchas, dejándose ver y grabar, para creerse líderes u organizadores de la resistencia. Ya los imagino en el futuro haciendo uso de esta crisis para buscar puestos de elección popular o tratando de ocultar sus escándalos de corrupción dentro de una amnistía política. No los soporto. Pero hay algo es distinto con la esposa de Zelaya, porque aunque sea con la ilusión de la caridad, creo que es sincera en sus sentimientos. En fin, la cosa es que la productora de los videos que estoy haciendo me regañó por rehusarme a grabarla en conferencia de prensa. Simplemente creo que esto es del pueblo, no de los que se han mantenido en el poder todo este tiempo y poco han hecho por los pobres. El comisionado Nacional de los Derechos Humanos dijo a la prensa que las balas usadas por el ejército el pasado domingo fueron "balas de goma". La fiscal de los Derechos Humanos, tras haber inspeccionado la escena del crimen, encontró 170 casquillos de bala M16. Micheletti en conferencia de prensa anunció que iba a Costa Rica para negociar una posible amnistía con Zelaya. Hillary Clinton dijo que la reunión sería para definir el retorno de Zelaya a la presidencia "con los límites necesarios".

La gente está cansada, queremos que esto termine pronto. Pero nadie parece ceder en sus posturas. El próximo jueves se reúnen en Costa Rica el presidente Zelaya y Micheletti mediados por Oscar Arias (10). Nunca he confiado en Arias, sus posturas siempre han sido de derecha para mi gusto, pero parece ser el mediador ideal para este momento. El pueblo hondureño está a la expectativa de estas reuniones. De ellas sabremos si Mel está con los que han dado todo por su presidencia, o es uno más de los que nos ha traicionado.

8 DE JULIO

Aprovecho que las movilizaciones de hoy se desarrollaron sin mayores contratiempos para tomar un espacio y así entender lo que está pasando en Honduras y cuáles van a ser los escenarios para el resto de Latinoamérica. Digo América Latina, porque lo pasa acá involucra a toda la región, en especial a los países que buscan una opción de izquierda para solucionar sus problemas internos. Primero inicio haciendo un perfil de Manuel Zelaya, el presidente depuesto que ahora nos toca defender como símbolo de democracia.

Él proviene de una de las familias más conservadoras y tradi-

(10) Oscar Arias fue Presidente de Costa Rica durante la década de los ochenta. A él se le responsabilizó de ser el precursor del acuerdo Esquipulas II que logró poner fin a la guerra en Centroamérica. Gracias a ese acuerdo y auspiciado por el gobierno de Ronald Reagan, se le premió con el Nobel de la Paz en 1987.

cionales de la región de Olancho. Su carrera política se dio como herencia directa de su padre, don Manuel Zelaya, quien no por coincidencia se vio en algún momento involucrado en el asesinato de campesinos y líderes populares en la década de los setenta. Aun recordamos la masacre de los Horcones. En su momento Zelaya dijo que no se le puede culpar a un hijo de los errores de sus padres; en eso tienen razón, aunque él se vio beneficiado por los errores de don Manuel Zelaya, llegando al Congreso Nacional en un momento en donde sólo se podría llegar con fuertes padrinos políticos.

En este contexto Mel Zelaya resulta diputado y luego ministro del Fondo Hondureño de Inversión Social, durante los gobiernos de Reina y Flores en la década de los 90. Llega a la presidencia en una elección sumamente cuestionada. Hay quienes afirman (no tengo pruebas de eso) que la elección fue un regalo de la Embajada Americana, el margen de diferencia entre él y su contrincante, Pepe Lobo no dejaba muy clara la decisión. Recordemos como detalle que en 2006 el chavismo pujaba fuerte en el continente y la política de Bush era determinante en sus objetivos de acabar con tal influencia.

Cuando Zelayal llegó a la presidencia recibió un país sumamente conflictivo. Prácticamente todos los sectores sociales del país estaban en pie de lucha contra la anterior administración de Ricardo Maduro, que había atentado contra casi todos los triunfos sociales de las décadas anteriores. Su gobierno fue compuesto prácticamente por miembros prominentes de las distintas corrientes del Partido Liberal, de los cuales rápidamente se deshizo para ir conformando un gabinete de intelectuales de izquierda (y uno que otro títere de los poderes fácticos de los cuales nunca se pudo deshacer, como José Rosario Saro Bonano, ministro de Obras Públicas, Transportes y Vivienda.

A finales del segundo año de gobierno, en el contexto de la crisis petrolera, Zelaya dio un giro diplomático al solicitar su entrada a la Alianza Bolivariana para las Américas (ALBA) y a Petrocaribe, que produjo una fuerte reacción de la derecha, empujándolo aún más hacia el lado de Chávez. Esto, aparte de darle un fuerte aliado internacional, atrajo la atención de cierto sector de las organizaciones populares que compartían con él la consigna de una nación independiente de las grandes transnacionales del petróleo. No puedo olvidar a Zelaya gritando frente a varios millares de personas en la casa presidencial ¡Viva el socialismo!

Pero pese a su discurso radical de izquierda, poco hizo por construir verdaderas bases sociales organizadas, a parte del filantropismo del Programa de Asignación Familiar, PRAF, y la Red Solidaria. Tampoco hizo mucho por resolver los problemas que han acogido realmente al país: la Reforma Agraria, la explotación laboral, las maquilas, en fin, todos esos problemas que actualmente hacen de Honduras el país de la región centroamericana que más expulsa nacionales a los Estados Unidos. Su discurso era radical, aunque su práctica poco se diferenciaba de la de cualquier otro presidente liberal.

A principios de este año apareció con la propuesta de la Constituyente, propuesta que muchos vieron con desconfianza, pues casi todos los presidentes que ha llegado han coqueteado con la idea de continuar en el poder y Zelaya no dejaba claro los objetivos de dicho proyecto. Al final de la aventura dijo que no intentaba la reelección, pero con tan poca convicción que parecía que lo estaba diciendo nomás por compromiso. Nunca se discutió ampliamente, a lo menos en Casa Presidencial, sobre lo qué se pretendía cambiar de la constitución y quienes serían los constituyentes con tan seria responsabilidad.

El movimiento social decidió tomar la propuesta de Zelaya y darle el giro de una constituyente *popular, democrática y participativa*, que haría del país una República que realmente nos representara a todos. Casa Presidencial, fortalecida con el respaldo de las organizaciones populares, comenzó a hablar de hacer una "encuesta" para ver el grado de aceptación que la reforma constitucional tenía en la población; luego, ante el veto de la Corte Suprema de Justicia se cambió y se hizo "consulta popular" y más adelante, cuando esta tambien recibió resistencia, un decreto ambiguo que dejaba parecer que con el resultado del 28 de junio se daría paso inmediato a una constituyente. El golpe ya lo conocemos.

¿Por qué explico todo esto? Porque mañana, se supone, habrán de reunirse el presidente Zelaya y Micheletti en Costa Rica para discutir una salida política a la crisis. Tanto Arias como Clinton (instancia propiciadora), son fieros adversarios del chavismo y, pese al apoyo que Venezuela y el ALBA han brindado a su administración, Zelaya busca ahora instancias alejadas de la izquierda para volver al poder.

En la actualidad Honduras se ha convertido en tema vital para el bloque del ALBA. Es el primer eslabón que se rompe de una cadena que parecía sólida y que puede arrastrar consigo a una serie de países de corte populista, cambiando el panorama político de la región. Paraguay, Guatemala, Nicaragua y El Salvador, son posibles escenarios para futuras "sucesiones constitucionales".

Para aquellos que vimos con desconfianza y gracia las torpezas de la fallida administración de Zelaya, que vimos con horror la estupidez de un golpe fuera de contexto histórico y con indignación la terquedad de los golpistas, debemos reconocer que nos sorprende que este sea un golpe con cara de normalidad y que parezca ser el nuevo referente para el futuro.

La resistencia se plantea un cambio en su estrategia, pasando a la toma de carreteras en vez de movilizaciones masivas. Igual se está comenzando a discutir entre las organizaciones la posibilidad de una resistencia prolongada. No puedo dejar de pensar si el golpe de Estado no les ha funcionado de maravilla a los sectores del golpismo: hiriendo seriamente al movimiento popular, al socialismo del siglo XXI y Zelaya no es sino una pieza más, de un complejo ajedrez político.

9 DE JULIO

La gran expectativa del día han sido las reuniones que tendrían en Costa Rica los dos presidentes de Honduras. Existía mucho temor, debo decir, de una negociación a puerta cerrada en donde se dejase a un lado las reivindicaciones populares que más o menos abrazó Zelaya; que fue lo que lo condujo al golpe de Estado. Pero da la impresión que el resultado de las reuniones fue distinto. Micheletti insiste en quedarse en el poder y desconoce el rompimiento de la institucionalidad. La resistencia, pues, seguirá resistiendo. Hasta el momento no ha habido resultados de las negociaciones en Costa Rica; eso nos pone en una situación aún más difícil.

No puedo negar que estamos cansados, ningún grupo u organización social puede mantener la movilización masiva en las calles por mucho tiempo sin agotar a la gente. Pero la indignación y la voluntad persisten. La derecha ha anunciado su proyecto de sobrevivir al bloqueo diplomático haciendo uso de las reservas del Banco

Central que ascienden a más de 2,000 millones de Lempiras. Eso dejaría al país en una terrible situación económica para los próximos años. Es de chiste escucharlos hablar usando a Cuba como ejemplo de un país que puede vivir bloqueado por años mientras la Dirección General de Migración y Extranjería anuncia la expulsión de cerca de 300 educadores cubanos que han estado trabajando en la campaña de alfabetización durante los últimos cuatro años. ¿Creerán realmente que pueden vivir un bloqueo por mucho tiempo? ¿Pensarán que pueden copiar el modelo de resistencia de Cuba en un país en donde las clases dominantes jamás han querido sacrificar algo de su estilo de vida? No lo creo y estoy seguro que ellos tampoco. Pero si se mantienen con tanta firmeza en su posición de bloque dominante debe ser por algo. Seguramente cuentan con el apoyo de ciertos sectores del gobierno de los Estados Unidos que les dan valentía, y quizás el financiamiento, o esto proviene de sectores más oscuros, como el narcotráfico, que deben estar haciendo su fiesta de impunidad en Honduras, cuando el aparato represor se vuelca contra los sectores populares. Lo cierto es que esta lucha que estamos librando no es únicamente de nosotros. Es indignante escuchar a Ramón Custodio declarar a la prensa que en Honduras no hay presos políticos, mientras la policía reporta la captura de cerca de sesenta Venezolanos y más de cien nicaragüenses, por suponerlos instigadores de la resistencia, acusándolos de sedición y terrorismo. Hoy dieron captura, al salir de las oficinas del COFADEH, a José David Murillo Sánchez, padre de Isis Obed Murillo, joven asesinado el pasado 5 de julio frente al aeropuerto. En declaraciones a TR-Honduras, David Murillo dijo que lo habían tratado como un asesino, "sentimos en nuestro corazón que lo han reprimido a uno, fue un plan y una estrategia macabra que tuvo el MP cuando a mí ellos mismos me invitaron para tener una entrevista en el CO-FADEH, vinieron tres personas y uno de ellos salía con su celular, mientras dos se quedaban con la abogada Kenia". David Murillo, es un defensor del medio ambiente, su accionar en el departamento de Olancho le trajo como consecuencia que en 2004 el Ministerio Público le iniciara un proceso por tentativa de homicidio contra una señora, sin que ésta solicitara acciones ante este operador de justicia, que se valió de un problema entre vecinos para pretender detener la lucha del ambientalista. Kenia Oliva criticó el hecho de que la Fiscalía de Derechos Humanos se preocupó más por tener bajo prisión a don David, quien permaneció treinta y siete días en las celdas de cárcel de Juticalpa, Olancho, en vez de hacerlo por el crimen de Isis Obed, del cual no hay ningún resultado. "Esto deja en evidencia que lo que pretendían era callar y que los familiares no siguieran pidiendo investigación sobre el caso", destacó.

Invierten fuertes cantidades de dinero en la radio informando al pueblo lo poco patriótico que resulta persistir en las manifestaciones, "quemar llantas, rayar paredes, poner bombas, es no amar a Honduras", dicen y luego llaman a la paz y la búsqueda democrática de la crisis. Después de este *spot* salió el de Elvin Santos, candidato oficialista quien busca convencer a Zelaya de que, por amor a Honduras, no regrese. Aunque no dejamos de ver todo con cierta gracia por lo absurdo de las declaraciones, da la impresión de que se va a recrudecer la crisis.

¿Cómo hacer la resistencia ahora, cuando se prevé que deberemos resistir por mucho tiempo? ¿Cómo lograr articularnos dentro de una izquierda históricamente fragmentada, con vicios y autoritarismos, que tienen ahora la obligación de ver el escenario más allá del posible retorno de Zelaya a la presidencia? Tendremos que ser creativos y valientes, soltarnos de las ataduras de la legalidad, donde hasta ahora hemos intentado movernos desde la resistencia. Irrespetar la autoridad de manera constante, desconociéndola por usurpadora, iniciando una verdadera insurrección popular que busque construir un plan de nación desde los más pobres. ¿Estamos preparados para eso? Vamos a verlo en próximos días.

10 DE JULIO

Han pasado dos semanas desde el golpe de Estado y no parece abrirse un pequeño espacio para lograr cambiar la postura de los golpistas. Son un bloque sólido, sin fisuras, con el poder sobre los canales de televisión locales que repiten constantemente las mismas mentiras, logrando crear la duda en más de alguno. Las anunciadas "negociaciones" en Costa Rica terminaron como esperábamos: en nada. Eso, lejos de producirnos tristeza, nos da esperanza, "a lo menos no nos traicionó Zelaya" decía una señora en la marcha de ayer, recordándome que en un sector de la resistencia sigue habiendo desconfianza con Zelaya y sus posiciones tibias, de jugar con Dios y con el Diablo.

Las manifestaciones han continuado, ahora con tomas de carretera en todo el país buscando golpear en el único lugar que le duele a la clase dominante: su dinero. Ayer se dieron tomas de la salida al norte de Tegucigalpa, en Tocóa, en Los Limones, Olancho; en Santa Bárbara, en la carretera a Puerto Cortés y varias regiones más. De todas, la de Olancho fue la única que resultó reprimida violentamente.

Vemos que nuestra lucha va para largo, es necesario sentarnos a conversar sobre cómo mantendremos una resistencia prolongada a nivel nacional. Hasta el momento la consigna ha sido *resistencia pacífica*, caminatas y gritos en las calles, dentro del marco de la legalidad para evitar represiones de las fuerzas del sistema. Pero hay un sector de la resistencia que clama por acciones más radicales, menos pacifistas o a lo menos al margen de la legalidad.

En noviembre próximo son las elecciones generales y el Tribunal Supremo ha aceptado finalmente la inscripción de un candidato independiente, Carlos H. Reyes, histórico dirigente sindical y popular que se ha mantenido al frente de esta resistencia. Participar en estas elecciones es legitimar el proceso de un gobierno nefasto. No hacerlo, es dejar el control total de la derecha reaccionaria que son, hasta el momento, los únicos que participan en las elecciones.

¿Cómo mantener una resistencia prolongada en esta "dictablanda"? Es la pregunta que permanece en nosotros; debemos darle respuesta pronto, no quedarnos indefinidamente discutiendo sobre los mismos puntos como es costumbre. Nuestra respuesta debe ser creativa, nueva, que logre incorporar esos sectores que han visto en el golpe del 28 de junio la cara del sistema de clases donde vivimos.

11 DE JULIO

Estamos tensos, algo está por ocurrir, pero no sabemos qué. Las actividades lúdicas de la resistencia de los últimos días han dado espacio para cierta relajación necesaria luego de tantos días en las calles, pero no ha terminado la lucha. Ayer sábado se hizo el homenaje necesario a los mártires del 5 de julio en la plaza que los vio morir. Hubo teatreros, cantantes y discursos llamando a no desmayar en resistir al golpe. Sin embargo, hay una especie de vuelta a la normalidad en las ciudades, reforzada por el discurso constante de los medios que logran, en efecto, confundirnos.

Varios de los compañeros que solíamos ver en las marchas, desde el primer día, no han llegado a las últimas dos. Sabemos que están bien porque las redes de información están en alerta constante y cualquier cosa que le pase a uno de nosotros, rápidamente nos enteramos. Preferimos no hacer preguntas sobre su ausencia. Estamos claros que si la resistencia pretende derrocar el gobierno golpista de Micheletti, no van a ser suficientes las marchas, los plantones y los conciertos. A este gobierno no lo mueve la amenaza de desabastecimiento de combustible, bloqueo económico, cancelación de los préstamos internacionales; menos un grupúsculo (como ellos nos llaman a los miles de hombres y mujeres en las calles) gritando consignas antigolpistas.

Ya pasó la euforia y la indignación, ahora viene la planificación y la estrategia. ¿Estamos preparados para eso? Las reuniones de la Coordinación del Frente Nacional Contra el Golpe (algunos sectores, como el partido liberal, prefieren no llamarlo resistencia), son una especie de asamblea de hasta sesenta personas, donde se discute incansablemente sobre cuestiones básicas operativas; se toman acuerdos en consenso, que luego se irrespetan, se acuerdan acciones que, a mi juicio, no van a mover el bloque golpista.

Anoche arrestaron a los corresponsales de Telesur amenazándolos con serias consecuencias si no dejan el país. "Aquí no está pasando nada", les dijo el oficial de policía mientras eran conducidos a la delegación. Los policías, como parlantes autómatas, no hacen sino repetir lo mismo: "aquí no pasa nada", tratando de convencerse ellos mismos de que en efecto estamos bien. Piensan deportarlos hoy, junto a otros miembros de la prensa internacional. Si no está pasando nada, pasará. Buscan no tener corresponsales extranjeros que les compliquen las cosas afuera de las fronteras.

Hay rumores sobre el ingreso clandestino de Zelaya. Nada confirmado por el momento. Es una posibilidad. Eso podría quitar la suerte de empate en la que nos encontramos. Animaría mucho a las personas a sumarse nuevamente a las marchas; también animaría a la represión. Si viene y viene solo, estoy seguro habrá muertos. Es necesario, en estos momentos, una fisura dentro de la estructura que mantiene este gobierno: las Fuerzas Armadas. Se dice que hay tropas que se mantienen leales a Zelaya, aunque son puros rumores.

Hoy hay otra actividad lúdica en el centro de la ciudad, resistiendo el terror con arte. Como dije anteriormente ya no tenemos toque de queda, pero definitivamente pienso seguir tomándolo en cuenta hasta que esté seguro de que no es una trampa.

13 DE JULIO

Al medio día salieron del país los corresponsales de Telesur, arrestados la madrugada del domingo. Héctor Iván Mejía (11), vocero de la policía dio dos justificaciones para los hechos: habían violado el toque de queda y fueron detenidos para ser investigados por la policía. Al ver que el vehículo en qué viajaban los periodistas había sido reportado como robado fueron arrestados y posteriormente deportados. El vehículo del que estaban haciendo uso era alquilado. Telesur dejó en Honduras un equipo mínimo para cubrir lo que pueda ocurrir en los próximos días. Con ellos algunos corresponsales de agencias internacionales y los medios independientes que siguen junto a nosotros.

Ayer fueron asesinados en San Pedro Sula y Santa Bárbara, Roger Bados y Ramón García, dos líderes populares contra el golpe de Estado, militantes del Partido Unificación Democrática. Uno fue asesinado por sicarios al salir de su casa, el otro fue bajado del bus y luego ejecutado. El comisario Mejía nuevamente trata de presentar los hechos como actos aislados, relacionados quizá, cómo él dice, con "un ajuste de cuentas del crimen organizado".

Esta será la estrategia que van a usar en los próximos meses para debilitar la resistencia y destruir las organizaciones sociales y populares. La misma que usaron hace treinta años, en algunos casos con los mismos actores. Van a echar mano del sistema judicial y la fiscalía para arrestar a líderes acusándolos de crímenes comunes, quizá fabricados, en otros serán faltas menores dimensionadas como delitos graves. Cuando esto no funciona recurren el asesinato

(11)*Conocí al comisionado Mejía en el proceso de producción del documental* El Porvenir. *En esa oportunidad, como ahora, me pareció un hombre que sabía hacer bien su trabajo de relaciones públicas. Pulcro, impecable en el trato, nada sale de su boca que no sea fríamente pensado. Es más un robot, que un hombre.*

selectivo de líderes y organizadores del movimiento popular. Aun no aparece la herramienta de las desapariciones forzadas; no dudo que van a usarla si el control que hasta el momento han mantenido se les sale de las manos.

Ayer hubo un concierto en el Parque Central, organizado por la Asociación Artística de Honduras; varias bandas, solistas y poetas ofrecieron su talento a la resistencia de la que ellos forman parte. Existe, entre los artistas nacionales, un repudio total para la nueva Secretaria de Cultura cuyo único mérito es haber sido presentadora de un programa de televisión en un canal de segunda.

En el concierto se dieron dos hechos interesantes. El primero fue el intento de arresto de uno de los cantantes por parte de la policía. No sabemos por qué se lo llevaban y a los manifestantes tampoco les importó. En cuanto se dijo que el manifestante estaba siendo arrestado, varias decenas de personas, en su mayoría mujeres, se abalanzaron con rabia contra el auto patrulla para reclamar la liberación del joven quitándoselos de las manos. El miedo de los policías que trataban de explicar que no lo arrestaban por razones políticas no importó. Las mujeres los escupían, arañaban e insultaban hasta que le quitaron las esposas y lo dejaron libre. Pequeñas victorias del pueblo.

Al final de la jornada, otro de los jóvenes artistas se emborrachó y trató de buscar pelea con los policías. Por un momento hubo confusión, ya había terminado el evento y quedábamos unas cincuenta personas conversando. Sabíamos que no debió haber bebido, que eso arruinaría todo el trabajo que hemos venido haciendo, pero tampoco podíamos dejar que la policía se lo llevara. El joven se subió en un *stand* del diario El Heraldo amenazando a los compañeros que intentaban controlarlo. Desde arriba, con un grito que retumbó por la peatonal dijo: "¿Saben quién soy yo?, ¿Saben quién?, ¡Yo soy King Kong!" Lo que provocó las carcajadas de todos y nos relajó. Lograron controlarlo y nuevamente la policía no pudo intervenir.

Hoy las tomas de carreteras continúan por todo el país, dirigidas especialmente por grupos campesinos. En Tegucigalpa se hará una asamblea en donde se piensa compartir la estrategia a seguir a partir de ahora. En los medios de comunicación nacionales no pasa nada.

14 DE JULIO

Acaba de renunciar el Canciller Enrique Ortez Colindres, ideólogo del golpe de Estado, estratega respetado del partido liberal, hoy político caído en desgracia luego de sus polémicas declaraciones; que lo llevaron primero a renunciar a la Secretaría de Relaciones Exteriores y ahora a la Secretaría de Gobernación y Justicia. La primer baja de Micheletti. Su salida no merece sino decir que lamento que no siga en su puesto de canciller, nadie como él (con excepción del propio Micheletti) refleja la contundencia de la estupidez de la clase detrás del golpe.

Las marchas continúan. La de los rojos con una impresionante capacidad de resistencia después de diecisiete días de caminar por las calles del país; la de los blancos, escuálidas, casi inexistentes.

Hoy pasé por el Parque Central de la ciudad y vi una veintena de niños de primaria con dos maestros gritando por un sistema de sonido digno de cualquier concierto, "queremos clases, queremos clases"; los maestros gritaban más desde los micrófonos que todos los niños y niñas que jugaban persiguiéndose por los jardines de la plaza. Patético, la verdad. Es la nueva campaña que han montado los medios de comunicación, seguramente mañana aparecerán en primera plana como un reclamo justo de los más pequeños del país para sus maestros en huelga.

Hablando de maestros, ayer el presidente de uno de los colegios magisteriales declaró que los maestros deben volver a clases y dejar que los políticos resuelvan lo que es "esencialmente político". Esto levantó la indignación del magisterio, incluso de miembros del Primer Colegio Magisterial de Honduras (PRICMA) quienes recuerdan el rol que les tocó jugar en los 80 cuando Suazo Córdova, presidente de Honduras entre 1982 y 1986, usó el Colegio para fragmentar uno de los gremios más fuertes y asegurar así la no unificación de los sectores populares. Constantemente vemos anuncios reclamando la "irresponsabilidad" de los maestros por dejar las aulas. Padres y madres (y niños como los del parque), gritan que vuelvan y dejen el paro. Parece que no les está funcionando.

En un programa de radio con el periodista de derecha Andrés Torres, mencionaba la diferencia entre las dos marchas: "si usted tira una bomba en medio de la marcha de los blancos, todos se van a su casa. Si la tira en medio de los rojos, se van por un momento, pero vuelven con piedras y palos y se van de frente a la policía. Usted les puede tirar el gas que quiera, les puede tirar balas vivas y siempre vuelven. Esa es la diferencia".

La unificación de los sectores populares se mantiene como desde el primer día. Grupos que nunca se habían visto trabajar juntos, como las distintas organizaciones feministas que han arrastrado conflictos por décadas, hoy tomaron —juntas— las instalaciones del Instituto Nacional de la Mujer para impedir que la nueva ministra, María Martha Díaz Velásquez, tome el control de la institución. Hay que traer a la memoria la vinculación de la señora Díaz con las mafias del tráfico de chinos y la venta ilegal de pasaportes hondureños a ciudadanos de oriente, lo que se conoce en nuestro país como el Chinazo 1 y 2.

Las fuerzas armadas y la policía han invertido gran cantidad de dinero en programas de televisión buscando mejorar sus relaciones públicas luego del golpe. Viejos informativos como "Proyecciones Militares" han vuelto a aparecer en las cadenas principales repitiendo las muchas maravillas de la institución armada. Recuerdan su compromiso con la constitución y las leyes, constantemente aseguran que "Hemos vuelto a la normalidad"… "La seguridad es real"… "Estamos comprometidos con el respeto de los derechos humanos".

Ahora el toque de queda es interno. Anoche circulé por las calles de la ciudad y pude ver cómo, a partir de las 10 de la noche, prácticamente la ciudad estaba vacía. Los bares y restaurantes tratan de atraer clientes pero es inútil. La gente no está saliendo por miedo a lo que pueda pasar afuera y por previsión de lo que pueda pasar con la economía en las próximas semanas. Por más que los medios se empeñan en asegurar que las finanzas del país están bien, nadie les cree, porque son los mismos que aseguran, como la policía, que hemos vuelto a la normalidad.

El gobierno anunció un concierto para llamar "a la paz y la vuelta a la vida productiva del país". Traerán, según dicen, a Juanes y Ricardo Montaner, entre otros. Afortunadamente ninguno de ellos me gusta; en algún momento se mencionó a Shakira. Debo admitir que hubiera sido una pena verla con la camisa blanca del golpe. Nosotros, respondiendo a la lógica de la *guerra de cuarta generación*, donde buena parte de las batallas se libran en las pantallas e internet, hemos decidido jugárnosla haciendo los contactos para traer nuestro propio *crue* de cantantes solidarios: Manu Chao, Calle 13, Vico C, junto a los cantantes nacionales que se han manifestado en contra del golpe (afortunadamente Guillermo Anderson ya se puso la camisa blanca y no tendré que escucharlo más). La idea es llevarlos a caminar junto a nosotros por las calles de la ciudad haciendo ver que lo que pasa en Honduras no es asunto de los hondureños solamente. Esperamos sea una gran fiesta, divertida e insurrecta, no pensamos pedir permisos.

Micheletti tuvo una reunión secreta el pasado domingo con la cúpula de las Fuerzas Armadas, se informó que fue para decidir la suspensión del toque de queda, está demás decir que no parece lógica una reunión a alto nivel para determinar una acción tan simple. Las noticias de sectores del ejército en rebeldía contra la jerarquía son cada vez más fuertes. Ahora, Manuel Zelaya ha dado un ultimátum a Micheletti para que abandone la casa presidencial. Este se mantiene firme en su posición desconociendo las declaraciones de Zelaya. Si el hombre quiere mantener la resistencia por más tiempo y volver a la presidencia, debe hacer algo ya, porque sino los sectores populares lo olvidarán y continuarán su proceso de radicalización sobre el cadáver político de Zelaya, quien no habrá logrado cumplir la carrera de la construcción del mito; según lo describe Joseph Campbell (12).

19 DE JULIO

Este domingo será para hacer asambleas y discutir los escenarios posibles después de las negociaciones de San José. Las tomas de carretera y demás actividades a nivel nacional han sido suspendidas; los compañeros y compañeras tratarán de descansar un poco, atender a sus familias y sus casas que hemos tenido abandonadas por semanas.

Ayer la prensa anunció que Zelaya estaba dispuesto a aceptar los 7 puntos sugeridos por Arias como salida negociada al conflicto. Vocero directo del Pentágono y la derecha centroamericana, Arias se perfila nuevamente como salvador de la región, una especie de

(12) Joseph Campbell. El héroe de las mil máscaras. http://es.wikipedia.org/wiki/El_héroe_de_las_mil_caras

Chapulín Colorado para los conflictos políticos del área. La restitución de Zelaya es el único punto que nos favorece directamente. Los demás: la amnistía general, el gobierno de conciliación nacional, adelantar las elecciones un mes, pasar la comandancia de las fuerzas armadas a manos de tribunal supremo electoral, son medidas que juegan en contra de las necesidades de los sectores populares organizados y de los reclamos que la resistencia está manteniendo. El más importante es dejar a un lado la posibilidad de la cuarta urna y la constituyente. Supongo que Zelaya sigue siendo coherente con su extracto de clase y su práctica política demagógica, es cuestión de horas para que traicione a las organizaciones que lo han respaldado, un precio necesario para poder salvar su respaldo de Washington.

Micheletti está consciente que los grupos de poder que lo empujaron al golpe y lo alentaron a mantenerse en él lo están traicionando, puede ver que le han quitado el piso político y es posible que sea el gran perdedor de la aventura. Evitando eso se aferra al poder y desconoce los acuerdos de San José, quedando sólo en la presidencia, un gobierno débil y aislado que comienza a actuar con desesperación. Los animales cuando están acorralados y se sienten desesperados son más peligrosos, actúan con más crueldad, es lo que tememos.

Los medios de comunicación siguen jugando un rol importante en el golpe de Estado, ahora la campaña está dirigida a la persecución xenofóbica contra nicaragüenses, cubanos y venezolanos a quienes acusan de ser los organizadores del caos en Honduras. Claro, no pueden reconocer que existan tantos hondureños descontentos con la forma como se ha manejado el país. Sólo pueden ver la acción de agentes "extraños" a la "gran familia hondureña".

La Secretaría de Cultura ha tomado la decisión de cerrar la Hemeroteca Nacional y procesar a su directora bajo los cargos de sedición por haber sacado documentos que muestran el pasado oscuro de los organizadores del golpe. De allí salió la información recordándonos que Romeo Vásquez formó parte de "la banda de los trece" (13), que Micheletti propuso una constituyente en el año 84 y

(13) El 2 de Febrero de 1993, el periódico hondureño El Heraldo, publicó la noticia con el título: "A prisión once miembros de la Banda de los Trece". "Once personas detenidas por supuesta participación en el robo de unos 200 automóviles de lujo, así como 12 de los 19 carros decomisados como prueba de convicción por la Dirección Nacional de

demás información disponible en los periódicos nacionales. Varias personas están sufriendo despidos y persecución en sus trabajos por haber tomado posturas abiertas de repudio contra el régimen de facto. El ambientalista, padre Andrés Tamayo de Olancho ha tenido que venirse de aquella zona porque está siendo buscado con amenaza de deportación. Como estos hay muchos casos.

La amenaza a dirigentes populares o sus familias y la intimidación directa por parte de los organismos de inteligencia es constante. Anoche me informaron que no llegara a mi casa, porque había dos hombres en el interior de un carro esperando en la oscuridad. No tengo forma de saber quiénes eran, pero es importante reconocer cuando algo nos hace ruido y saber escuchar esas señales. Si bien mi participación en la resistencia contra el golpe es pequeña, y pierden el tiempo vigilándome, no tienen ellos forma de saberlo;.Por eso buscan, sin saber a cabalidad quien es quien en todo esto. No me estoy quedando en la casa, voy a estar pendiente por si vuelven los visitantes nocturnos.

Investigaciones (DNI), fueron puestas ayer a la orden del Juzgado de Letras Primero de lo Criminal de Tegucigalpa. Asimismo se informó, que el teniente coronel Wilfredo Leva Cabrera y el mayor Romeo Vásquez Velásquez, señalados como presuntos implicados, serán alojados en la Penitenciaría Central", reportaba el periódico en primera plana.

Entre la lista de los acusados de robo y falsificación de documentos públicos se encontraban, además, Eli Rosa Urrea, Edwin Policarpio, Alemán Álvarez, Rolando Rosa Urrea, Carlos Alfredo Pereira, Pedro Murillo Lazo, Marvin Vásquez Velásquez, Javier Armando Midence, Dolores Adrián Murillo Lazo, Juan Guillermo Serrano Ardon, Rubén Enamorado Chacón y Juan Ramón Vásquez House, quienes fueron puestos a la orden de la justicia, mientras los dos oficiales permanecían arrestados en el Primer Batallón de Infantería.

"Dos diputados tienen en su poder carros robados", se leía en un encabezado de la misma noticia en el periódico La Tribuna.

La noticia dejaba al descubierto el nivel de corrupción institucional e impunidad que une a militares con miembros del congreso hondureño, desde aquel entonces. Llama la atención que fue el mismo congreso que declaró su apoyo al golpe de Estado, el que nombro a Roberto Micheletti como presidente, y el que además había nombrado a Romeo Vásquez Velásquez, como Jefe del Estado Mayor Conjunto de la Fuerza Armada.

20 DE JULIO.

Hoy se conmemora la muerte del cacique Lempira, héroe nacional, símbolo de la resistencia indígena muerto en 1537. Curiosamente el canal nacional habla del gran valor de Lempira quien "defendió con su vida la intromisión de ideologías extranjeras en nuestro país". Siguen diciendo que los hondureños somos "esencialmente anticomunistas", lo cual convierte el golpe de Estado en una reacción "natural" ante el socialismo del siglo XXI.

Este gobierno es un chiste de sí mismo. Hillary Clinton llamó personalmente a Micheletti para advertirle de las consecuencias que podría traer para Honduras un eventual bloqueo por parte del imperio. La respuesta del gobierno fue que el bloqueo afectará más a Estados Unidos que a nuestro país. Toman como ejemplo de resistencia, a Cuba, "quien ha sido capaz de sobrevivir 50 años sin la ayuda americana".

Ramón Custodio, Comisionado Nacional para los Derechos Humanos, pidió la palabra en Casa Presidencial durante la toma de posesión del "Presidente Interino" para decir que en Honduras no se había violado ningún derecho humano. Inició sus palabras con: ¿si este no es el pueblo, el pueblo donde está? (14) Y recibió el aplauso unánime de los presentes. Había unas cincuenta personas aplaudiendo sus palabras; dijo que algunos países "amigos" le habían quitado los fondos para el CONADEH, pero que inmediatamente José Alfredo Saavedra, Presidente del Congreso, le ofreció el desembolso a nombre del pueblo hondureño.

El Tratado de Libre Comercio nos protegerá del bloqueo económico, dijo Amílcar Bulnes, presidente del Consejo Hondureño de la Empresa Privada. La economía está bien, el toque de queda es para que los negocios no violen la ordenanza municipal de madrugadas seguras que daba como hora tope para los bares las 2 de la mañana. Ya no hay narcotráfico en el país, este gobierno es de transparencia. "¡NO PASARÁN!", gritó Micheletti, y ya no se que

(14) Durante todas las marchas de la Resistencia y en respuesta a la campaña de los medios de negar la masiva presencia popular, una de las consignas que más sonó fue esta: Si este no es el pueblo, el pueblo donde está. Distinto es el significado de la misma cuando se dice en los salones elegantes de Casa Presidencial, entre distinguidos miembros de la sociedad capitalista.

mas decir de un gobierno que hace un chiste de sí mismo.

Desde la Resistencia estamos en una especie de espera de lo que serán las 72 horas que pidió Arias. Sólo faltan 48. Se tienen programadas actividades fuertes para el jueves y durante el fin de semana, justo después del plazo. Los medios de comunicación repiten las palabras de Oscar Arias del derramamiento de sangre y sería ingenuo decir que la idea de una guerra civil no nos causa miedo. Seguro nadie quiere una guerra en Honduras, estamos en un punto donde nadie puede echarse para atrás sin perderlo todo.

Los compañeros de la comunidad de Silin (15) advierten del cerco militar en que se encuentran, se teme que tarde o temprano se descargue contra ellos toda la frustración y rabia de un golpe de Estado que no ha logrado dar una desde el inicio. Estamos seguros que este gobierno caerá, pero tememos que no será sin sangre.

Ayer fui a la asamblea en el Stibys y me sentí sumamente emo-

(15) Dice la nota del diario La Prensa, *con fecha 13 de diciembre de0 2008: "San Pedro Sula, Honduras. En una batalla campal se convirtió la lucha por la tenencia de la tierra en la comunidad de Silin del departamento de Colón. Ganaderos y campesinos se enfrentaron a fuego cruzado. La refriega dejó diez muertos y cuatro heridos. La tarde del domingo 3 de agosto se cubrió de sangre. El tramo carretero entre la comunidad de Marañones y Honduras Aguán fue escenario de una de las masacres más horrendas en el agro. La causa de la matanza fue la lucha entre campesinos y terratenientes por mantenerse en los predios donde antes funcionaba el Centro Regional de Entrenamiento Militar, CREM. En esa guerra de balas y machetes perdieron la vida siete personas del grupo de los terratenientes y por parte de los campesinos hubo tres muertos. Esa tragedia ya estaba anunciada y las autoridades del Gobierno también estaban advertidas de lo que podía pasar. Adolfo Cruz, dirigente campesino, manifestó que desde las cinco de la madrugada estaban siendo intimidados por los ganaderos Henry y Pedro Sorto, ambos hermanos. Henry Sorto es oficial de la Policía y terrateniente. Su hermano murió en el enfrentamiento. "Nosotros le pedimos calma al movimiento porque no queríamos que esto llegara hasta estos límites. A las 5.30 de la mañana Henry Sorto y Pedro Sorto llegaron armados al lugar con fusiles Ak 47. Llamamos a la policía de Trujillo para que fuera a ver la casa de los Sorto, les pedimos personalmente que fueran a desarmar a esa gente para que no termináramos en una tragedia. Ellos dijeron que no podían hacer nada en ese aspecto. Ante la negativa de la Policía tomó fuerza el problema", dijo en ese entonces el dirigente. Los campesinos tomaron la casa de los Sorto a la fuerza y encerraron al grupo de personas que estaba en el inmueble. Le prendieron fuego a la vivienda. Algunas de las víctimas murieron calcinadas y otras por heridas de machete y balas".*

cionado al ver cientos de personas en la asamblea gritando "el pueblo unido jamás será vencido". Personas de todos los sectores: obreros, indígenas, campesinos, estudiantes. Quien a ésta altura no comprenda que lo que está pasando en Honduras es la expresión más clara de la lucha de clases, no entiende nada.

Ya está al aire Radio Morazán Libre, radio clandestina en resistencia que funciona en el 90.1 FM y busca romper el cerco mediático que estamos viviendo. Funciona a horarios irregulares; es en sí un ejemplo revolucionario de resistencia. A golpe mediático-militar, guerrilla mediática-popular.

23 DE JULIO

Nadie pensó que esto duraría tanto, a pesar de un régimen que tiene al mundo en contra, con un país prácticamente paralizado y con los fondos por la cooperación prácticamente congelados. Intentan conseguir algún apoyo internacional y ante la negativa de todos los países, se conforman con anunciar el reconocimiento de la ONG de ultra derecha *UnoAmérica*, quien es en la actualidad el único respaldo recibido para Micheletti y su pandilla. Tienen prácticamente todo en contra y sin embargo se mantienen firmes en su posición de no renunciar al poder. Da la impresión que se han creído sus propias mentiras, que realmente creen que el mundo no les entiende y que si nos ponemos a trabajar todos juntos vamos a salir adelante como país, solos, únicamente con nuestra "garra catracha". "Esta es la oportunidad que esperábamos para demostrarnos que podemos ser autosuficientes" dijo Gabriela Núñez a la televisión nacional ante la sonrisa estúpida y el eco de la entrevistadora, como si no conocieran la de por sí precaria situación económica que vive el país y no entendieran lo complejo de la crisis que se avecina.

La huelga general está decretada para dar inicio el día de hoy, se preparan, para esta jornada, acciones más firmes en contra del golpe de estado. Nuevamente los maestros salieron a las calles luego de tres días de clases, en donde contrario a lo que la derecha esperaba, sirvieron para hacer conciencia en los estudiantes de la lucha que libramos y les inspiraron a salir a protestar, encontrándose ayer con la marcha de los blancos, quienes protegidos por el ejército, reprimieron a los estudiantes lanzándoles bombas lacrimógenas y piedras.

Los obreros cerraron las fábricas, las empresas estatales cerraron sus edificios, aeronáutica civil paralizó los vuelos. Siguen los bloqueos de tomas de calles y carreteras por todo el país. Los buses de manifestantes que intentan llegar a la capital, al igual que el primer día, fueron detenidos por el ejército impidiéndoles así su movilización. Los manifestantes, en reclamo, se tomaron la carretera impidiendo el paso a cualquier vehículo.

La Policía Nacional se ha puesto también en huelga por todo el país, un hecho insólito en la historia de este país y abre la puerta a una fisura seria dentro del régimen. Su reclamo es la rebaja de 60 dólares del aumento salarial dado por Zelaya. Con el ejército prácticamente movilizado en las tres fronteras y sin la policía, no veo cómo podrán mantenerse. Cientos de personas van caminando a la frontera de Las Manos para recibir al presidente Zelaya, quien anoche anunció están en Ocotal, a diecisiete kilómetros. La zona está altamente militarizada. Sin embargo nadie se detiene. Arrestan, golpean, amenazan con sus armas a los manifestantes, pero lejos de ser menos, somos cada día más.

24 DE JULIO

Venimos de Las Manos en el departamento de El Paraíso, Manuel Zelaya cruzó brevemente la frontera y demostró que el ejército no se atreve a arrestarlo, aunque él tampoco se atrevió a pasar más allá de un par de metros. Varias personas me explicaron que para poder pasar necesita unas diez mil personas con él. Dudo que lo logre, todo el esfuerzo de este gobierno está puesto en impedirlo.

El movimiento que hay en esa zona es impresionante, cientos de personas tratan de llegar hasta la frontera e igual número de militares tratan de impedirlo. Por lo menos diez retenes militares detienen prácticamente cada vehículo, bajan de los buses a sus ocupantes para luego obligarlos a caminar. Si quieren llegar, que caminen, dicen los oficiales entre sonrisa y burla. El pueblo sabe quien tiene las armas y camina.

El toque de queda nos sorprendió ayer a las seis de la tarde en la zona. A las seis de la mañana nos sumamos a la caravana que buscaba llegar hasta Las Manos. A mediodía, intentando dispersar a los manifestantes, el gobierno volvió a declarar el toque de queda desde las doce del día hasta las seis de la mañana siguiente. Finalmente han extendido el toque de queda para todo el día de mañana. Los carros policías recorren las calles vacías ordenando a los habitantes de la zona que se guarden en sus casas o serán arrestados. Pude ver como una joven madre corría para refugiarse en su casa al escuchar llegar una patrulla policial.

Al volver de la frontera vimos como la policía había detenido a unas veinte personas que trataban de llegar a Las Manos atravesando las montañas, los tenían bajo la lluvia y fue hasta que nos identificamos como prensa internacional (andaba con verdaderos corresponsales internacionales) que dispusieron guardar a los prisioneros bajo techo. Denunciamos el caso y organismos de derechos humanos se hicieron presentes en el lugar presentando el *hábeas corpus*.

Unas dos mil personas se confrontaron con la policía y el ejército en el retén que tienen levantado a unos 8 kilómetros de la frontera; de las tres veces, la primera fue la más violenta. La policía disparó contra los manifestantes y dejó un saldo de por lo menos dos heridos. Uno de ellos perdió una oreja por un disparo. El pueblo igual no se dispersó y, a estas horas de la noche, aun permanecen en el reten. Veinte kilómetros más adelante, a la altura de la ciudad de Danlí, está otro gran reten militar en donde unas dos mil personas acompañan a la familia del Presidente Zelaya, luego que les fue impedido el paso. Están dispuestos a comenzar a caminar en la mañana.

En Tegucigalpa otro grupo de manifestantes se presta a pasar la noche frente a las instalaciones de Radio Globo luego de la amenaza de cierre por parte de las autoridades. De igual manera es guardada la embajada de Venezuela ante la amenaza de allanamiento por parte de la Fiscalía.

Parece que el fin de semana será agotador, pero lleno de esperanza.

Al volver a Tegucigalpa encontramos un grupo de unas cien personas que caminaban bajo la oscuridad de la noche con el firme propósito de sumarse a la marcha. Llevaban avanzados unos setenta kilómetros, les faltaban unos quince más para llegar hasta el primer reten. Es seguro que el ejército no los dejará pasar, también es seguro que ellos no se dejarán detener.

26 DE JULIO

Pedro Magdiel Muñoz tenía 24 años, vivía en la Colonia San Francisco de Tegucigalpa con su esposa e hija, oficio albañil, se unió a la Resistencia desde el mismo día del golpe de Estado. El día viernes estaba delante de unas cinco mil personas que trataban de llegar hasta la frontera para recibir al Presidente Zelaya. Viajó junto a un grupo de amigos con quienes logró llegar hasta el retén militar de la zona de El Paraíso, a unos 8 kilómetros por carretera. Él, junto a otros jóvenes, fue el grupo que más resistencia le presentó a la policía desde el primer momento protagonizando las escaramuzas. Cómo a las tres de la tarde, organizó una enorme fogata en medio de la carretera, la cual produjo una gran columna de humo que empujaban con ramas a los militares para asfixiarlos. Estos no se movieron de su lugar, hasta que el humo fue tanto, que los hizo avanzar unos metros a punta de gas lacrimógeno para apagar el fuego que los asfixiaba.

Hay cerca de quince retenes militares en la zona que impiden el paso de las personas, quienes siguen avanzando a pie; pero hay dos retenes importantes, uno a la altura de Arenales, donde está aun atrapada la señora Xiomara de Zelaya y su familia, quince km antes de llegar a la ciudad de Danlí. El otro, donde estaba Pedro Muñoz. En la mañana del día sábado, cuando logramos volver hasta el retén de El Paraíso, estando la gente aún entumecida por haber pasado la noche a la intemperie, escuchamos el grito de muerte.

Cientos de personas corrieron hasta el lugar, a unos ciento cincuenta metros del retén, para ver el cuerpo y entre morbo y curiosidad, tratar de identificarlo.

Era Pedro, sus amigos lo confirmaron de inmediato. Murió aproximadamente a las cuatro de la mañana. Fue golpeado salvajemente y asesinado de 46 puñaladas: en la espalda, el rostro, el cuello y la cabeza. Se rumoró que había sido detenido el día anterior en horas de la tarde por la policía. No hay forma de probarlo. Seguramente los medios dirán que fue asesinado por los mismos manifestantes para fabricar un mártir, así como dijeron que a Isis Obed lo habría matado un manifestante en la confusión. Seguramente también su muerte quedará impune.

Cuando la fiscalía estaba haciendo el levantamiento del cadáver, dos cosas sacaron de sus bolsillos que me llamaron la atención: una constancia de la Asociación Cristiana de Jóvenes, por haber participado en una capacitación para la solución pacífica de los conflictos, y un dibujo hecho por su hija, donde ambos estaban encerrados en un enorme corazón rojo. Hoy es el entierro de Pedro, en uno de los cementerios más pobres de Tegucigalpa.

A mediodía nos comunicaron que la policía había detenido a Rafael Alegría (16) y que se desconocía su paradero. Se sospechaba que estaba en la posta de Danlí junto a otros peregrinos pero no había forma de saberlo. Decidimos, con un grupo de 10 corresponsales de medios independientes, trasladarnos al lugar y hacer las preguntas del caso. Llegamos y preguntamos por él, se nos dijo que en esa posta no había nadie detenido con ese nombre, que teníamos que preguntarle al oficial a cargo de la delegación, quien igualmente negó tenerlo en su custodia. Afortunadamente logramos identificar a una de las mujeres del COPINH y sin pedir permiso nos acercamos a preguntarle por su caso.

Ella nos informó que eran unos ciento cincuenta detenidos, sesenta indígenas de su organización y unas cien personas que iban ya de regreso a Tegucigalpa, que estaban siendo abusadas por los oficiales, se les había privado de ir al baño, no se les había dado agua y algunas de ellas reportaron que habían sido acosadas sexualmente por elementos policiales, quienes las amenazaban diciéndoles que saldrían hasta la mañana siguiente y que la noche "iba a ser larga".

Preguntamos a las mujeres si habían visto a Alegría y nos confirmaron que allí estaba. Eso produjo malestar entre los oficiales que inmediatamente metieron a las mujeres a la celda y, mientras trataban de sacarnos de las instalaciones, un grupo de compañeros logró colarse hasta las bartolinas en donde finalmente se constató que en efecto, allí estaba. No se le había permitido hacer su llamada para informar de su paradero y más sospechoso aún, no lo habían registrado en el libro de entrada.

Sacamos la alerta inmediata por los medios y la policía respondió agrediéndonos, empujando a los compañeros y compañeras, quitándoles su equipo y tirándolo al suelo. Afortunadamente cuando una cámara era reprimida, otras cinco lo grababan de manera que era imposible no ponerse en manifiesto. Nos dejaron salir, llamamos al

(16) Rafael Alegría, Coordinador de CLOC-Vía Campesina en Centroamérica.

fiscal de derechos humanos y nos dijo que no podía hacer nada porque era toque de queda y en los estados de excepción no hay mucho que se pueda hacer por los derechos humanos. El Doctor Juan Almendares del Centro de Prevención para el Tratamiento y Rehabilitación de las Víctimas de la Tortura, CPTRT, se hizo presente de inmediato, logrando sacarlo a él y a las señoras detenidas. Aprovechando nuestras credenciales de prensa, los movimos hasta Tegucigalpa.

Mañana por la mañana queremos volver a la zona oriental, que cuenta ya 60 horas de toque de queda, vamos nuevamente en grupo, queremos llevar agua y comida a las cientos de personas que se encuentran atrapadas y no se les permite ir a ningún lado. La Cruz Roja dijo que iban a llevarles agua, pero la gente desconfía ahora de los cuerpos de socorro (17). Vamos a llegar hasta la frontera a buscar a Bertha Cáceres (18), quien junto con un centenar de personas decidió irse por la montaña. No se sabe nada de ella desde ayer por la mañana.

27 DE JULIO

Viajamos hasta la frontera con preocupación por no saber el paradero de Bertha Cáceres , Salvador Zúñiga (19) y Miriam Miranda (20), líderes de las organizaciones étnicas del país, de quienes no se sabía nada desde la noche anterior cuando se reportó que estaban siendo perseguidos por columnas militares en las montañas de El Paraíso. Luego de sortear los retenes militares y policiales, pudimos comprobar que no están dejando pasar la caravana de

(17)Durante el retén de Alauca, cerca de la frontera de Las Manos, se obstaculizó el tráfico vehicular impidiendo el paso de camiones de un lado al otro del camino. Era imposible moverse en vehículo, excepto para los cuerpos de socorro que circulaban libremente. Luego de la gran cantidad de bombas lacrimógenas que los militares lanzaron contra los manifestantes, estos se quedaron sin municiones. Fue cuando dejaron pasar una ambulancia de la Cruz Roja, que para sorpresa de todos, llevaba cajas de bombas lacrimógenas en refuerzo a los cuerpos de seguridad.

(18) Bertha Cáceres, líder del Consejo Cívico de Organizaciones Populares Indígenas de Honduras, COPINH, designada de la candidatura independiente Popular, una de las 3 personas que cumplen la función de Vicepresidente en el sistema de gobierno hondureño.

agua, comida, ropa y primeros auxilios para los que se consideran ahora prisioneros del régimen; llegamos a la frontera y pasamos al campamento de refugiados del lado de Nicaragua.

Cada persona tiene una historia que contar, han caminado horas y días completos acosados por columnas militares dispersas por la zona con el objetivo de detenerlos en su trayecto a Nicaragua; un éxodo que estamos acostumbrados a ver hacia el norte; hoy va hacia el sur, a Las Manos, al Departamento de El Paraíso. En el campo de refugiados descubrimos que aún no había noticias de los indígenas, mandaron a un grupo de hombres a las montañas para buscarlos pero fue en vano. Alguien nos reportó que fueron detenidos y los llevaron a la posta de El Paraíso. Dispusimos movernos y probar suerte con los policías, como lo hicimos el sábado anterior con Rafael Alegría. Regresamos por los retenes, presentando nuevamente las credenciales, pero parecía que los policías nunca nos habían visto, aunque hemos pasado frente a ellos unas cinco veces en los últimos tres días, no nos reconocían. Alguien nos comunicó que Bertha y compañía estaban bien y pronto llegarían al reten de El Paraíso. Eso nos calmó y decidimos esperarlos.

Primero llegó un grupo de unas cien personas del COPINH, venían cansados y sumamente lastimados. Caminaron casi veiticuatro horas, dos de los peregrinos tuvieron que ser hospitalizados porque tenían los pies lacerados. El personal paramédico de la zona los atendió.

La llegada de los indígenas levantó la moral del grupo al no sentirse desamparados. Subió aun más cuando a eso de las once de la noche, escuchamos los tambores garífunas. La gente brincaba y cantaba al ritmo de "el pueblo unido jamás será vencido". Era una fiesta, una victoria indiscutible al haber roto el cerco militar. Los oficiales a cargo del retén veían el espectáculo con sorpresa, como preguntándose de donde salía tanta gente y cómo es que nunca se cansan. El retén, que parecía vacío, se volvió a llenar como un ejem-

(19) Salvador Zúñiga, ex compañero de Bertha Cáceres, también líder indígena de COPINH.

(20) Miriam Miranda, líder garifuna de la Organización Fraternal Negra Hondureña, (OFRANEH). Ambas organizaciones han mantenido una gran cercanía en las posiciones políticas que las definen, como el indigenismo libertario, el autonomismo y la propuesta de una constituyente originaria y participativa.

plo digno de resistencia que me hace sentir orgulloso de mi gente.

Era tarde y decidimos quedarnos en la zona con la idea de dar cierta "seguridad" a los compañeros, pues había rumores de un posible asalto a la Resistencia esa misma noche, para capturar a los líderes del movimiento. No es que podamos hacer mucho, pero creemos que las cámaras son, en estos momentos, nuestro escudo contra la impunidad y la injusticia.

Afortunadamente no pasó nada, pero en las circunstancias que estamos viviendo no podemos dejar pasar cualquier posibilidad. En el diario de hoy salió la nota de un posible "vínculo" entre las FARC y la resistencia. La policía asegura que los líderes han recibido dinero del narcotráfico para mantener al pueblo en las calles por un mes. Parece que intentarán construir esa mentira para romper el movimiento, pero sabemos que cada cosa que hacen la hacen mal y termina revirtiéndose contra ellos.

Ayer domingo se realizó el clásico del futbol entre el Olimpia y el Motagua, un partido importante para orientar toda la energía del pueblo en una actividad "sana". La Presidencia dijo que era una prueba clara de que en Honduras "todo está normal". Al final del partido la afición de los equipos se enfrentó a los policías, quedando un saldo de dos muertos y seis heridos. Las cámaras de televisión local muestran a los policías disparando a la multitud. Asesinos, era uno de los gritos que retumbó esa tarde. Ese mismo día, al otro lado de la ciudad, grupos de la resistencia quemaron un auto patrulla al descubrir dos agentes infiltrados entre los asistentes al funeral de Pedro Muñoz.

Por la mañana volvimos a Tegucigalpa, el toque de queda sigue vigente y son ya cinco días. Tuvimos la oportunidad de conversar con varios actores claves de la resistencia de la zona. Nos enteramos del apoyo del alcalde de El Paraíso, (21) quien diariamente despacha 3 tiempos de comida para 300 personas. Eso le ha traído muchas amenazas por parte de los paramilitares del lugar y la célula del 3–16 que ha sido reactivada por el asesor Joya. La otra conversación fue con un sargento de policía que nos comentó su hastío con la situación.

—Yo no creo en nada, ni en mis pies. —Me dijo–. Me da igual quien quede en la presidencia con tal de que esto termine. Luego se dio la vuelta y siguió deteniendo a las personas que intentaban llegar a la frontera.

28 DE JULIO

A un mes del golpe de Estado, la Resistencia continúa tan fuerte como el principio. No ha sido fácil, el agotamiento, la represión, la incertidumbre y los vicios que venimos arrastrando desde siempre las distintas organizaciones populares, juegan en contra, pero no impiden que sigamos.

En la nota anterior comenté sobre las muertes luego del clásico de futbol en el estadio nacional el pasado domingo, no profundicé mucho por no conocer los detalles completamente, pero es importante aclarar algunos detalles. Murieron 2 personas y hay, hasta donde sé, 6 heridos. Desde el inicio del partido un grupo de jóvenes entró al estadio forzando los portones, alegando que no pagarían más por el futbol, porque los dos equipos pertenecen a las poderosas corporaciones que financiaron el golpe de Estado. Durante el partido sacaron una manta con el rostro de Pedro Muñoz, el joven asesinado por el ejército el pasado sábado en la madrugada. Los canales de televisión saltaban esa parte de la multitud en el estadio para no mostrar la manta que allí estaba.

Al final del partido, después de soportar un encuentro sumamente

(21)Dice la nota del diario El Heraldo *con fecha 30 abril, 2010:*

TEGUCIGALPA.- En las embravecidas aguas del Río Coco que sirve de línea divisoria entre Honduras y Nicaragua, murió el joven líder del Partido Liberal y dirigente cafetalero de la zona oriental del país, Ovidio Segura Aroca. El infortunado también fue alcalde de la ciudad de El Paraíso (2006-2010) y además un dirigente de la resistencia liberal en el departamento de El Paraíso que estuvo en contra de los hechos del pasado 28 de junio de 2009. Durante la crisis política, Segura Aroca protegió a Xiomara Castro de Zelaya, esposa del ex presidente Manuel Zelaya en la propia alcaldía de la ciudad de El Paraíso, cuando una muchedumbre de la localidad le pedía a gritos que abandonara la ciudad porque con su presencia, el gobierno del ex Presidente Roberto Micheletti, justificaba los toques de queda por 24 horas consecutivas durante casi una semana. El ex alcalde era ingeniero agrónomo de profesión y se inició en la política con el movimiento liberal que lideró el banquero y ex precandidato liberal, Jaime Rosenthal Oliva, quien ayer se desplazó en helicóptero a El Paraíso para dar el pésame y solidarizarse con sus familiares. El malogrado dirigente político era hermano del líder cafetalero y diputado liberal por el Departamento de El Paraíso, Mario Segura Aroca. Los restos del ex alcalde paraiseño serán sepultados hoy en el cementerio de la localidad, donde harán presencia líderes liberales de todo el país y dirigentes de la caficultura nacional.

aburrido con un resultado de 0 a 0 entre los dos equipos, los jóvenes salieron protestando por la represión gritando a la policía: ¡Asesinos! ¡Asesinos! Luego vino el enfrentamiento con los resultados que ya conocemos. Lo que parecen no entender los represores, es que mientras más muertes provoquen, más rabia despertarán entre el pueblo, por lo tanto, más enfrentamientos.

La prensa nacional quiso presentar la muerte de Pedro Muñoz como un caso de criminalidad común, pero las pruebas de su captura son arrasadoras. La foto de su captura salió en *La Tribuna* antes de conocerse el nombre de la víctima. Los represores están pavimentando el camino para la serie de demandas que vendrán, cuando esto termine, por las violaciones a los derechos humanos. Asesinatos, tortura, persecución política, toque de queda por cinco días, negación de acceso a la Cruz Roja para atender a los prisioneros, censura a los medios de comunicación, agresión a periodistas. Son tantos los casos que es imposible que los nieguen. Son tantas las pruebas que es imposible que no paguen.

Ayer, los manifestantes en Trinidad, Comayagua, se enfrentaron a la policía dejando un saldo de dos muertos más. Enfurecidos tomaron dos auto patrullas y las quemaron. La toma de las aduanas sigue manteniendo paralizada la importación y exportación del país. Las calles y carreteras se mantienen bloqueadas, reclamando ahora el secuestro de los compañeros en El Paraíso. Zelaya se niega a ir a Washington a la cita con Clinton; Billy Joya está en Houston y el Congreso Nacional discute un proyecto de Amnistía General. Piensan perdonarse, pero no podrán comprar el perdón del pueblo.

Ellos, los que piensan que el pueblo no los reconoce, los que juran que somos pasmados, tontos, haraganes, los que creen que sólo el dinero mueve las almas, los indignos, los traidores. Ellos, los que odian el olor del pueblo, las voces del pueblo, los que creen que pueden ocultar la historia bajo decreto, los que leyeron mal a Orwell, las caricaturas patéticas del fascismo. Ellos, los temerosos que mandan a sus familias a Miami buscando un lugar sin toques de queda, los que refuerzan la seguridad de sus mansiones, los que sonríen nerviosos tras el polarizado de sus carros blindados. Ellos quieren perdonarse.

30 DE JULIO

Dicen que cuando las bestias están acorraladas se vuelven más feroces, eso es lo que está pasando en Honduras. Las visas a Estados Unidos canceladas hace un par de días a altos ejecutivos de la administración Micheletti, el permanente toque de queda en una cuarta parte del país como respuesta a la presencia de Zelaya en la frontera, la visita del embajador Llorens al presidente Zelaya en Managua, tienen al régimen desesperado y están echando mano de los monstruos que han guardado por tanto tiempo.

Volvimos a la ciudad de El Paraíso y vimos cómo la gran mayoría de los manifestantes que se encontraban en los retenes se han vuelto a Tegucigalpa o se han ido por las montañas a Nicaragua para sumarse a los cerca de 2,500 que en la actualidad esperan fuera del país. Sobre eso conversamos con Bertha Cáceres, dirigente indígena y candidata a la vicepresidencia por el movimiento independiente, quien nos contó, con una sonrisa en el rostro, cómo lograron burlar el cerco de batallones completos que les daban persecución.

—Ni con los helicópteros pudieron encontrar a trescientos campesinos —dijo—.

Con esto los indígenas demostraron que los militares no son esa máquina perfecta e impenetrable que se creen.

Por su parte, Xiomara Zelaya, convertida en una especie de Eva Perón hondureña, esperaba el salvo conducto para pasar los retenes militares y poder juntar al Presidente con su familia. El salvo conducto llegó, pero solamente para ella, sin su familia, sin sus simpatizantes. Ella se negó. —No me puedo confiar de ellos—, dijo. Y obligó al ejército a reforzar el cerco militar en la zona.

Me impresionó ver en la madrugada los vehículos civiles, llenos de hombres armados, paramilitares herederos directos de la contra nicaragüense, gritando por altoparlantes que querían que todos se fueran, ella "y los jucos que la acompañan", porque según ellos la culpa de todo la tienen los manifestantes y no el gobierno que los mantiene sitiados. Hoy jueves nos sumamos a la marcha de la resistencia en el norte de la ciudad, sabíamos que estaban siendo reprimidos. Los alcanzamos a unos diez kilómetros del lugar en donde dio inicio la represión; venían huyendo de la policía. A la altura del Seguro Social, en el mercado zonal Belén, comenzamos a grabar la forma brutal como reprimían a los manifestantes. Los tenían en los camiones y aun sometidos les seguían golpeando, con los toletes, con las culatas de los fusiles, con los pies. La gente trataba de protegerse pero les era imposible. Luego escuchamos la orden desde la tanqueta que advertía a los policías que los estábamos grabando. Eso causó alarma entre los agentes, quienes después de las últimas dos muertes, ocasionadas y negadas por ellos, aparecieron varios videos que demostraban su responsabilidad en los hechos. Una decena de policías se vino en mi contra y de otro periodista, llegaron con toda la rabia acumulada luego de un mes de Resistencia.

Primero me pidieron el cassette, mientras me golpeaban con los toletes. Se los di. Me amenazaban diciéndome que si yo era nicaragüense me iban a matar (afortunadamente no los soy) pero no se conformaron con el cassette y comenzaron a golpearme y a golpear la cámara, la tiraron al suelo y la patearon, destrozándola completamente. Luego la desaparecieron.

Me dijeron que era por "malos hondureños" como nosotros que el mundo tenía a Honduras de rodillas, que no éramos "objetivos" en la forma de presentar la información y que en nuestro país no había represión para nadie. Eso lo decían mientras me golpeaban. Me revisaron y se llevaron mi celular para que no pudiera comunicarme con nadie. La cámara me la entregaron tres horas después en la delegación policial y tuve que discutir el parte del oficial que intentaba poner que la cámara estaba en "mal estado" y no destruida. Caminé unas cuadras para ver a mi compañero con la cabeza rota. A él también le quitaron la cámara, pero a diferencia de la mía, no la destruyeron; por eso no apareció.

A la posta de belén llevaron unas doscientas personas detenidas, iban golpeados y agotados luego de la tenaz persecución de la que fueron objeto. Entre ellos iba Juan Barahona (22), dirigente popular y Carlos H Reyes, candidato presidencial por el movimiento independiente, a quien lo golpearon tanto que le partieron el brazo. Un profesor de secundaria fue hospitalizado por un disparo en la cabeza: Roger Abraham Vallejo. Se encuentra en estado de coma; lo más probable es que muera. Hay unos diez heridos más internos por heridas de bala. La policía declaró que los disparos fueron hechos

(22) Juan Barahona, coordinador del Bloque Popular, luego del Frente Nacional Contra el golpe de Estado y finalmente subcoordinador del FNRP.

desde los manifestantes, una técnica que ya usaron en Venezuela con un saldo de sesenta muertos durante la intentona de golpe de Estado a Chávez en 2002.

El gobierno de Micheletti anuncia que llegó la hora de "poner orden" en el país, el mismo hombre que admitió que fue Dios quien lo nombró presidente y no el pueblo. Dios, Orden, Paz, Democracia. El fascismo ha salido de las alcantarillas con sus dientes afilados.

1 DE AGOSTO.

Anoche fue suspendido el toque de queda en Tegucigalpa, no porque las condiciones hayan cambiado en el país, sino porque la empresa privada está presionando para su suspensión, y es que el costo económico para los negocios nocturnos es grande y la solidaridad del dinero tiene una vida muy corta. Inmediatamente los clubes y bares se llenaron en lo que parecía una tregua en medio de la lucha, y por un momento los "camisa blanca" y los coloridos compartieron las mismas mesas, pero no las mismas pláticas.

Así, me encontré con cuatro jóvenes profesores que me reconocieron de las distintas barricadas y alegres me obligaron a sentarme junto a ellos a conversar sobre lo que han sido estos últimos días en la frontera. Fueron días difíciles, me dijeron, la gente sufrió mucho. La persecución, el acoso y la violación de mujeres por parte de elementos del ejército son armas que están usando contra el pueblo. Denuncias recientes cuentan cómo, el día de la represión de El Durazno (23), los policías introducían toletes en la vagina de las mujeres que capturaban, insultándolas, llamándolas putas, zorras, violando, no solamente su integridad, sino la del pueblo entero.

Ayer un joven que ya había pasado al lado de Nicaragua fue asesinado de un tiro en la cabeza por parte de un francotirador desde Honduras, de los que por montones se esconden entre los árboles a "venadear" a los peregrinos. Pero estamos ganando, me decían alegres los jóvenes del bar, lo que ellos (los represores) no entienden, es que esto no tiene cabeza y no importa a quién de nosotros maten, no importa si matan a Carlos Reyes, Juan Barahona, Mel Zelaya, nada podrá detener un movimiento que nació y seguirá siendo anárquico.

(23)*Así se le conoce a la represión del 30 de julio.*

Es cierto que la anarquía es una cualidad impresionante de la resistencia. Por más que las estructuras formales de la dirigencia del frente (que vienen de la escuela de las organizaciones populares de Honduras) han intentado liderar el movimiento, no lo han logrado. Todos los frentes se mueven con el mismo proyecto, con el mismo afán y energía, pero no con una dirección específica.

La dirigencia trata de dar indicaciones que la gente acata si quiere, porque en el fondo saben que cada quien hará lo que crea necesario como grupo, o como persona. He notado infinidad de veces cómo cualquiera sube al carro parlante y dice lo que piensa convirtiéndose, momentáneamente, en un líder más de la resistencia, luego baja y se pierde en el mar de gente que lo recibe con los brazos abiertos.

Espontáneamente y sin control central continúa tomada la carretera a Silin por parte de los pobladores de la zona afectando principalmente el embarque de palma africana de Miguel Facussé Barjum. En un intento por terminar con la toma que tiene ya diez días, han librado orden de captura contra los líderes, pero como no han podido reconocerlos, extendieron la orden para los mil quinientos pobladores de la cooperativa. Todos respondieron al unísono a la policía: "vengan y ejecuten esas órdenes, que acá los esperamos". La policía no se atreve a entrar y la toma continúa. Sigue también la toma de occidente, de las carreteras que conducen a las fronteras de Guatemala y El Salvador. Han sido detenidos sus líderes, pero la toma sigue.

En Comayagua, en La Paz, en San Pedro Sula, en El Progreso, la historia se repite más o menos igual. Estamos claros que los represores no saben a cuál cabeza disparar. Si lo supieran ya lo habrían hecho, y disparan a cualquiera sin comprender cómo es que al día siguiente hay más gente, más cabezas alzadas retando a la dictadura para que ejecute la orden de arresto contra el pueblo hondureños en resistencia. Acá los estamos esperando.

En la madrugada murió el profesor Róger Vallejo a causa del disparo que recibió en la cabeza el pasado jueves. El magisterio y el pueblo están de luto. Pero los represores se volvieron a equivocar, porque la gente va a seguir saliendo a las calles, más unida, más firme y segura de la lucha.

Ayer la marcha avanzaba indignada por las vidas que nos arrebata la dictadura, los parlantes gritaban a los negocios de cadenas comerciales que cerraran, que era una orden del pueblo; la orden fue obedecida.

En las paredes que bajan desde Miraflores hasta el centro, se puede ver el parche blanco de las campañas organizadas por la alcaldía para esconder el grito del pueblo. Borrar los grafitis y caricaturas de los golpistas que tanto ofenden a la moral de una sociedad que se niega a aceptar la voz de pueblo, nuevamente hoy amanecieron rayadas con una advertencia: o dejan de callar nuestras paredes, o haremos que griten sus casas.

4 DE AGOSTO

Desde los hechos del jueves pasado pudimos reconocer un cambio en la estrategia de la represión, que si bien era algo que esperábamos, no dejó de sorprendernos. La misma persecución y brutal golpiza que se dio a los manifestantes en Tegucigalpa, se dio en Comayagua al día siguiente, también Copán y ayer en San Pedro Sula con saldos similares. Esto muestra un aumento en la represión masiva que vive el pueblo hondureño, en especial —explicaré esto con más detalle— muestra también un cambio en el foco de los ataques, su blanco ahora son los medios independientes.

No es casualidad que en las 3 ocasiones en donde se atacó con disparos a los manifestantes, dos de ellas con saldos fatales, en todas había una cámara a pocos metros de las víctimas. EN TODAS. Nuestras imágenes muestran que si bien no podemos asegurar que se disparó contra nosotros, sí se hizo con el ánimo de intimidarnos y dejar claro el mensaje: podrías ser vos.

En la golpiza que la policía me dio, junto a cuatro camarógrafos más, de forma casi simultánea, uno de los oficiales repetía lo que parece ser la justificación de estos ataques:

—Es por culpa de ustedes, que no son "objetivos" en la información, que este país está de rodillas. Estamos hartos ya de esto —dijo—, sean objetivos.

Y es que, con la excepción de nuestras cámaras y nuestros reportes radiales, no hay registro en el país de los que está pasando y ellos están interesados en hacer que la memoria del pueblo no recuerde las últimas semanas que hemos vivido en Honduras. Hoy Radio Globo reportó que tienen en sus manos una solicitud que huele a orden de las Fuerzas Armadas a CONATEL, donde se pide el cierre definitivo de la radio por "instigar a la sedición y subversión del orden".

Con esto se pretende silenciar la única radio que a nivel nacional se ha mantenido denunciando las arbitrariedades y constantes violaciones a los Derechos Humanos por parte del gobierno de facto.

Por la mañana Renato Álvarez tuvo en su programa Frente a Frente, a lo que calificó como "invitados de lujo": la cúpula castrense en un set de televisión. No es necesario entrar en detalle sobre el gran circuito de seguridad que se levantó en las instalaciones de Televicentro cerrando al tráfico las avenidas aledañas. Hablaré de lo que se dijo en el programa.

En él, los altos jerarcas daban la explicación del rol democrático "histórico" de las Fuerzas Armadas, quienes nuevamente, en palabras del General Miguel Ángel García Padget, salvaron a Honduras del socialismo. Dos cosas más se dijeron en el programa: Romeo Vázquez denunció el uso "malicioso" de la información por parte de la resistencia, quienes buscan, según sus palabras, repetir mil veces la mentira de que son asesinos, hasta que esto termine siendo verdad. O sea, según él, los muertos no valen, son mentiras fabricadas por los medios "maliciosos" que desinforman a la comunidad internacional, porque dejó claro que la comunidad nacional está bien informada por los canales "patrióticos". Lo otro fue el llamado que hizo el mismo general a la resistencia, "que no han salido de las técnicas represivas de la década de los ochenta". Sí, usó esas palabras y no se estaba refiriendo al 3-16 y Billy Joya, sino a las toma de carreteras, huelgas, plantones y marchas que son, para el General, manifestaciones anticuadas de la lucha y una "clara agresión a los Derechos Humanos del pueblo".

Me impresiona ver cómo los golpistas dan vuelta a los discursos y los tuercen al ridículo, como cuando Ramón Custodio gritara en los salones de la casa presidencial, coreado por los empresarios y ministros: "¿Si este no es el pueblo, el pueblo dónde está?".

Un joven comunicador fue agredido por al menos de diez policías en la costa norte, su brazo fracturado en dos partes, su cámara destruida y ahora pesa sobre él un requerimiento fiscal por agredir a la policía. El fin de semana se dio entierro a los dos profesores muertos el fin de semana: Róger Vallejo y Martín Rivera. El primero murió el sábado, después de dos días de agonía, producto del disparo que recibió en la cabeza el jueves por parte de la policía y el segundo murió de 26 puñaladas, al salir del velorio del profesor Vallejo, en las instalaciones del COPENH. Con ellos suman ya 9 las víctimas de la dictadura.

Los maestros ampliaron la huelga para toda la semana en repudio por los asesinatos de sus compañeros y planean iniciar dos grandes caminatas junto con los campesinos y trabajadores a las principales ciudades del país, una a Tegucigalpa y otra a San Pedro Sula. Piensan caminar cerca de ciento veinte kilómetros y juntarse para el próximo once de agosto en lo que serán dos grandes marchas. Los trabajadores de la salud, agrupados por el Sindicato de Trabajadores de Medicina y Similares (SITRAMEDYS) anunciaron una huelga indefinida en todas las instituciones médicas, paralizando los hospitales y centros de salud a nivel nacional. El pueblo, sigue en pie.

5 DE AGOSTO

Preocupado por la mala imagen con que cuenta el candidato Elvin Santos, luego del golpe de estado del 28 de junio y asesorado por los estrategas del Partido Liberal, decidió contratar un grupo de expertos norteamericanos para que le ayuden a mejorar los números en las encuestas. Como una de las primeras estrategias de comunicación, le recomendaron hacerse presente en las instalaciones de la Universidad Nacional Autónoma de Honduras, UNAH, institución que hasta el día de hoy se había mantenido al margen de las distintas actividades políticas del país. Santos llegó para una premiación que se daría a los estudiantes de excelencia académica. Se suponía que habría de dar un discurso en el que hablaría sobre el valor de la tolerancia, el estudio y el trabajo duro para el desarrollo de Honduras, pero no pudo hacerlo. Un grupo de estudiantes lo recibió con pancartas y gritos de "Golpista", "Asesino"y "Traidor". El plan fue abortado y decidió retirarse del edificio; al salir fue recibido con agua y más gritos. Sus guardaespaldas, haciendo lo que saben hacer bien, sacaron sus armas amenazando a los estudiantes y dispararon al aire.

Las imágenes en internet muestran cómo seis de los hombres de Santos se lanzan sobre un joven estudiante golpeándolo con la cacha de sus pistolas. Creo que los asesores de imagen de Elvin Santos no supieron hacer su trabajo tan bien como los guardaespaldas.

Hoy los mismos estudiantes que recibieron a Elvin Santos ayer, organizaron una toma de la avenida que pasa frente al campus universitario. Minutos después llegaron los cuerpos represivos del Comando Cobra (24). La batalla duró varios minutos, los estudiantes, buscaron refugio en la universidad confiados en lo que por años ha sido un terreno impenetrable para la policía. De poco sirvió esta vez la autonomía universitaria, los cobras entraron al campus persiguiendo y golpeando a todo el que se encontraba a su paso. La rectora, Julieta Castellanos, personal de la dirección académica, intelectuales y profesionales (respetados a nivel internacional precisamente por su postura neutral en el conflicto) salieron de sus oficinas para hablar con los oficiales a cargo del operativo y pedirles que respetaran las instalaciones de la UNAH. Fueron recibidos con golpes, empujones y bombas. Julieta Castellanos fue golpeada por varios agentes antimotines que seguramente no han terminado la educación primaria. Los agentes gritaban —mientras golpeaban a los académicos —, que estaban cansados de tanta mierda, que ya no les importaba nada y le iban a caer a quien ellos quisieran.

La Universidad Nacional Autónoma de Honduras, institución que antaño se conoció como una de las más beligerantes de la vida política nacional, había tomado la determinación de no apoyar la resistencia y encaminar su esfuerzo en recuperar la excelencia académica que se ha perdido. Nuevamente es la misma policía que hace el trabajo de aglutinación de los sectores en un sólo bloque. Bienvenidos compañeros universitarios al Frente de Resistencia contra el Golpe de Estado.

Por otro lado, como una estrategia de denuncia contra el golpe, la resistencia decidió manchar lo que más le duele a la clase golpista: su dinero. Cientos de billetes circulan ahora con consignas de "no al golpe", "fuera Micheletti" entre otras. El Banco Central, en comunicado por los principales medios de radio y televisión, anunció que no aceptará ningún billete marcado y que procedera contra las personas de la resistencia que carguen dichos billetes porque, según

(24)Comando élite y cuerpo anti insurgente urbano de la Policía Nacional.

los economistas, es un atentado contra la economía nacional y podrá procederse penalmente.

Hoy comenzó la gran marcha de la resistencia que llegara a las principales ciudades el próximo martes. El gobierno se resiste a caer, aunque sabemos que no por mucho tiempo.

7 DE AGOSTO

Las movilizaciones se han venido dando sin mayores contratiempos en los últimos días. Ayer salieron de la Universidad Pedagógica, avanzando por las lujosas calles residenciales donde viven los golpistas, marcando sus muros con consignas y mensajes de repudio. Hubo un momento de tensión cuando los antimotines se hicieron presentes para impedir que la marcha llegara hasta la casa del cardenal Oscar Andrés Rodríguez Maradiaga y de Carlos Roberto Flores Facussé, que son vecinos. Pero no pasó nada; la gente dio media vuelta y siguió hasta el Parque Central, haciendo antes una rápida visita a *El Heraldo*, cambiando su eslogan por "la verdad en su culo".

La marcha inició en la salida a Danlí, a alturas del centro comercial Villas del Sol, a unos trescientos metros de un contingente de quinientos soldados que esperaba la orden superior para disolverlos, orden que nunca llegó, a pesar de la advertencia del gobierno de no tolerar las marchas y tomas ni un día más. La caminata terminó en el parqueo de la UNAH, un reconocimiento a lo que ahora se conoce como la victoria estudiantil contra la dictadura.

Da la impresión de que a causa del costo político que trajo para el gobierno la represión a los estudiantes de la Universidad Nacional Autónoma, están tomando cierta distancia para no correr más riesgos. La fiscalía ha prometido que procederá en contra de los estudiantes que protagonizaron la toma del miércoles pasado, asegurando que son "mercenarios extranjeros" que se infiltran entre los hondureños para crear el caos, porque claro, para ellos no es concebible ver como este pueblo puede estar resistiendo tanto si no es con infiltración de "mercenarios".

A nivel político varias reuniones de alto nivel están ocurriendo de forma permanente. Ayer me confirmaban la presencia del ex embajador Crescencio Arcos, quien llegó a Honduras para reunirse en secreto con los millonarios propulsores del golpe. Su presencia en el país no es casual, muestra los vínculos que los sectores oscuros del país aún mantienen con personalidades como Negroponte, quien parece ser el jefe de Otto Reich.

¿Hasta dónde llega la trama de éste golpe de Estado? Difícil saberlo, pero definitivamente pasa más allá de los jardines de las residencias burguesas de Tegucigalpa. Lo importante es cierto cambio en la cúpula empresarial del país que está comenzando a hablar de la necesidad de buscar una salida pronta a la crisis y culpan a las Fuerzas Armadas por haber actuado mal en el caso de Zelaya. Queríamos que detuvieran el socialismo, dijo Adolfo Facussé, pero fue un error sacarlo de esa forma.

El gobierno de Micheletti busca nuevas estrategias para desmovilizar la resistencia. Ayer salió el comunicado de la Secretaría de Salud anunciando la cancelación de las clases del sistema de educación pública, dado el peligro de contagio de la gripe AH1N1 y recomienda a la población que se abstenga de participar en actividades que conlleven aglomeración. Anteriormente se usó la influenza para desmovilizar las manifestaciones sociales. Semanas antes del golpe, los medios de comunicación anunciaron una epidemia sin precedentes dentro del país, que causaría muchos muertos si la gente no se cuidaba de asistir a mítines o marchas; pero no funcionó, la gente siguió asistiendo y estoy seguro que seguirán marchando en esta ocasión.

La gran peregrinación viene desde distintos puntos del país, avanzando hacia las principales ciudades. Llegarán el martes y se unirán en una gran marcha demostrando que la resistencia no se rinde. La prensa, en algún desliz de redacción, dijo que la marcha era en favor de la paz y la democracia; tienen razón, los conceptos son los mismos pero con significados completamente diferentes.

9 DE AGOSTO.

Los diarios informan de asesinato en la ciudad de Choloma de Juan Gabriel Figueroa Tomé, de 30 años de edad, obrero y miembro activo de la resistencia desde el 28 de junio pasado. Su muerte engrosa la lista de acciones violentas en una de las zonas más peligrosas del país y se confunde ocultando maliciosamente la esencia política del hecho.

Juan Figueroa fue secuestrado por hombres armados la noche anterior, murió de un disparo en la nuca, según reporta la prensa.

—No queremos tu moto, es por vos que venimos —le dijeron sus asesinos.

Si su asesinato no es político, el resultado lo es. Una vez más los escuadrones de la muerte hacen uso del sicariato para crear terror entre la población organizada que se resiste a dejar su futuro en manos de una pandilla de criminales. Juan Figueroa vivirá en el corazón del pueblo como un mártir de la resistencia popular.

Las marchas de la resistencia continúan acercándose a las principales ciudades del país y piensan juntarse el próximo martes. Circulan rumores de que las Fuerzas Armadas buscarán boicotear su ingreso levantando retenes y cerrando las carreteras principales. Si lo hacen, será otra muestra de la estupidez de un régimen que se ha lucido en disparatadas y desesperadas acciones.

En Tegucigalpa se realizó la Jornada Cultural de Artistas Contra el Golpe de Estado para "alfabetizar a la ministra de cultura". Juntaron libros de primaria, cuadernos de caligrafía y demás material que harán llegar a las oficinas de la Secretaría de Cultura Arte y Deportes para mejorar la educación de la señora Mirna Castro. Paralelamente, la Asociación de Reservistas marchó unas cinco cuadras, desde el estacionamiento de Larach y Cia hasta a Casa Presidencial. Les dieron camisas nuevas con la consigna de "reservista defendiendo la democracia" a cambio del compromiso fiel de sumarse al brazo armado del régimen en defensa de la soberanía y el gobierno "constitucional" de Micheletti. Las fotos de los paramilitares que adornan la primera plana de los diarios principales del país anuncia el nuevo ejército del que hará uso el régimen, igual que lo hizo Mussolini con los camisas negras, o Hitler con los camisas grises. En muchas ocasiones han dicho estar dispuestos a ir a las armas si se intentaba cambiar el orden, la paz y la democracia que, según ellos, ahora es ejemplo para el mundo.

La policía anunció que iniciará acciones legales en la fiscalía contra los manifestantes que hacen uso "de una violencia desmedida" en contra de la institución que sólo busca cumplir con su trabajo.

Monseñor Darwin Andino, obispo auxiliar de Tegucigalpa, en apoyo al golpe de Estado, dijo en una entrevista a la periodista Ariela Cáceres, de Radio Globo, que los defensores de lo Derechos

Humanos y los medios de comunicación alternativos no son objetivos en sus análisis y muestran una violencia que no existe en Honduras. Reconoció cínicamente que ha habido "algunos muertos" desde el 28 de junio, que no se comparan con la masacre de Tian´anmen en 1989. Para monseñor y para la policía, la culpa de las muertes y de la violencia en contra de los manifestantes la tienen los mismos manifestantes, "que se lo están buscando".

El gobierno de facto de Honduras rechazó oficialmente reunirse con la comitiva de la OEA, según ellos porque su secretario general es non grato al estar parcializado, producto de su ideología socialista que, como ha repetido Martha Lorena de Casco (25), no es del agrado de los hondureños buenos. Cada vez suenan menos convincentes tratando de explicar que en Honduras no ha habido Golpe de Estado.

Elvin Santos busca acercarse a Zelaya y hace tibias condenas al golpe de Estado mientras su partido le exige un rechazo más contundente. Adolfo Facussé acusa a las Fuerzas Armadas de "haber cometido un gran error al sacar al presidente del país" y recomienda que se proceda legalmente contra los responsables.

A principios de la semana Roberto Micheletti decidió hacer un acto público cambiando la bandera que ondea en el parqueo del palacio presidencial. Ante las cámaras de televisión y su escolta privada, el presidente dio un discurso carente de aplausos en el parqueo vacío.

11 DE AGOSTO

Las marchas que venían desde distintos puntos del país finalmente llegaron a Tegucigalpa y San Pedro Sula y, como dijeron en su momento, no vienen a caminar. No podemos negar la belleza de las largas columnas de hombres y mujeres entrando por las principales arterias de la ciudad, con un grito, una consigna, una convicción firme de luchar por la democracia y contra este golpe de Estado que

(25) Martha Lorena de Casco, presidenta de la Fundación ProVida. Miembro activo del OPUS DEI, al igual que Elvin Santos, candidato a la presidencia por el Partido Liberal, al que pertenece Martha Lorena. Diputada al Congreso Nacional, antiaborto, anticomunista, fue quien introdujo la legislación que luego haría ilegal la anticoncepción de emergencia.

cada día nos cuesta más. Da la impresión que la dirigencia del frente no tomó en cuenta que, si bien controlan la forma ahora rutinaria de protestar en Tegucigalpa, los peregrinos tienen otra experiencia y otra visión del conflicto.

Desde las ocho de la mañana se juntó un buen grupo de personas cerca del Hotel Clarión para recibir a las distintas columnas del interior. Poco a poco fueron llegando hasta lograr una manifestación de aproximadamente veinte mil personas. TN5 dice que apenas eran tres mil, pero ellos dicen también que en Honduras no pasa nada. Eran veinte mil, haciendo un cálculo conservador. La manifestación se había dado sin problemas durante casi siete horas. Lo de siempre: discursos de condena al golpe, consignas y el tradicional Himno Nacional con el brazo levantado que habré grabado mil veces. Cuando se hizo presente la última columna, fue recibida con aplausos y gritos de "sí se pudo", igual que las demás. Pero no se quedó para recibir los aplausos; para asombro de los presentes, decidieron seguir de frente hacia lo que hasta el momento había sido terreno vedado para los manifestantes: Casa Presidencial.

Fue impresionante ver la reacción de los militares apostados en las afueras del Hotel Clarión que, al igual que nosotros, se habían acostumbrado a una forma de hacer frente a las protestas y, de repente, ven venir de frente a este grupo de campesinos dispuestos a todo. Desde los carros parlantes gritaban los dirigentes tratando de hacer retroceder a los peregrinos. Pero no retrocedieron. Se fueron directo a los militares y les gritaban "asesinos, no les tenemos miedo", mientras por un lado corrían los elementos cobras de la policía para resguardar a sus compañeros y por el otro, corrían los demás manifestantes para juntar la marcha en el nuevo "terreno liberado".

Hay que reconocer que las marchas con los profesores, con los obreros sindicalizados, con los liberales en resistencia son pacíficas. Pero es diferente cuando quienes se suman son estudiantes universitarios y campesinos porque tienen una forma distinta de vivir la represión y por lo tanto de responder. La dirigencia tiene un gran reto: o toma en cuenta el cansancio y desesperación de gran parte de las personas de la resistencia que ven en las caminatas una pérdida de tiempo, cambiando la forma de hacer la lucha, haciéndolas incluso más violentas si llega a ser necesario, o poco a poco dejarán de ser referente de autoridad entre la resistencia dejando el movimiento completo en manos de cualquier grupo que quiera hacer frente a la represión.

La marcha se logró dispersar con la promesa de una asamblea en las instalaciones de la Universidad Pedagógica, para discutir con los recién llegados las nuevas acciones de la resistencia. A medida que el grueso de la gente se alejaba, un pequeño grupo de manifestantes se encargó de dejar todas las ventanas rotas de los restaurantes de comida rápida del grupo Intur, una de las corporaciones que más ha financiado el golpe de Estado.

No puedo criticar ese tipo de acciones, de hecho las comprendo en el escenario de la lucha de resistencia que vive el pueblo, pero reconozco el nivel de ingenuidad con que actuaban los jóvenes que tiraban piedras a los restaurantes vacíos de la burguesía. Las cámaras de Televicentro —por lo tanto de la policía— mostraron en la noche los rostros de los jóvenes manifestantes exigiendo a la policía la pronta acción judicial en el caso.

Finalmente la manifestación se dispersó dirigiéndose a la Universidad Pedagógica. A una cuadra de la Universidad un policía disparó contra uno de ellos. Las circunstancias son confusas, al parecer un agente de tránsito provocó la rabia de los jóvenes cuando un conductor de bus, al ver la masa enfurecida lanzó el bus contra los manifestantes, hiriendo a un menor de edad en el lugar; siendo detenido por los manifestantes y su unidad incendiada. No hay heridos, reportan los noticieros nocturnos, sin mencionar al manifestante que sufrió las balas de la policía ni al tropellado por el bus.

La rabia no terminó ahí, los restaurantes de Intur, junto a Plaza Miraflores, fueron una vez más víctimas del conflicto. *Popeye's* fue incendiado y, mientras las llamas se alzaban al cielo, los presentadores de televisión hacían comentarios indignados cuestionando la nacionalidad de los manifestantes, "porque los hondureños somos pacíficos", dijo Renato Álvarez al comisario Orellana, a cargo de la operación Paz y Democracia que tiene la misión de reprimir a los manifestantes. Agregó que les caería todo el peso de la ley a los responsables de estos actos y a sus líderes, que se escudan en instituciones creyéndose alejados de la ley.

La policía reprimió con fuerza a las personas que estaban adentro de la UPNFM, lanzando lacrimógenas, capturando a todo aquel que salía. No entraron, supongo que a raíz de la experiencia en la

Universidad Autónoma. Pero dieron captura a muchos hombres y mujeres, en su mayoría del interior del país, que intentaban escapar de los gases. La policía reportaba, a eso de las 9 de la noche, más de cuarenta detenidos.

Esta noche el país duerme nuevamente en toque de queda. A diferencia de otras noches, parece que no en paz. Mientras escribo, la policía y el ejército rodean las instalaciones de la Universidad Pedagógica y el STIBYS, lanzan bombas lacrimógenas, intimidan y amenazan con ingresar a sacarlos a todos. No sabemos si solo buscan amedrentarlos. Será una noche larga.

12 DE AGOSTO

Contrario a lo esperado, dadas las circunstancias que vivimos desde hace cuarenta y cinco días, la selección nacional ganó frente a la selección de Costa Rica por una diferencia de cuatro goles a cero. En otro momento sería una buena noticia, ¿qué mejor que sentirnos cerca del mundial de futbol, celebrar en los bares y estadios o como suele ser en mi caso, sonreír frente a las muestras de euforia patriótica catracha? Esta vez no será así, porque mañana todos hablarán del partido y poco se mencionará en los medios de la brutal represión que vivió la resistencia tanto en Tegucigalpa como en San Pedro Sula.

Con los acontecimientos de ayer pudimos reconocer la incapacidad de la dirigencia para controlar la marcha, y su energía y frustración ante una resistencia que lleva más de seis semanas en las calles. El reconocimiento por parte de Juan Barahona de que la marcha se le había salido de las manos y que no podían controlar a los infiltrados muestra que, si bien el movimiento cuenta con respaldo popular, moral y anímico de gran cantidad de hondureños, la dirigencia se encuentra lejos de tener la estatura y la madurez para saber dirigir esta lucha. La marcha salió hoy, como la mayoría de las anteriores, de la calle frente a la Universidad Pedagógica. La represión de ayer se capitalizó en un número mayor de manifestantes, que impulsados por la indignación y la rabia se dieron cita para mostrar su repudio a las nuevas tácticas del régimen. Caminaron por la avenida que lleva hasta la plaza Intur, donde siempre llegan y, como ocurrió ayer, un grupo de manifestantes empujó la masa completa hasta la plaza central en el casco histórico de Tegucigalpa. Había razones para querer ir al Congreso Nacional, porque aparte del ya conocido rol dentro del golpe de Estado, la reciente propuesta de ley, que vuelve el servicio militar voluntario en obligatorio causó indignación en muchos de los manifestantes.

Pero llegar a una ratonera, como puede ser el centro de Tegucigalpa, sin una estrategia definida, sin medidas de seguridad y control de los agitadores, es un suicidio. Incluso antes que el grueso de la marcha se dirigiera al Parque Central, mientras caminaban por la avenida Cervantes, un pequeño grupo de jóvenes se colocó en la plaza bajo el Congreso Nacional, que a esas alturas apenas contaba con una veintena de elementos policiales; para su "suerte" se encontraron con Ramón Velásquez Názar, secretario del Congreso Nacional y una de las figuras más repudiables del golpe de Estado. Su actitud, lo mencioné en una nota anterior, fue de desprecio y de provocación a los manifestantes. Esta vez, según informó *El Heraldo*, el diputado fue agredido cuando tras abandonar su oficina en el Palacio Legislativo se dirigía a las oficinas del Banco Central de Honduras, contiguas al Congreso Nacional, el legislador, de 71 años, fue agredido por un grupo de manifestantes que gritaban "golpistas" a los diputados. Al congresista, perteneciente a la Democracia Cristiana, lo empujaron, le propinaron patadas y le lanzaron bolsas con agua.

Esta fue la excusa que necesitaba la policía para iniciar una represión a nivel nacional con toda la fuerza que saben usar cuando les dejan la correa suelta. Mientras en el centro perseguían, golpeaban y detenían a los manifestantes, un comando del ejército ingresó por la fuerza en los jardines de la UPNFM, golpeando a los estudiantes y profesores que preparaban las condiciones para recibir a los peregrinos que andaban en la marcha al otro lado de la ciudad. Cuentan testigos que mientras eran humillados, los militares les tomaban fotos amenazándolos con matarlos si eran vistos nuevamente entre los manifestantes.

Uno de los fiscales de delitos comunes, que se hizo presente cinco horas después del ingreso militar, dijo a la prensa que ellos no eran detenidos, sino "retenidos" en calidad de testigos porque habían encontrado pruebas de bombas molotov en el lugar y estaban haciendo las respectivas investigaciones. Lo que no dijo el fiscal, fue que el comité de disciplina de la resistencia capturó a un agente de la policía infiltrado entre los manifestantes, con unas veinte botellas de cócteles molotov en una mochila; que fueron ellos quienes presentaron la denuncia a la fiscalía pidiendo que se hicieran presentes en el lugar para levantar las respectivas declaraciones (de esto hay constancia en el acta que se levantó por parte de COFADEH); que minutos después de la llamada a la fiscal se hizo presente el ejército para reprimir, tomar las instalaciones y usar dichos cócteles en los casos que ahora se están siguiendo contra los miembros de la resistencia.

A estas alturas hay 3 procesados oficiales por los delitos de terrorismo, sedición, incendio agravado, asociación ilícita los cuales podrían llevarles penas de 15 a 20 años. Mañana presentarán ante el juez un grupo de acusados, entre ellos la artista Alba Ochoa, compañera que fue torturada por la policía al ser detenida.

En el Hospital Escuela se encuentran heridos de las últimas dos manifestaciones. Cuentan las enfermeras que los doctores se niegan a atender a los ingresados que vienen de las manifestaciones, argumentando que ellos se lo buscan al causar este relajo. Un señor de 54 años de edad fue ingresado con varias costillas rotas causadas por las cadenas que usaron los policías para golpearlo. Una mujer fue agredida sexualmente por los elementos policiales. Un joven con dos heridas de bala en el abdomen desconfiaba de quien le hacía preguntas, al lado de una señora que había sido golpeada cruelmente en la cabeza por una mujer policía. En cadena nacional Roberto Micheletti justificó la represión como "las acciones necesarias para controlar a los terroristas extranjeros y malos hondureños que sólo quieren causar daño al país". Luego elevó una plegaria para que la selección ganara el partido frente a Costa Rica; su Dios le cumplió el deseo, quizá porque, como dijo un general del ejército hondureño, ese Dios está de su lado.

13 DE AGOSTO

Esta noche 26 compañeros y compañeras esperan la decisión del juez que evaluará las pruebas presentadas por la fiscalía y dirá si vuelven a casa o pasan a ser imputados por los delitos de terrorismo, sedición, rebelión, asociación ilícita, robo, incendio y quien sabe qué delitos más. Es probable que los manden a la Penitenciaría Nacional por el tiempo legal para inquirir, (que es de seis días) y luego inicien el respectivo juicio; es probable que los juzguen y los declaren culpables, basados en pruebas absurdas que no hacen sino remarcar la farsa legal que vivimos. Con esto tendremos presos políticos, nuestros primeros presos y presas políticas de una dictadura que aplica el manual antisubversivo plenamente.

El gobierno de Micheletti ha perdido las esperanzas de lograr alguna aceptación por parte de los países latinoamericanos. Hoy fueron expulsados los embajadores hondureños en Argentina y Chile, como muestra de rechazo al régimen. Si bien al interior de los Estados Unidos parecen estar ganando cierto espacio diplomático con el trabajo de *lobby* de Lanny Davis, han puesto al desnudo la cara imperialista del gobierno de Obama, que poco difiere a la de su nefasto antecesor y aunque no se ha logrado la implementación de sanciones más concretas que afecten de forma real las estructuras económicas del golpismo, el terreno internacional sigue siendo controlado por Zelaya.

El interés de éste gobierno no es tanto el control del plano internacional, está claro que poco pueden lograr; aunque no pierden las esperanzas de un giro, producto de las campañas publicitarias que buscan cambiar la imagen y aprobación de régimen. El verdadero problema que tienen ahora es interno.

La apuesta de de la clase política gira alrededor de las elecciones generales del próximo noviembre. Seguros que luego de electo el nuevo presidente podrán abrir espacios diplomáticos que llevarán a la normalización de las relaciones internacionales en materia económica. Han puesto todo su esfuerzo en meter a la población en la campaña política que no logra arrancar pese a haber lanzado su convocatoria en dos ocasiones en el último mes. El pueblo hondureño simplemente no quiere escuchar nada de campañas políticas.

Además, poco a poco el discurso y el interés de la resistencia han ido cambiando y esto les asusta. Ya no es Zelaya el interés principal de los sectores populares, aunque hay elementos que buscan meter a la resistencia de lleno en la campaña electoral. Esta iniciativa no goza de la aprobación de las bases: ¿cómo participar en unas elecciones que nos niega como grupo? ¿Qué garantía puede éste gobierno presentarnos? ¿Cómo pensar en legitimar un régimen a través del voto popular? El interés ahora de la resistencia es la constituyente, eso sí les asusta.

Luego de cuarenta y seis días de resistencia a nivel nacional, las clases dominantes han reconocido que, si bien poco articulados en el inicio, existe una sólida base social de las organizaciones que mantienen este esfuerzo. No es una resistencia improvisada, como ellos pensaron al principio, son todos los sectores populares que han pasado de defender sus propias reivindicaciones, a acoger una causa aglutinadora como el golpe de Estado, reconociendo un enemigo común: una oligarquía dispuesta a llegar a las últimas consecuencias con tal de impedir el avance del pueblo al poder. ¿Qué pueblo del continente reconoce con nombre y apellido a su enemigo de clase?

Entre las acciones de la oligarquía están las judiciales. El gobierno necesita de presos políticos, no tanto para menguar las acciones callejeras que bien saben no ocurrirá, sino para poder negociar una amnistía general. Un perdón de todos los delitos políticos, incluyendo, según ellos (los golpistas) las torturas y asesinatos, la represión y el acoso a que nos han sometido en las últimas semanas, a cambio de la libertad de los hombres y mujeres que mantienen en sus calabozos.

Pero saben que si la amenaza de la causa judicial no funciona y comienzan a llenar las celdas de prisioneros políticos, el régimen pasará a una etapa nueva en el manual de la CIA: el asesinato de líderes de la resistencia como un intento de crear terror en todos nosotros.

15 DE AGOSTO.

"Nos tienen miedo porque no tenemos miedo", ha sido una de las consignas que durante estos cuarenta y siete días retumbaron en las paredes sucias de las principales ciudades de Honduras. Es cierto, el pueblo no le teme al ejército ni a la policía. Nos han golpeado, nos han torturado, nos han amenazado e incluso han matado a nuestros compañeros, sin embargo seguimos marchando, seguimos resistiendo.

No podemos negar que los golpes han afectado nuestro ánimo, en este sentido la estrategia seguida por la represión ha tenido efecto. Si te han golpeado una vez, no quieres volver a pasar por esa experiencia, si has sido testigo de las brutales golpizas, obviamente no quieres exponerte.

Esta semana la represión ha sido constante. Ayer por la tarde la policía reprimió, con la brutalidad de siempre, la toma de la carretera que lleva a Puerto Cortés; a pesar de las declaraciones que dio el comisario Héctor Iván Mejía, encargado del operativo, quien dijo a Radio Progreso que habían llegado a un acuerdo con los manifestantes: permitirles la toma por un par de horas y luego, a las doce del día, desalojar pacíficamente. La represión se dio a las once, para sorpresa de los manifestantes que creyeron en la palabra del comisario.

Todos escuchamos con indignación cuando el reportero de Radio Progreso, quien cubría en vivo el desalojo, era detenido y golpeado por elementos policiales que lo identificaron y olvidaron apagar el celular del periodista, que seguía transmitiendo mientras era reprimido. Al igual que el periodista de la radio, el reportero gráfico de diario *El Tiempo* fue atacado por la policía. Hay personas con fracturas en el cráneo y otras partes del cuerpo, heridos de bala o con problemas en el sistema respiratorio, causados por el gas lacrimógeno. Pero la gente sigue saliendo a las calles. No tenemos miedo, dicen.

En Tegucigalpa las dos últimas marchas se han dado sin incidentes, aunque quizás quien no conozca del conflicto y acabe de llegar a Honduras, ha de llevarse la sorpresa de ver a cinco mil personas gritando consignas contra el ejército asesino mientras, a pocos metros de la marcha, unos trescientos elementos de los Cobras y del Ejército, con escudos y tanquetas, acompañan la caminata decididos a caer sobre los manifestantes a la menor provocación. "...Están detrás, vienen detrás, con su armadura militar...". El comité de disciplina de las marchas tiene un trabajo delicado que hacer, controlar a los infiltrados que buscan enfrentamientos con los elementos represores para facilitarles la excusa que necesitan.

El Congreso Nacional acaba de aprobar el reglamento a la Ley del Servicio Militar Voluntario. Ley que fue aprobada en 1994, luego de una gran presión social por dejar atrás los reclutamientos forzados. En quince años jamás se interesaron en el reglamento de la ley, ahora lo aprueban y dan al ejecutivo la facultad de llamar a reclutamiento forzado "en caso de necesidad". ¿Cuál será el caso de necesidad que obligue al gobierno a llamar a conscripción? Es poco probable una guerra con un país vecino. Con los elementos policiales y efectivos militares disfrazados de policías, sumados a los reservistas patrióticos, los paramilitares y elementos de la Dirección Nacional de Investigación Criminal (DNIC) tienen suficiente personal para reprimir las marchas. Pero ¿qué pasará si esto se extiende con el tiempo? ¿Estarán ellos previendo un conflicto de condiciones revolucionarias en el país, una guerra civil que pueda ser el caso de necesidad para aumentar los efectivos militares?

De los presos políticos, 14 fueron liberados con medidas cautelares. Quiere decir que, aunque no han podido probarles ningún delito, si son capturados nuevamente en las marchas podrían ser mandados de inmediato a prisión. Los 12 compañeros restantes, en su mayoría campesinos que llegaron a Tegucigalpa para sumarse a las marchas, van a pasar el fin de semana en Támara y tienen programada una audiencia nueva para el lunes, en donde deberán probar que son ciudadanos de bien, que trabajan y tienen familia, lo que en derecho se conoce como "arraigo".

El juzgado decretó nulas las pruebas presentadas por el ejército luego de la invasión de la Universidad Pedagógica el pasado miércoles. Como prueba indiscutible de la naturaleza terrorista del movimiento presentaron los 12 cócteles molotov y 3 candelas de dinamita. El comité de disciplina había descubierto previamente que los portaba un elemento policial infiltrado. No cabe duda, seguirán intentando reprimir judicialmente. Han vuelto aparecer las avionetas con supuesta matrícula venezolana que los medios de comunicación usaron para crear la campaña de terror previa al golpe de estado, en la cual se vincula a Zelaya con el narcotráfico. La diferencia es que ahora no traen droga, dicen, sino dólares que están tratando de vincular con el financiamiento de la resistencia. Los medios de comunicación hablan de un supuesto vínculo entre las FARC y el Partido Unificación Democrática; como prueba presentan al joven colombiano detenido en la manifestación del miércoles, quien trabaja como vendedor de artesanías en el centro de la ciudad.

Un espacio diplomático parece estarse abriendo para el gobierno de Micheletti, la Unión Europea ha anunciado que reconocería las futuras elecciones de noviembre y el presidente que surja de éstas. Es el espacio que el golpismo buscaba para seguir aferrándose en el poder. Seguido de la UE vendrá Obama dando declaraciones similares, luego varios países de derecha del hemisferio. Seguramente la campaña de Pepe Lobo (que antes fue del puño de hierro y la pena de muerte) ahora será de reconciliación, de perdón y de unidad de la "familia hondureña" luego de esta crisis política. Él continuará afianzando el proyecto de dominación de la oligarquía nacional y el capital extranjero.

En Catacamas, Olancho, tierra del caudillo Zelaya, un grupo de hombres detuvieron al camión repartidor de los diarios *La Tribuna* y *El Heraldo*, bajaron al chofer y luego incendiaron el vehículo. Este es el primer acto de sabotaje de los muchos que seguramente comenzarán a aparecer por todo el país en el marco de una guerra que usa, como frente de batalla, los medios de comunicación.

17 DE AGOSTO

El sábado pasado la ciudad de San Pedro Sula despertó con el tronar de los helicópteros miliares; se filtró en la prensa nacional que el alboroto se debía a la presencia de Roberto Micheletti en la 105 brigada de infantería. ¿Qué obligó al señor Micheletti a salir de su búnker presidencial y reunirse con la cúpula militar en la ciudad del norte? Declaraciones oficiales informaron más adelante que la visita era para programar la llegada del presidente de facto a su ciudad natal, El Progreso. Estuvieron reunidos todo el día programando su viaje de 15 kilómetros para finalmente cancelarlo. Sea lo que sea que se discutió, lo sabremos en el transcurso de esta semana.

Hoy lunes, la resistencia ganó un aliado que hasta el momento había dado un apoyo tibio a la causa popular. Los taxistas se han sumado con un paro nacional de sus unidades reclamando el pago del bono, por ajuste de combustibles, que aprobara el presidente Zelaya. En su momento, Micheletti quiso adelantarse a la huelga y anunció un plantón de taxistas frente a Casa presidencial, en apoyo a "la democracia" blanca. Inmediatamente fueron desmentidos por el gremio, denunciando además que desde la casa de gobierno les ofrecieron quinientos lempiras por unidad y números de taxi para que se sumaran a su causa. Lo cierto es que, a pesar que las declaraciones de algunos de los dirigentes a favor de la Resistencia, han sido poco claros. Este paro es interesante porque introduce a la crisis el factor económico, y es que en la medida que el combustible sigue subiendo, la economía se ha retraído en un treinta por ciento según analistas económicos. La recesión hará que los taxistas, al igual que otros sectores de la vida económica nacional que hasta el momento se han mantenido al margen del conflicto, se sumen al reclamo por el retorno del presidente Zelaya.

Hoy llegó al país la Comisión Interamericana de Derechos Humanos con el objetivo de investigar la posible violación de los Derechos Humanos en Honduras durante el golpe. Según el Comisionado Nacional Ramón Custodio López, vienen en calidad de turistas y espera de ellos imparcialidad, porque según dijo a la prensa, el pueblo hondureño tiene derecho a vivir en paz, en orden, a auto determinarse libremente y a no ser irrespetado por los pueblos del mundo. Me impresiona el grado de "ignorancia" en cuanto a Derechos Humanos que manifiesta el régimen y sus aliados mediáticos, que claman a viva voz que la comisión sea imparcial y entiendan los antecedentes de la "sucesión constitucional".

Según este pedido de imparcialidad, las causas que generaron el golpe. Justifican la violación de los Derechos Humanos. Más ridículo aún, pone como iguales a manifestantes y cuerpo armado del Estado en el conflicto. Dentro de este reclamo, no es de extrañar las declaraciones de ciertos periodistas que exigen que se investiguen las violaciones a los derechos humanos que sufre la policía por parte de los "revoltosos melistas". Los Derechos Humanos, señores comunicadores, sólo pueden ser violados por el Estado, quien es a su vez el responsable de garantizarlos y perseguir a los responsables de los abusos.

La embajada norte americana anunció este fin de semana la salida del país del embajador Llorens quien, según la fuente diplomática, salió de vacaciones y no a consecuencia del retiro de este por Washington. Micheletti, en otra de sus infortunados comentarios, dijo a la prensa que ojala y no regrese al país. Según él, el señor Llorens ha perjudicado al país al reconocer a Zelaya como presidente, pero no se atreve a pedir su salida por temor a obtener una respuesta similar a la que diera el embajador de Venezuela, quien dijo que, al no reconocer al gobierno de facto, desconocen también su llamado a abandonar el país. En ese sentido tiene razón también el señor Custodio López, la CIDH viene en calidad de turistas, porque al no reconocer al gobierno hondureño, no puede llegar en calidad oficial.

La Corte Suprema de Justicia ha declarado que revisará la hoja de vida de la jueza Maritza Arita, esto luego de su decisión de dejar libres, con medidas cautelares, a los imputados en el incendio del restaurante *Popeye's*, capturados el martes pasado. Con eso buscan ejercer presión para que, pese a la evidente falta de pruebas y a la independencia de los jueces, se ordene prisión a los procesados por causas políticas.

Eduardo Villanueva, director de facto del Instituto Nacional Agrario, manifestó recientemente que están agotando las salidas negociadas con el grupo de campesinos que mantiene tomadas las instalaciones del INA a nivel nacional desde el día del golpe. Si estas negociaciones no prosperan, pediría a la policía su inmediato desalojo. Esta amenaza por parte del señor Villanueva nos hace recordar uno de los conflictos claves que llevó a la crisis de gobernabilidad que vivimos: la Reforma Agraria y la tenencia de la tierra.

Los campesinos se tomaron las oficinas del INA, porque saben que los expedientes de adjudicación están en peligro de desaparecer si dejan entrar a las nuevas autoridades que traen como finalidad terminar con la lucha agraria. Se equivocan si creen los órganos represores que desalojar a los campesinos organizados de las instalaciones del INA va a ser tan fácil, como lo fue desalojar a las compañeras feministas de las oficinas del INAM. Esto podría extender la violencia que hasta el momento se ha centralizado en las urbes, dándole magnitud plenamente nacional a la resistencia.

El día de ayer se realizó la asamblea del Frente de Resistencia en las instalaciones del STIBYS. Al igual que las otras asambleas, la dirigencia se dio cita a puerta cerrada discutiendo la situación del movimiento y la estrategia a seguir esta semana. Luego de dos horas subieron a la tarima en donde levantaron consignas preguntando a la asamblea si estaba de acuerdo con las acciones acordadas. Da la impresión que la dirección del frente desconfía de la asamblea o teme no ser capaz de controlarla, al discutir todo a puerta cerrada, impidiendo así su manifestación. Lo cierto es que el descontento de las bases es grande y desconfían justamente del "centralismo democrático". Existe una presión fuerte al interior del frente por desviar la energía de la resistencia hacia las próximas elecciones.

Figuras como César Ham (26) del Partido Unificación Democrática, acuerpados por sectores del Partido Liberal, llaman por la formación de una alianza de hecho (de derecho estaría fuera de tiempo según la ley electoral) para enfrentar los comicios.

La idea de las elecciones produce repudio en la mayoría de la gente que apoya la resistencia, se está consciente que hablar del tema, cuando aun no se vuelve al orden constitucional, no hará sino legitimar un régimen que venimos enfrentando a riesgo de nuestra propia vida desde hace casi dos meses. El llamado al boicot de las elecciones debe ser general en las actuales circunstancias y quien haga lo contrario por parte de la resistencia será visto, sin lugar a dudas, como traidor.

En la carretera que conduce a San Pedro Sula permanecen los carteles de las anteriores elecciones internas. En su gran mayoría lucen desgastados y tristes. Llaman la atención algunos que parecen casi inalterables al clima y el tiempo. Los que dicen "Roberto Micheletti presidente 2010–2014" han sido recién pintados, son los únicos que sobresalen en medio de la crisis política.

19 DE AGOSTO

El lunes pasado llegó al país la Comisión Interamericana de Derechos Humanos, a raíz del golpe de Estado. El gobierno y sus voceros se rasgan la garganta pidiéndoles que sean "imparciales" y comprendan las condiciones "especiales" que estamos viviendo. La recepción del hotel Intercontinental se llenó de manifestantes que llegaron para presentar sus respectivas denuncias. Enyesados, moreteados, hombres y mujeres de todas las edades esperaban pacientemente su turno mientras comentaban sus experiencias. Dos grupos sobresalían en la sala. El primero era de unos diez agentes de seguridad privada que llegaron para denunciar que recientemente fueron despedidos por negarse a firmar un nuevo contrato, en donde se les pretende reducir el salario mínimo que reciben (explicaron que el anterior contrato sigue vigente), y que cuando reclamaron

(26) Cesar Ham, candidato presidencial del partido Unificación Democrática en las elecciones de 2009, líder de una de las corrientes internas del partido, que se impuso sobre las demás expulsando a sus adversarios. Posteriormente en la administración de Lobo Sosa en el 2010, fue nombrado Director del Instituto Nacional Agrario.

sus derechos laborales fueron despedidos. La secretaría de trabajo, autoridad competente para conocer del caso, les negó asistencia alegando que están incluidos dentro del cuerpo policial, por lo tanto no los cubre el código laboral. El año pasado se asesinó a dos abogados que llevaron casos relacionados con demandas laborales a las compañías de seguridad privada, así que no es ingenuo pensar que era el lugar apropiado para presentar su denuncia.

El segundo grupo que sobresalía era el de una veintena de padres y madres de familia que llegaron para presentar su denuncia alegando que la huelga de los maestros viola el derecho de sus hijos para la educación. Decían además, que se sentían amenazados por parte del bloque popular quien sigue a sus dirigentes en vehículos polarizados con el ánimo de intimidarlos para que dejen su causa, que ellos sólo quieren que los niños y las niñas vuelvan a la escuela. Su actitud en general era bastante agresiva, comparada con los demás denunciantes que esperaban hablando entre susurros con sus compañeros. Hablaban en voz alta despreciando las denuncias de los demás. Ellos se golpearon solos, dijo un padre de familia, no hay prueba que a Marvin Ponce lo golpeara la policía.

En la sala subió la tensión cuando uno de los golpeados dijo reconocer a uno de los padres de familia, lo acusó de trabajar para la Alcaldía y ser miembro del Partido Nacional. El padre de familia negó las acusaciones y respondió acusando al manifestante de ser pagado por el chavismo. "Lo dijo la prensa", le gritó, "todos sabemos que es cierto". Un hombre, con un pie enyesado, se levantó y le reclamó diciéndole que ellos iban a marchar por convicción, por idealismo y los blancos eran los que necesitaban dinero para poder hacer cualquier cosa.

—Mientras la policía los cuida a ustedes —le dijo—, a nosotros nos golpean.

Luego se sentó ignorando las acusaciones de vandalismo y terrorismo hechas por los padres y madres de familia. La prensa nacional llegó para cubrir el evento, pero sólo entrevistaron a los padres de familia, quienes expusieron nuevamente sus demandas pidiendo que la CIDH sea "imparcial" a la hora de evaluar la situación hondureña.

La Corte Suprema de Justicia dio a conocer una lista con cerca de cien personas que cuentan con medidas cautelares por parte de la CIDH, entre ellos se encuentran los periodistas y comunicadores sociales nacionales e internacionales. Aun así, muchos de los protegidos han sido golpeados; da la impresión de que la policía usa la lista para perseguir a sus presas. A la salida del hotel, un grupo de agentes cobra de la policía custodiaba el lugar, para seguridad de la delegación, explicaron, mientras los denunciantes esconden la mirada cuando pasan frente a ellos. No cabe duda que la resistencia ha entrado en una etapa importante de análisis y replanteamiento de la lucha. Las marchas en las calles se mantienen como medida de presión y repudio al régimen, saben que pocos resultados se tienen a la hora de causar daño al régimen, sin embargo nuevas medidas surgen de forma espontánea entre la población inconforme.

Anoche partió de la UNAH una gran caravana de carros que recorrió la ciudad; tengo entendido que en todo el país se realizaron caravanas similares, dándole a la "clase media" la oportunidad de mostrar su apoyo a la Resistencia. Hoy se piensa repetir la caravana a las 2 de la tarde.

El jueves pasado y siguiendo con su programación anual, el Museo del Hombre Hondureño organizó una actividad cultural en homenaje al aniversario de la muerte de Clementina Suárez, poeta reconocida y respetada. Al evento fue invitado originalmente el anterior ministro de Cultura Pastor Fasquelle, pero se hizo presente la señora Mirna Castro en su rol de ministra de facto. Todo hubiera ocurrido sin incidentes: las palabras de bienvenida por parte del director del museo, el coctel de vinos y quesos, los aplausos y las risa cultas de la elite hondureña... pero como la resistencia está en todas partes, en cada esquina, en cada evento y los músicos contratados para amenizar, al momento de presentar las clásicas piezas que tanto gustan a los burgueses del país, explicaron que no iban a tocar, en reclamo al golpe de Estado, por la presencia de la señora Castro. De nada sirvieron sus insultos y llantos contenidos. La señora ministra tuvo que irse del museo ante la mirada sorprendida de los presentes que, luego de su salida, continuaron disfrutando de la velada.

29 DE AGOSTO

Más de una semana ha pasado desde que escribí la última nota y aunque la realidad hondureña permanece en constante cambio, lo cierto es que poco parece haber variado. Estoy fuera del país, y me asusta ver cómo, si uno no busca de forma específica información sobre Honduras, parece que nada está pasando. Nada. Ni la movilización constante del pueblo, ni la violación a sus derechos fundamentales, ni las muertes, ni los desaparecidos que comienzan a surgir desde las esquinas más horrorosas del régimen.

En el fondo sabemos que nos preparamos para lo que será una lucha difícil y prolongada, a la sombra de las primeras planas de los diarios y tele noticieros que ignorarán maliciosamente nuestra épica. Con suerte, en unos años se leerá nuestra historia ante la sorpresa hipócrita del mundo y se reclamará ante los que ahora gobiernan los palacios, por no haber tomado acciones más concretas para prevenir el horror que se nos vierte.

A dos meses del golpe de Estado, debemos reconocer que el gobierno se ha consolidado fuertemente. De poco ha servido el aislamiento internacional y la constante movilización popular que mantienen prácticamente paralizado el país. De poco ha servido el repudio que grandes sectores del pueblo manifiesta a los personajes principales de esta oscura parodia, condenándolos a moverse lejos de la luz, cual ratas temerosas rodeadas de mercenarios dispuestos a defender con sus vidas la integridad de su amo. De poco ha servido la visita de la Comisión Interamericana de Derechos Humanos y de los cancilleres de la OEA que no traerán sino más condenas inútiles. Lo cierto es que el gobierno títere de Micheletti permanece incólume y ante nuestra mirada aterrorizada planea blanquear su imagen con las elecciones de noviembre.

Desde los primeros días de la resistencia a finales de junio (me parece que fue hace tanto tiempo) todos depositamos nuestras esperanzas en la comunidad internacional: La OEA, UE, ALBA, Washington, Grupo de Río, SICA, TLC, cualquiera que reconociera la injusticia de una realidad forzada por la avaricia de una oligarquía dispuesta a volver la vida al fantasma de las dictaduras. Pero poco ha podido hacer el mundo por Honduras, porque poco importa nuestro país sino para los que hemos tenido la "suerte" de nacer, vivir y morir en estas tierras.

La historia no miente, hace cinco años Jean-Bertrand Aristide salió de Haití en condiciones más o menos similares a las del señor Zelaya y aún llora su exilio en Sudáfrica. Quién planeó el golpe de Estado en Honduras, supo que nada se haría en la práctica por imponer las distintas resoluciones.

En materia de negociación internacional, es importante tener la zanahoria y/o el garrote como alternativa a los puntos del tratado. Ninguno de los dos son lo suficientemente fuertes en nuestro caso. Tenía razón Micheletti cuando dijo días después de su patética coronación, que un bloqueo afectaría más a Washington que a Tegucigalpa. Obama lo sabía, por eso prefirió vacilar llamando hipócritas a aquellos que exigían acciones más concretas desde la Casa Blanca.

Ahora, ante el fracaso de la comunidad internacional, incapaz de llevar a la práctica una retórica condena, queda la pregunta, ¿qué sigue?

Zelaya poco a poco irá perdiendo protagonismo en este conflicto. No porque él así lo quiera, seguramente él intentará figurar como centro de la lucha popular, seguramente la dictadura seguirá ligándolo a los sectores disconformes con el proyecto de dominación de la oligarquía. Lo cierto es que la lucha del pueblo exige ir más allá del retorno al orden constitucional. Iniciamos ahora la lucha por una Liberación Nacional. Un proyecto tardío en comparación con los demás países de la región; contamos con la ventaja de conocer los éxitos y fracasos de las experiencias vecinas. ¿Podrá Zelaya reincorporarse a la lucha popular bajo un nuevo rol? No lo creo, hasta el momento ha dado pocas muestras de la inteligencia, astucia, capacidad y humildad necesaria para liderar la lucha de un pueblo que ha demostrado al mundo un valor y determinación, que nadie de la clase política pudo siquiera imaginarse.

La Resistencia está forzada a cambiar, transformarse a profundidad dadas las nuevas circunstancias en donde nos tocará movernos. Dejar de reaccionar ante el ataque de la dictadura y comenzar a tomar la iniciativa en el conflicto. Dejar de funcionar ante la lógica burguesa del sistema electoral, corrupto y alejado de la realidad del pueblo, para comenzar a construir una lógica revolucionaria, subversiva, capaz de integrar y mantener integrado, en un bloque sólido, todo el espectro de demandas populares.

Las elecciones de noviembre aparecen en este escenario como la trampa del sistema para dividir y debilitar la resistencia. La oligarquía que fue capaz de planificar y ejecutar un golpe de Estado en contra de sectores de su misma clase jamás permitirá que ni las candidaturas independientes, ni las diputaciones de la Unificación Democrática le quiten el control de un Congreso Nacional que ha demostrado su valor para mantener y fortalecer el status quo. En estas circunstancias el fraude electoral no es solamente una opción a mano, es una garantía. Pepe Lobo significa la continuación del proyecto oligarca de dominación; aunque hay sectores del Partido Liberal que llaman a retrasar las elecciones para noviembre del próximo año, es poco probable. El Gobierno de Micheletti es demasiado oneroso como para pensar en dejarlo un año más.

Mientras tanto, las estructuras represoras de la seguridad nacional seguirán echando mano de los instrumentos con que cuentan para neutralizar las organizaciones populares. Los asesinatos políticos disfrazados de "acciones del crimen organizado", las desapariciones forzadas de compañeros y compañeras iniciando con líderes medios y visibles, darán paso a acciones de terrorismo de masas. Es nuestro trabajo protegernos de la represión, dejar de actuar creyendo que el enemigo respeta las reglas del juego. Estamos ante el inicio de una nueva etapa de la resistencia (27).

(27) Esta nota de finales de agosto de 2009, marca un cambio en la forma de ver el proceso de resistencia. A diferencia de las otras notas publicadas en su momento, que fueron recibidas de buena manera por parte de los lectores, esta, la del 29 de agosto, fue duramente criticada en varios canales electrónicos. Considero de suma importancia compartir los comentarios de algunos de mis críticos, tal como fueron escritos en la página de hablahonduras.com (salvo la ortografía), en respuesta a la nota.

(...)

LEMPIRA: Este artículo evidentemente ha sido escrito por un corifeo tarifado de la dictadura, se nota que están infiltrando nuestras comunicaciones y tratando de hacerse pasar por nosotros, pretendiendo subliminalmente engañarnos y robarnos la victoria que camina segura hacia nuestro abrazo. Quien quiera que haya escrito este artículo falló miserablemente y el hecho de que estén queriendo infiltrarse de esta manera significa una sola cosa: están derrotados!   Sus argumentos han muerto, nacieron muertos, y no sirven más. Ahora la estrategia es apoderarse de nuestros argumentos para manipularlos, torcerlos, y mancillarlos con sus propias bajezas. Pues no, escritorzuelo condenado, escritorzuela tarifada, no nos vas a engañar !No pasarán! ¡No pasarán! ¡Nunca más! Voy a tomar nada más unas cuantas líneas para demostrarles que este artículo fue escrito por un golpista desesperado que intenta hacerse pasar por miembro de nuestra gloriosa resistencia! Veamos:

"Estoy afuera del país, y me asusta ver cómo, si uno no busca de forma específica información sobre Honduras, parece que nada está pasando." ¿Adónde está usted? ¿En la Antártida? Porque en más de 20 ciudades de Estados Unidos hay manifestaciones en contra del golpe de estado en Honduras. Obviamente, Honduras nunca es primera plana. Pero no se preocupe. Lo importante es que los catrachos sepamos lo que está pasando aquí. Las primeras planas no nos importan, el diario la prensa nos enseñó que el papel aguanta con cualquier indignidad.

"A dos meses del golpe de estado, debemos reconocer que el gobierno se ha consolidado fuertemente". Falsedad espantosa. A dos meses del golpe de estado las ratas están abandonando el barco, los corifeos callan, y las acusaciones abundan. Acabamos de escuchar en radio América que goriletti ha querido huir en un jet privado y que el criminal Romeo Vásquez lo ha detenido. No, este régimen criminal está despedazándose rápidamente. Y nosotros estamos disfrutándolo!

"Lo cierto es que el gobierno títere de Micheletti permanece incólume y ante nuestra mirada aterrorizada planea blanquear su imagen con las elecciones de noviembre". Planea, ciertamente. Que lo logre, falta que ver!

"Desde los primeros días de la resistencia a finales de junio [...], todos depositamos nuestras esperanzas en la comunidad internacional: la OEA, UE, AlBA, Washington, Grupo de rio, SICA, TLC". Corrección, estimado escritorzuelo: la gloriosa y heroica resistencia nacional ya ha sido defendida y apoyada por los pronunciamientos de la comunidad internacional, donde 196 países y todos esos grupos mencionados ya condenaron el golpe de estado. Fuera de eso no estamos esperando que ellos vengan a solucionarnos nada aquí dentro, ellos ya hicieron lo suyo, nosotros estamos haciendo lo nuestro, nosotros mismos vamos a ir a sacar a los gorilas de nuestras casas, templos y calles. No dependemos de nadie. No tenemos miedo. Carajo, esto apenas está comenzando!

"Ahora, ante el fracaso de la comunidad internacional, incapaz de llevar a la práctica una retórica condena, queda la pregunta, ¿qué sigue?" Solo un corifeo golpista puede sugerir que la comunidad internacional ha fracasado. En uno o dos días Estados Unidos declarara que en Honduras ha habido un golpe militar. Si la situación se extiende, la ONU probablemente autorizará una intervención militar, aunque eso es algo que no deseamos y está muy lejano aún. Aún si así fuera, que nos importa? No ocupamos ninguna ayuda para encargarnos de nuestras propias ratas. Nosotros mismos vamos a cazarlas, destazarlas, y colgar sus cabezas en nuestras plazas, para que sirvan de ejemplo a otras ratas que sabemos bien que están por allí escondidas.

"Zelaya, poco a poco irá perdiendo protagonismo en este conflicto. no porque él así lo quiera, seguramente él intentará figurar como centro de la lucha popular, [...] ¿podrá Zelaya reincorporarse a la lucha popular bajo un nuevo rol? personalmente no lo creo". Solo un golpista puede referirse en estos términos cargados de odio a José Manuel Zelaya

Rosales, el gran reformador hondureño del siglo XXI, a quienes los catrachos ya tenemos en nuestra memoria a la par de Morazán y Lempira. Lo que más quisieran estas ratas es que nos olvidemos de él, pero están perdidos, porque Mel Zelaya sigue siendo nuestro comandante, le duela a quien le duela. Ahora bien, la revolución no depende de ningún hombre, eso lo tenemos clarito, todos somos necesarios, pero ninguno es indispensable. El pueblo hondureño es más grande y poderoso que un solo hombre. Pero eso no quiere decir que olvidamos e irrespetamos a José Manuel Zelaya Rosales, nuestro gran líder.

"La resistencia está forzada a cambiar, transformarse a profundidad dadas las nuevas circunstancias en donde nos tocará movernos". Donde has estado que no te has dado cuenta que la capacidad de transformación de la resistencia es precisamente la razón por la cual ha sido tan exitosa?

"Dejar de reaccionar ante el ataque de la dictadura y comenzar a tomar la iniciativa en el conflicto". La resistencia en sí misma es la iniciativa perfecta, en todo momento. La dictadura siempre ha atacado a la resistencia en defensa de sus crímenes, pero jamás ha estado a la iniciativa, siempre ha estado entre nuestra espada de la verdad y la pared de la cárcel donde les toca podrirse a goriletti y todas sus ratas.

"Dejar de funcionar ante la lógica burguesa del sistema electoral, corrupto y alejado de la realidad del pueblo, para comenzar a construir una lógica revolucionaria, subversiva, capaz de integrar y mantener integrado en un bloque sólido todo el espectro de demandas populares". Por dios, donde has estado que no te das cuenta que hace muchas semanas dijimos que no aceptaríamos elecciones bajo ningún punto? Ya somos un bloque sólido que integra todas las demandas populares, ya lo éramos cuando nos llamábamos "Bloque Popular", ahora somos más grandes y poderosos y seguimos creciendo. Ahora bien, me llama la atención el uso de la palabra "subversiva"… Eso quiere decir que quien escribió este artículo está intentando crear una falsa impresión de la resistencia pacífica, está intentando confundir la opinión pública al hacerse pasar por resistencia y anunciar que supuestamente nos transformaremos revolucionariamente en algo subversivo, lo cual no es nada más y nada menos lo que los terroristas hacen. Pero la resistencia nacional no es subversiva, sino más bien pública y se mueve bajo la luz del sol. La gloriosa resistencia nacional está sólidamente asentada en los principios de la ahimsa, o no-violencia, de modo que no necesitamos el terrorismo. Quienes nos hicieron esta indignidad, este golpe, esta herida, ellos son los terroristas, los subversivos, los hipócritas. Nosotros no somos como ellos.

"Las elecciones de noviembre aparecen en este escenario como la trampa del sistema para dividir y debilitar la Resistencia", eso es obvio. Pero ¿lo están logrando? Alguien ha visto a Elvin "el omelette" Santos y a Pepe "estrallado" Lobo bañados de agua y huevos? La campaña electoral nació muerta y en ridículo. Los huevazos y los chorros de agua de la resistencia los han hundido antes de comenzar.

"La oligarquía que fue capaz de planificar y ejecutar un golpe de Estado en contra de sectores de su misma clase, jamás permitirá que ni las candidaturas independientes, ni las diputaciones de unificación democrática le quite el control de un Congreso Nacional que ha demostrado su valor para mantener y fortalecer el status quo". Claro que la oligarquía jamás permitirá ningún adelante. Los retrógrados y sátrapas que la componen son una plaga que debe ser exterminada política y socialmente. Y es por eso que ya comenzamos a deshacernos de ellos. No es la oligarquía quien manda aquí. Somos nosotros, el pueblo. Antes no nos importaba, pero ahora sí. No nos vamos a dejar joder más. De modo que no importa lo que la oligarquía permita o deje de permitir, igual les vamos a reventar sus castillos de naipes, y les vamos a dar una lección que servirá de ejemplo a todas las oligarquías del mundo.

"Mientras tanto, las estructuras represoras de la seguridad nacional seguirán echando mano de los instrumentos con que cuentan para neutralizar las organizaciones populares". Hahaha! Están fracasados estos maricones, no pueden parar unos cuantos miles de hondureños valientes desarmados, ni ninguna organización popular ha sido neutralizada. Muy al contrario, las armas de nuestros confundidos soldados y policías andan por allí temerosas, cuando comienzan a aparecer colegas muertos. Tienen que tener cuidado, pues hasta ahora les hemos tenido lástima. ¿Usted cree que estos soldados y policías están tan dementes que se quieren echar a todo un pueblo encima? No lo creo.

"Los asesinatos políticos disfrazados de acciones del crimen organizado, las desapariciones forzadas de compañeros y compañeras iniciando con líderes medios y visibles dará paso a acciones de terrorismo de masas". Que vergonzoso hablar tan livianamente del derramamiento de sangre de nuestros hermanos mártires, las joyas más lindas de nuestro pensamiento revolucionario. Quien quiera que escribió esas líneas, le recomiendo no volver a hacerlo, no sea que se nos antoje averiguar su domicilio. Hay que templar la jeta, y ser más respetuoso con la resistencia, corifeos! Por lo demás, este es un intento de asustarnos, esa cochinada de decir que los ataques serán contra las líderes medios y visibles, acaso no lo han intentado ya? Y vos crees que los líderes medios y visibles se van a dejar joder así nomás? Crees que no pueden o saben defenderse? ¡Por favor! Es obvio que si pudieran, ya los hubieran asesinado a todos, eso lo sabemos ya! ¡Lo que pasa es que no pueden, faltan de los que cuelgan para echarse encima a todo este pueblo!

"[…] acciones de terrorismo de masas". Bueno, eso ya lo están haciendo, pero si el irresponsable que escribió esto se refiere a balas y bombas, le hace falta darse cuenta de algo: Los policías y soldados no están locos, señores! Los han manipulado para ponerlos en contra del pueblo, pero no son pendejos, no los van a poder engañar todo el tiempo, ni los van a convencer de matar a su pueblo, todo el dinero que tienen no les ajustará para comprarlos a todos. A los que ya compraron, sus mercenarios, esos ya están trabajando, pero les aseguro que esos también mueren, porque inmortales no son. A fin de cuentas, las

balas nos entran a todos, no se olviden de eso. Este pueblo ha sido noble y bondadoso hasta ahora. Pero no va a permitir terror de parte de algunos terroristas. Han llegado a su límite, oligarcas, de modo que les aconsejo no se pasen de la raya, no nos vayan a hacer enojar. Aún ahora, con nuestros hermanos asesinados, estamos tranquilos. Pero tengan cuidado, no nos vayan a despertar el indio que llevamos adentro, porque allí sí, no van a encontrar hoyos suficientes para esconderse, ni Aviones suficientes que los lleven de regreso a palestina. Cuidado, mucho cuidado, señores! Este es un aviso para los miembros de la gloriosa y heroica resistencia nacional: ¡no se dejen engañar por estos infiltrados! Con esto que hacen demuestran que ya están derrotados, pero no debemos permitirles meterse entre nosotros. Ahora viene el momento cuando rasgaran sus vestiduras y rogarán perdón, y tomarán nuestras causas como propias, así como pepe lobo ya lo está queriendo hacer. Pero ya es tarde. Ya sabemos quién es quién.

Mario: Debo admitir que este medio de comunicación nos permite expresar ideas y comentarios para aunar esfuerzos y derrocar al régimen. Pero ¿quién le da el espacio al que escribe el artículo original? Tienen ellos los nombres de estas personas? Concerniente a la caída del régimen, estoy de acuerdo con Lempira en que los días de los golpistas están contados… hace poco me enteré de que USA está cortando todo tipo de ayuda incluso el CAFTA, Tratado de Libre Comercio de Centroamérica y Estados Unidos, y programas de la USAID cortados, visas se han dejado de emitir… solo les falta el golpe de gracia que les tiene reservado la resistencia y ese será el definitivo. Por favor compañeros hay que escuchar todo lo que viene de afuera pero medirlo desde adentro!

Aflores. Septiembre 1, 2009. ¡¡¡GORILA!!! El que escribió este artículo es un gorila que vive en el más alto grado de salvajismo, al igual que el resto de los golpistas. Si ustedes no quieren ver la realidad es problema de ustedes. BUSCA UN MAPA Y UBÍCATE, los que estamos en la resistencia no somos tontos que van a desmoralizar con un articulillo como el tuyo.

Lempira. Septiembre 1, 2009. Mario, por mi parte yo estoy seguro que quien escribe estos artículos engañosos es Margarita Montes, ideóloga tarifada de la UCD, ese ente terrorista pagado con fondos de USAID para manipular la información y crear contextos dentro de los cuales puedan darse los abusos que ellos cometen. Hace algunas semanas aparecieron dos artículos, uno que pretendía ser escrito por un policía, que hablaba de cómo le daban ganas de dejarle ir todos los tiros a los manifestantes. El otro era de un supuesto militar que a ratos se hacía el tonto, el ignorante, y a ratos era un poeta con grandes ideas sobre la democracia, pero que igual defendía el golpe, como el más taimado de los políticos. Es más que obvio que ninguno de esos dos artículos era auténtico y que ambos los había escrito la misma persona, la cual resulta ser también la misma persona que escribió el artículo original que yo descompuse y critiqué para que no se dejen engañar. Ese es el artículo que estoy comentando, escrito para confundir y producir decepción en los miembros de la resistencia. Te informo también que tengo una buena recolección de los artículos escritos por Margarita Montes y sus corifeas de la UCD, el cual en pocos días estaré enviando como dossier a la Jefa de Prensa de la Comisión Interamericana de Derechos Humanos directamente, pues estamos solicitando que se le deduzca responsabilidad penal a esta mujer, Margarita Montes, igual que a otras como Gloria Pineda, por incitar al odio y a la violencia en contra del gobierno legítimamente electo de Manuel Zelaya Rosales y en contra de los manifestantes pacíficos de la Resistencia Popular. También enviaremos ese dossier al escritorio del Juez Baltasar Garzón (miembro de la Corte Penal Internacional, CPI), pues él mismo nos solicitó identificar a los corifeos que, a través de medios de comunicación incitaban a la violencia en contra de quienes ejercen su derecho constitucional de protestar el golpe de estado. Van a brincar estas viejas, te lo aseguro.

Lempira. Septiembre 1, 2009. ¡UN MOMENTO! ¡Parece que el artículo ha sido escrito por Oscar! Oscar frecuentemente contribuye al blog QUOTHA.NET, y este es uno de sus artículos, que siempre termina con la consigna "no pasarán!". El problema, querido Oscar, es que el pesimismo rimbombante de tu artículo lo hace parecer a los escritos de los corifeos de la dictadura. No te culpo, hay gente que sencillamente no entiende lo suficiente como para poder leer la situación de una manera más acorde con la realidad. Me parece que tu pesimismo es más personal que otra cosa, la Resistencia está más firme que nunca, y sigue aumentando, la presión internacional también, y a nivel interno, Goriletti ya quiere escapar, mientras que el criminal Romeo ya está buscando países que le concedan refugio político, aunque eso va a estar duro, y aún si lo logra no garantiza que no lo van a venir a buscar los fiscales de la Corte Criminal Internacional con sede en Roma por delitos de lesa humanidad. De modo que, OSCAR, sea más valiente, amigo, y no caiga en la desesperación. La calle es para hombres y mujeres, ya es tiempo de dejar el miedo y la frustración atrás. ¡NO PASARÁN!

Info. Septiembre 1, 2009. Permalink. Lempira, sus comentarios han faltado de respeto y en violación de nuestras normas de de la comunidad. Hemos revocado su cuenta en HablaHonduras. Usted ya no podrá hacer comentarios o enviar contribuciones a la página web.

Info. September 1, 2009. Permalink. Jessenia, Sus comentarios han faltado de respeto y en violación de nuestras normas de de la comunidad. Hemos revocado su cuenta en HablaHonduras. Usted ya no podrá hacer comentarios o enviar contribuciones a la página web. Equipo Técnico HablaHonduras

Lorelei. Septiembre 2, 2009. Me van a perdonar, pero no veo cómo este artículo es de algún infiltrado: La verdad que tenemos que enfrentar es tener la iniciativa, no enfocarnos en la contra represión ¿qué hay de malo en eso? Advierte que el gobierno nos va a tratar de neutralizar y dividir. ESTO ES CIERTO, está en manuales de la CIA QUERERNOS DIVIDIR, porque divididos somos débiles... No creo que esté diciendo esta persona ni llamando a que nos olvidemos de Zelaya, vamos, simplemente dice que esta lucha ya no es de Zelaya, es del pueblo… Miren, yo no quiero acusaciones ni nada, yo no tengo ni la más mínima idea de quién posteó ese artículo, pero no veo ninguna mala intención allí… Tenemos que ser realistas y ver que este atajo de ratas no tienen límite y es lo que veo que dice esta persona…En otras palabras dice que los medios no nos ayudan, los internacionales digo, y lo digo yo porque también vivo en el extranjero y es bien frustrante; porque los que estamos afuera estamos aún más preocupados, por ende, buscamos todo por todos lados y vemos que nos han dado la espalda. Al menos yo, lo interpreto como frustración de parte de esta persona, NO como poniendo en duda todos los desastres, desapariciones forzadas, asesinatos que hace el gobierno de facto (de hecho los menciona). No! no me vayan a acusar de ser esa persona ni de conocerla ni de infiltrada por favor… yo entiendo a cualquiera que se salga un poco de la caja y mire las cosas de una perspectiva más fría, pero no porque seamos fríos, sino porque nos interesa la victoria. Sé que estamos confundidos y que hay razón de tener temor que se nos infiltren, que estamos estresados, abrumados, pero me perdonan, este artículo acusando a la persona me parece un poco fuera de lugar; aunque yo ENTIENDA completamente cómo se siente usted, porque me ha pasado, por eso he perdido amigos, porque los pongo en duda. Saludos y abrazos solidarios.

SEGUNDA PARTE

REPRESIÓN Y CASTIGO:
LAS ELECCIONES MÁS LIMPIAS DE LA HISTORIA

3 DE SEPTIEMBRE 2009
29 DE NOVIEMBRE 2009

3 DE SEPTIEMBRE

Debo reconocer la sorpresa que me produjo leer las reacciones que generó la última nota en algunos compañeros y compañeras y reconociendo el valor de fortalecer el debate interno tanto de la problemática nacional como organizativa, creo que es importante dar respuesta a algunas de las ideas que se han discutido. En ese sentido y para quienes no han tenido la oportunidad de seguir el intercambio, los invito a revisar los comentarios de hablahonduras.com, en la nota del nota día sesenta y dos para de esa forma aportar con mis comentarios.

En primer lugar, no ha sido mi intención ser pesimista o desmoralizador en cuanto al trabajo y los retos que la resistencia enfrenta en las actuales circunstancias. Por el contrario busco aumentar la capacidad propositiva del movimiento, consciente que la crítica y la autocrítica, lejos de verse como un signo de debilidad, división o traición, debe entenderse como un proceso necesario y por lo tanto buscar facilitar en lugar de limitar o en el peor de los casos castigarlo.

No busco con esto desconocer el valor histórico de la lucha hondureña contra el golpe de Estado, su capacidad de transformación y renovación ha sido, desde el principio, una de sus más grandes virtudes; pero el optimismo tampoco debe limitar nuestra capacidad de interpretar las distintas coyunturas en las que nos toca movernos.

Admitir que la resistencia está compuesta por el más variado mosaico de actores sociales en el que giran desde campesinos organizados, indígenas, garifunas, feministas, estudiantes, maestros, obreros sindicalizados, artistas, organizaciones gays, miembros del Partido Liberal y Unificación Democrática, comunistas, socialistas y anarquistas, personas no organizadas y personas organizadas, es reconocer que en la diversidad está nuestra fuerza. Cada uno de estos grupos u organizaciones tenemos nuestra propia razón para formar parte de la resistencia, todos tenemos algo que perder con la implantación de la dictadura oligárquico-fascista de Roberto Micheletti. Nuestro deber, en ese sentido, es reconocer esos objetivos individuales que pasan, necesariamente, por el objetivo colectivo del "retorno a la democracia".

Es importante ver que si bien hemos caminado kilómetros bajo las notas de "Urge Mel" y "El Jefe de Jefes", silenciando nuestras críticas al gobierno de Zelaya, ha sido más por el necesario respeto a las causas de las organizaciones hermanas y no porque todos en la resistencia veamos a Manuel Zelaya Rosales como el "líder máximo" de la causa, el reformador nacional y menos aún el "comandante supremo" de la nueva izquierda hondureña. Estar convencidos de la importancia del "retorno a la democracia" con su legítimo presidente en el poder, no significa aprobar ciegamente su gestión presidencial. Entendemos que no ha sido el momento para iniciar la discusión en torno al papel que el presidente debe jugar con la lucha que se avecina bajo las nuevas circunstancias, pero ese momento se está acercando y se hace urgente buscar la unidad más allá de la figura del presidente y la consigna de su restitución.

Planteo algunos escenarios, no con la intención de desmoralizar o debilitar la lucha sino con la idea de planificar la misma. Estamos llegando a la mitad de septiembre, la campaña política de los candidatos de la oligarquía ha dado inicio y poco parece interesarles las limitaciones que las circunstancias les traerán en torno a la capacidad de hacer grandes espectáculos públicos de manera impune. Seguramente harán campaña en espacios cerrados y con gran inversión mediática; buscarán limpiar la imagen de sus respectivos candidatos alejándolos lo más posible de los actores físicos del golpe. Poco les importa la verdadera democracia, el alto porcentaje de abstencionismo o el llamado a no participar por parte de la resistencia, su interés es instalar un nuevo presidente en enero próximo para poder decir al mundo que la noche oscura del gobierno de Micheletti ha pasado y es momento de dar vuelta a la página de la historia.

Reconciliación y unidad nacional van a ser las consignas más usadas por ambos candidatos, pero si bien en la voz de Elvin Santos sonarán desesperadas, harán eco en Pepe Lobo, quien cuenta con ganar con los suficientes votos como para tener cierto margen de acción en la próxima administración y terminar así de consolidar el proyecto de dominación. En ese sentido es probable que la restitución de Zelaya se dé a finales de septiembre o mediados de octubre, a tiempo para legitimar el proceso a nivel internacional, limitar el margen de acción de campaña de la izquierda y reducir así el costo político de la dictadura. Unificación Democrática, nos guste o no, va a participar en las elecciones, al final correspondiendo más a la lógica electoral que a los planteamientos de la resistencia que inevitablemente sufrirá una fractura en su interior. Recordemos que tanto el Partido Liberal como Unificación Democrática son partidos políticos que desde el primer día de la resistencia han buscado capitalizar el descontento arrastrando votos (y fondos) para sus propios candidatos y, a lo menos en lo que ha sido este período y en lo que corresponde a UD (del PL mejor ni hablar) han sido poco abiertos a la disidencia interna. Tambien sus posturas antidemocráticas han expulsado militancia más que ganarles nueva.

Poco se ha dicho de los escándalos de corrupción de los que su mismo partido acusó a César Ham hace apenas seis meses, de la renuncia de muchos de los candidatos a diputados y de las negociaciones secretas que se han dado, buscando colocar en su lugar a candidatos del melismo. Hace apenas un mes escuché en el programa radial de la resistencia transmitido en Radio Globo, una entrevista con monseñor Santos quien admitió su interés en lanzarse como candidato presidencial en las elecciones de noviembre, una idea que me pareció absurda en su momento, pero que ahora la veo como una de las opciones que seguramente se plantearan. Y es que, si lo vemos dentro de esa lógica, no cabe duda que hay algunos "candidatos" a quien se les hace agua la boca cuando aprecian la grandes movilizaciones que la resistencia ha sido capaz de realizar.

Para UD y su candidato, César Ham, que las candidaturas independientes dejen de participar en las elecciones de noviembre, lejos de arrastrarles dificultades les conviene. Ellos cuentan con que los votos que no recoja el candidato independiente a la presidencia Carlos H. Reyes los recibirá Ham y estoy seguro de que a la oligarquía le gusta más esa idea. Las candidaturas independientes, en especial la de Reyes, si bien hasta el momento ha sido coherente con la resistencia, se han mantenido al margen de la campaña sufragista, aunque se verán obligadas a revisar esa postura.

¿Cómo podemos cruzarnos de brazos al ver cómo, mientras resistimos firmemente a la dictadura, hay actores políticos (algunos que históricamente han sido más nocivos que beneficiosos para las causas populares) que cosechan el trabajo que la resistencia ha construido con sumo sacrificio en las últimas semanas?

Organizar una campaña política es un trabajo intenso. Contamos en la actualidad con poco tiempo para hacerlo. Si decidimos entrar de lleno una vez retorne Zelaya al poder, lo cual que como dije antes creo que podría darse en octubre (si se da del todo), tendremos apenas seis semanas para presentar una estrategia coherente que aglutine el descontento popular con el voto independiente. Recoger fondos, instaurar comités locales y departamentales de campaña, construir estrategias de medios, capacitar personal para las mesas electorales, es trabajo sumamente complejo que no es posible hacerlo de forma improvisada. Si vemos la lucha de la resistencia a corto plazo, hemos acumulado una gran experiencia organizativa aumentando considerablemente nuestra capacidad de movilización de masas, aunque el objetivo central no se ha cumplido (derrotar la dictadura y devolver al legítimo presidente al poder) y el objetivo mediano de la Asamblea Nacional Constituyente se ha desplazado de la discusión debido a las elecciones, no debemos perder de vista el verdadero fin de la lucha: refundar Honduras bajo un proyecto de nación popular, democrático y participativo. Para esto último, estamos a tiempo de comenzar a discutirlo.

15 DE SEPTIEMBRE

El 15 de septiembre se celebra la independencia de Centroamérica, una fiesta tradicionalmente protagonizada por bandas de guerra, pelotones y palillonas de los colegios de secundaria, quienes compiten entre ellos para tener el primer lugar entre los muchos que marchan en las calles. Desde siempre, ha sido una oportunidad para la población de ser espectadores del homenaje que los jóvenes le rinden a la patria. Junto con sus familias, miles de personas se instalan desde tempranas horas en las aceras de las calles para ver pasar a los colegios y luego trasladarse al Estadio Nacional en donde termina el desfile. Ha sido lo que los medios siempre han llamado: una fiesta cívica.

Pero este año fue distinto, este 15 de septiembre cobró un significado especial. Para unos fue una oportunidad para exigir una independencia real de un país secuestrado por la oligarquía, resistir ante un golpe de Estado que amenaza las estructuras frágiles de la democracia y mostrar la fuerza del pueblo que se niega a aceptar a Micheletti como presidente. Para otros fue la conmemoración de una independencia ideológica de la izquierda de Chávez —según lo explicara el canal 8 en su transmisión del evento— y, en última instancia, del mundo, que se ha unido y condenado a la clase gobernante y su "reinterpretación" de los principios básicos de la democracia.

—En Honduras somos independientes —dijo Micheletti Baín—, no dejaremos que ningún país nos influya. Hubo pues, dos desfiles paralelos, conmemorando dos independencias, dos países profundamente diferentes.

El gobierno de Micheletti organizó un desfile militar. Todos los batallones del ejército en sus tres ramas desfilaron por las calles de Tegucigalpa reafirmando su poder bélico: helicópteros sobrevolando los cielos, aviones de combate haciendo alarde de complicadas maniobras, ágiles paracaidistas cayendo en el estadio acompañando a los civiles que sacaron sus camionetas Hummer, caballos de lujo y motocicletas Harley Davison para respaldar al presidente de facto que desde el palco presidencial agradecía al borde de las lágrimas a su pueblo por el apoyo demostrado. Hay que reconocer que la demostración de fuerza que el gobierno quiso dar al mundo no resultó muy convincente. El desfile fue corto, apenas duró unas horas y aunque el espectáculo habría sido del agrado de la población, a quien siempre le ha gustado ese tipo de circo, lo cierto es que contó con muy poca presencia civil. Muchos de los marchantes eran veteranos de guerra y reservista del ejército que apenas podían mantener el paso y el Estadio Nacional, que tiene capacidad para albergar a treinta y cinco mil espectadores, lució vacío, apenas unas cinco mil personas en graderías. Fue necesario hacer uso de los mismos militares, que al salir de la pista, se sumaban a las graderías para llenar el estadio. La gente simplemente no asistió a la convocatoria del gobierno y como dijo Armida de López, presidenta de la Unión Cívica Democrática, "hay que celebrar que en Honduras la gente tiene la libertad de hacer lo que quiera". Porque el pueblo fue a la otra marcha.

A pocos kilómetros de distancia, la resistencia organizó una marcha de independencia, un desfile popular al cual acudieron cientos de miles de personas de toda Tegucigalpa. Paralelamente, cada ciudad del país realizó un desfile similar, lleno de color, diversidad y optimismo por una victoria popular que se siente cada vez más cercana. No hubo incidentes en la marcha del pueblo, unos dicen que porque los infiltrados hoy estaban llenando el Estadio Nacional. De todos los barrios y colonias de la ciudad, llegaron grupos de personas, esta vez organizados a nivel de base, todo ese espíritu colectivo que nos recuerda que unidos somos un pueblo fuerte, capaz de derrotar a la dictadura.

Los aviones militares F5 pasaban cerca de nuestras cabezas molestando nuestros oídos, alardeando, tratando de intimidarnos con su poderío. Pero lejos de darnos miedo nos parecieron desesperados y tristes.. Losl rostros de los policías y soldados que impedían que la manifestación llegara al Estadio Nacional, lucían desencajados, con la miraba baja y desmoralizados. El rostro de Micheletti y su séquito de piratas igual. Parecía más una procesión fúnebre que una fiesta cívica. Saben que el ejército podrá llenar el estadio para el gobierno golpista. Si bien en nuestro país las Fuerzas Armadas botan presidentes con las botas, los soldados en Honduras no votan.

Entre el pueblo se celebra la decisión del gobierno de Estados Unidos de cancelar las visas a muchas de las figuras principales del golpe. Celebramos no por creer que con ello se resolverá el problema en el que nos encontramos, el cual bien sabemos requiere aun mucho trabajo y sacrificio, sino porque les recordó a los burgueses oligarcas de Honduras que, aunque viven en un mundo paralelo al nuestro, no son sino desechables servidores del imperio y del capital internacional.

La burla pública en éste caso, se convierte en uno de los castigos más justos. Desde siempre los ricos y famosos pudieron disfrutar de los precios bajos de la mano de obra nacional, tomar sus ganancias y trasladarse en primera clase a los lujosos centros comerciales de las ciudades norteamericanas. La visa, para ellos, era parte de su identidad. En el norte tienen sus casas, clubes, empresas y ahorros. En el norte estudian sus hijos, vacacionan, se relajan alejándose de las calles polvosas y bulliciosas de Honduras. Ahora que están condenados a compartir con los demás hondureños la suerte en donde nos han metido, se llenan la boca diciendo que jamás les importó la visa y que están dispuestos a llegar hasta las últimas consecuencias.

Dos datos interesantes sobre las famosas visas. Quienes las perdieron son figuras menores de la oligarquía. Los grandes señores dueños de Honduras, los grandes socios y amigos del capital extranjero aun se mueven con libertad por el mundo y hacen pensar que los han dejado a un lado para que sean ellos quienes tomen la decisión final sobre el retorno de Zelaya. Es a ellos y a los candidatos presidenciales de los partidos tradicionales que les tocará dirigir el proceso de transición para el retorno de Mel, convencer a Micheletti y al General Romeo Vásquez para que cedan en sus posturas en favor de sus intereses económicos.

Por otro lado se supo que la visa le fue cancelada a catorce de los quince magistrados de la Corte Suprema de Justicia; la duda surge en el magistrado que aún cuenta con visa. ¿Quién es?

Nace ahora el famoso escándalo de corrupción de Latin Node, empresa norteamericana que fue condenada en 2008 en Estados Unidos por corrupción y que vinculó a altos funcionarios de la administración de Zelaya. Ya habían salido a la luz pública los nombres de los funcionaros "B", "C" y "D", Marcelo Chimirri entre ellos, ex gerente de Hondutel y quien en la actualidad guarda prisión, pero se guardó con sumo recelo el nombre del funcionario A, supuestamente el más importante quien, en su momento se dijo era Zelaya. Ahora se filtra en la prensa que dicho personaje podría ser el ex Ministro de la Presidencia, hijo de Jaime Rosenthal, poderoso empresario de la costa norte, dueño de canal 11 y el diario *El Tiempo*, crítico actual del régimen, quien desde siempre ha contado con una cuota de poder dentro de los gobiernos liberales. Rosenthal, antes y desde el principio del golpe de Estado, ha mantenido cierta distancia con el grupo protagonista del rompimiento constitucional, no porque difieran de los objetivos económicos o porque no se le considere parte de la oligarquía nacional. Sus razones no me son muy claras, imagino que habrá cierto conflicto económico que lo empuja a un lado más que al otro. Pero si llama la atención, que las familias más influyentes dentro del golpe de Estado son descendientes de palestino, algunos con fuertes vínculos con la Organización para la Liberación del Palestina (contradicciones históricas para hablar largo rato). Los Rosenthal son judío descendientes y no se me ocurre una familia judía matriculada de lleno con el golpe de la oligarquía. La cosa es que con la aparición ahora del nombre de Yanny Rosenthal, como el funcionario A de Latin Node, los Rosenthal podrían verse empujados a presentar una postura menos crítica con el gobierno de Micheletti.

La campaña de las elecciones de la Oligarquía sigue avanzando si bien con grandes dificultades. Elvin Santos se vio en la necesidad de militarizar la ciudad de la Ceiba para poder efectuar su concentración política, que luego anunció en la prensa nacional como un éxito indiscutible, muestra contundente de que el pueblo hondureño apoya las futuras elecciones. Por otro lado Pepe Lobo, quien ha intentado desde el inicio separarse del golpe de Estado, si bien su partido es uno de sus principales garantes, denuncia ahora el sabotaje que sufre su material de campaña, que aparece por todos lados, con el letrero "golpista" bajo su cara.

Mañana los diferentes candidatos presidenciales asistirán a la reunión convocada por Oscar Arias en San José de Costa Rica, en donde discutirán sobre los problemas que enfrentarán las elecciones generales de continuar el conflicto. Carlos H. Reyes ha dicho que no asistirá, dijo que tiene cita en el Seguro Social para revisar su fractura luego de la represión de El Durazno. Dijo, además, que la resistencia no apoya el plan de San José porque desconoce a la Constituyente como la salida a la crisis social de Honduras. La resistencia no piensa abandonar la lucha por una nueva constitución, con o sin Zelaya. Esto era lo que intentaba Micheletti evitar con el golpe de Estado. Esto es lo que intenta evitar Washington con el Plan San José.

16 DE SEPTIEMBRE

"Zapatero a tu zapato", dijo el tristemente célebre "canciller" Enrique Ortez Colindres hace más de dos meses cuando España condenó el golpe de Estado hondureño. Hoy los diarios españoles anunciaron que el gobierno de Zapatero habría presentado una lista de personalidades del gobierno de Micheletti que tienen vedado el acceso al territorio español. Con ello buscan forzar una postura más firme por parte de la Unión Europea y no me sorprendería que en las próximas fechas se conozcan resoluciones similares. La lista está compuesta en su mayoría por la gente que todos conocemos; ni hablar de la ridícula reacción del gobierno de facto, que cada día se convierte en un patético reflejo bananero de la dictadura de Kin Jong Il. Micheletti dijo hoy a la prensa, haciendo eco al dictador norcoreano, que USA sólo respeta a los países que lo tratan mal y castiga a sus tradicionales e incondicionales aliados.

Quiero hablar sobre una persona a la que tuve la oportunidad de conocer hace varios años y para quien trabajé ofreciendo la creatividad para su campaña. Hablo de doña Gabriela Núñez, actual ministra de finanzas quien ahora figura en la lista de los inadmisibles del mundo. Conocí a Gabriela Núñez para la campaña interna del Partido Liberal en 2005, ella figuraba como candidata compitiendo por la nominación del partido, entre otros con Manuel Zelaya Rosales y Jaime Rosenthal Oliva, entre otros, había escuchado de ella desde antes, pero no la había identificado distinta al resto de los políticos que acuerparon el gobierno de Flores Facussé.

Ese año conocí a su bella familia y varios de sus amigos más cercanos; quise creer, debo confesarlo, que ella podría ser una figura distinta dentro del tablero político que desde hacía muchos años venía pudriéndose. Ella viene de una familia de tradición liberal, la firma de su padre aparece en el decreto presidencial que dio origen al Código del Trabajo. Estudiante ejemplar, contó siempre con el respaldo para colocarse desde muy temprano en los lugares apropiados para formar parte del exclusivo círculo que controla éste país. En 1998 fue nombrada Secretaria de Finanzas para la presidencia de Carlos Flores, anteriormente había sido viceministra de la misma secretaría y fue bajo su tutela que se ejecutó el proyecto neoliberal, luego de la tragedia del huracán Mitch. Su trabajo en las finanzas la llevó a convertirse, según algunos analistas de la época, en la niña consentida del Fondo Monetario Internacional. El prestigio que adquirió como secretaria de Finanzas la colocó en capacidad de lanzar su candidatura con el movimiento "Nueva Mayoría". Era una mujer joven, inteligente, con una imagen poco desgastada, sin los grandes escándalos de corrupción que salpican a casi todos los dinosaurios de la fauna política nacional; si bien carecía de propuestas lo suficientemente profundas a nivel de Estado, a lo menos era un rostro distinto a los que hasta el momento habían venido apareciendo. Fue quizá por eso, o por simple deseo de experimentar profesionalmente, que acepté trabajar en el desarrollo de la campaña audiovisual del movimiento de Gabriela Núñez. Después de todo, me dije, no podría ganar, somos un equipo de aprendices. Esas elecciones, en 2005, las ganó Manuel Zelaya con amplio margen, seguido por Jaime Rosenthal quien siempre controló las estructuras del partido en la costa norte. En tercer lugar quedó la licenciada Núñez, quien luego que Rosenthal anunciara su retiro de la política (intentó ser presidente por cuatro ocasiones y jamás pasó del segundo lugar), quedó como segura candidata para las elecciones de 2009 y, según la lógica que hasta el momento se había venido dando en el ambiente, indicaba que la distribución correspondía a dos presidencias liberales por una nacionalista, "segura" presidente para 2010.

Pero el triunfo electoral de Mel Zelaya se dio con muy poco apoyo popular. Apenas una pequeña porción de la población hondureña lo eligió como Presidente (20% de la población en edad de votar) y sabiendo eso optó por constituir una especie de gobierno de unidad dentro de su propio partido. En los primeros dos años de su administración, su gabinete se compuso con las cabezas principales —o sus representantes— de los movimientos electorales internos. Todos los precandidatos a la presidencia del PL tuvieron en su momento un puesto importante al inicio de la administración de Zelaya, los mismos que ahora se han volcado a la facción liderada por Micheletti. Gabriela Núñez asumió la presidencia del Banco Central de Honduras. En su momento se rumoró que cubriría la Secretaría de Gobernación y Justicia, pero el rumor fue desmentido. Todos sabíamos que Manuel Zelaya no era santo de su devoción y el BCH le daba cierta distancia del gabinete.

Debo reconocer que fue gracias a ella y al apoyo prestado por el BCH, en conjunto con cierto apoyo de la secretaría de cultura dirigida por el Dr. Pastor Fasquelle, que pudimos realizar la película *El Porvenir* (28). Agradezco profundamente su apoyo, sin él no hubiera sido posible concluirla, si bien desde siempre mantuve que su respaldo era para el arte hondureño y para la verdad de la Historia, no para comprar conciencias y futuros activistas.

En una ocasión conversé con Gabriela Núñez sobre su futura candidatura; recibía cierta presión por parte de Marlon Lara y Pineda Ponce para que les acompañara en su plataforma; hasta ese momento la candidatura de Elvin Santos era poco probable, al igual que la de Micheletti, quien como presidente del Congreso Nacional hacía las maniobras necesarias para que le reconocieran su candidatura. Para muchos fue sorpresa descubrir una mañana

(28) El Porvenir, 2008. Documental de 62 minutos que cuenta la historia de la masacre ejecutada el 5 de abril de 2003 por miembros policiales y presos comunes en contra de miembros de la pandilla 18 al interior de la prisión de la ciudad de La Ceiba, con el saldo de 69 muertos.

la alianza de Núñez con Micheletti para las elecciones internas, lo cual desde el inicio vi como el principio del fin de su carrera. Era claro para ese entonces, que Micheletti no lograba acaparar el voto independiente y joven, que era el fuerte de Núñez. La gente veía con desconfianza al diputado y presidente del Congreso quien llegó prometiendo respetar la constitución y no ser candidato para luego alegar que la prohibición misma era inconstitucional. Al final, las maliciosas maniobras de Micheletti para sacar de la palestra a Elvin Santos le costaron su candidatura y arrastró con ella a la señora Núñez. Aproximadamente un mes antes del golpe de Estado, ya se podía ver la polarización en el interior de la cúpula del Partido Liberal. Micheletti y Zelaya protagonizaban un juego de insultos y reproches mutuos que, lejos de irse apaciguando, se iría incrementando a puntos peligrosos. En ese momento me tomé el atrevimiento de escribirle a la licenciada Núñez y le recomendé no menospreciar los sectores sociales hondureños que reclamaban un cambio dentro de las estructuras políticas del país. Su respuesta, para mi decepción, fue: "No creo que cualquier cambio, solo porque se necesite, sea bueno". Luego sobrevino el golpe. Gabriela Núñez volvió a posicionarse entre los poderosos, esta vez con el mismo puesto que iniciara (y concluiría) su carrera política, la Secretaría de Finanzas, un frente vital para el proyecto de dominación de la oligarquía que reclamaba el desembolso de los fondos del estados para sus empresas.

Su trabajo de ministro del gobierno de facto ha sido difícil. Aunque los días han pasado y los acontecimientos nos ha dado la razón, así como no lograron convencernos a principios del mes de julio de que el golpe de Estado era un mal necesario, para "mantener en marcha el país", no lo han logrado hasta ahora. Ni a nosotros ni al mundo que hoy les cierra sus fronteras.

En 1942 el padre de mi abuela, un liberal de Villanueva Cortés, fue secuestrado por la guardia Cariísta. En su casa y frente a sus hijas fue sacado a golpes y subido a un viejo carro americano. Nunca volvió. Desde siempre mi familia ha rechazado al Partido Nacional, pues representa para todos el origen del dolor en la familia. Las últimas elecciones en donde mi abuela votó fueron las de Roberto Reina, en 1993. Desde entonces dejó de participar de las fiestas cívicas. Cuando por curiosidad, ocho años después, le pregunté por qué no participaba en las elecciones generales, apoyando al candidato de su partido, ella me dijo sin darle mucha importancia: "El Partido Nacional y el Partido Liberal son la misma mierda".

17 DE SEPTIEMBRE

Hoy se celebra en Honduras el día del Maestro. En esta ocasión, las calles fueron su fiesta. Hay que rendir un merecido homenaje a los educadores y educadoras que han sabido resistir heroicamente a este gobierno usurpador que sigue haciendo uso de todo su arsenal represivo paraquebrantar la oposición. Asesinatos y golpizas, persecución y amenazas, procesos judiciales amañados, cárcel y acusaciones mediáticas, toma de colegios por supuestos padres de familia, insultos y campañas de desprestigio, son solo algunos de los recursos que ha usado —inútilmente— la dictadura.

Los maestros siguen de pie y celebran su día. "Maestros, malditos maestros" dijo hoy con odio en televisión nacional Eduardo Facussé, reconocido empresario, quien jamás en su vida ha pisado los pasillos de una escuela o colegio público, para conocer la realidad del sistema educativo del país, pero que sabe reconocer en el gremio magisterial un obstáculo para culminar sus objetivos de clase. Su odio, en este caso, debe ser tomado como un monumental: Felicidades maestros en su dia.

El próximo año será un año difícil para el gremio del magisterio, toca la renegociación del estatuto del docente; ya se menciona que la clase política lo considera una molesta carga de la que les urge deshacerse. Seguramente, si el golpe tiene éxito, el próximo presidente buscará cortar muchos de los derechos adquiridos en las calles. La resistencia del magisterio contra el golpe de Estado es vital para el futuro del gremio.

Anoche volvieron los candidatos presidenciales luego de su reunión con Oscar Arias en San José de Costa Rica. No traen nada sino palabras vacías que llenan espacio en los diarios nacionales y a su vez no dicen nada.

"Estamos de acuerdo —dice el comunicado publicado por *La Tribuna*—, que de suscribirse de manera concertada, el acuerdo de San José permitirá facilitar la reconciliación del pueblo de Honduras, bajo un monitoreo efectivo de la comunidad internacional, para que los hechos que provocaron la crisis no vuelvan a repetirse, asegurando así el total respeto a la constitución y las leyes".

No mencionan el retorno de Zelaya al poder como condición para esa "reconciliación"; por el contrario, parece ser que lejos de condenar el golpe de Estado del 28 de junio, hablan de un monitoreo "preventivo" de futuros intentos de cambiar la constitución. Culpan en todo a la administración de Zelaya, lavan así de responsabilidad del golpe de Estado a Micheletti y su mafia. Ven en las elecciones de noviembre su última esperanza da salir victoriosos de la crisis y pretenden aguantar, a toda costa, para que sea el próximo presidente quien logre la "reconciliación del pueblo de Honduras".

"Entre nosotros está el próximo presidente", dice más adelante el mismo comunicado al tiempo que Roberto Micheletti acusa a Oscar Arias de ser un títere al servicio de las naciones que quieren la restitución del presidente Zelaya (en este caso todas las naciones de la tierra).

El Tribunal Supremo Electoral ha anunciado la suscripción de un convenio con la iglesia Evangélica, representada en este caso por el pastor Evelio Reyes, en donde presentan la "estrategia" que piensan usar para lograr que las elecciones de noviembre sean las más votadas de la historia. "El voto en cadena", según lo han llamado, consiste en convencer a una persona para que vote. Ésta, a su vez haría el trabajo de convencer a diez más y cada uno de estos a diez respectivamente extenderían infinitamente la cadena, según dijo el pastor Reyes, llenando las urnas de convencidos demócratas.

Con esta creativa estrategia piramidal, acompañada con la oferta de Facussé del descuento en los combos de hamburguesas y papas fritas, piensan dar una lección al mundo, demostrar que el pueblo hondureño ha madurado políticamente desde el 28 de junio y está listo para seguir su propio proyecto de nación de la mano de la oligarquía. Es impresionante conocer el descaro con que habla Micheletti. Da la impresión de que ha llegado a creerse sus propias mentiras cuando dice que "nuestra gente no ha roto el diálogo de San José" y que "no permitimos imposiciones de nadie para demostrar que queremos vivir en paz y democracia" o "solo una invasión extranjera podrá sacarme del poder". Da la impresión, digo, de que se cree sus mentiras, que ha logrado cegar al mundo apropiándose de una "verdad" que con el correr de los días se vuelve más enfermiza.

"No hay forma de echar para atrás", afirma el poderoso hombrecito, "a menos que el pueblo hondureño me diga, en un momento determinado, Roberto, tenemos que ceder".

Eso, señor Micheletti, tenemos ochenta y dos días de decírselo.

Elvin Santos continúa con su estrategia de víctima que tan bien le funcionó en las elecciones internas del año pasado. Esta vez grita a los cuatro vientos que teme por su vida pues, según él, Zelaya lo ha amenazado de muerte y envía a personas no liberales a boicotear su campaña agrediéndolo a él y otros candidatos a cargos de elección popular que, por pura casualidad, han respaldado firmemente al golpe de estado. Lo peor, según dice Santos, es que estos "malos hondureños que llaman a no participar en las elecciones" gozan de la protección internacional, la impunidad que amenaza la paz y la democracia nacional llevándonos al borde de la guerra.

—Hay que ponerle un alto a todo esto— dice Elvín Santos—, hay que identificar quiénes son los que están haciendo todo este daño y decirles que ya basta.

Para finalizar, un ejemplo del doble lenguaje orweliano usado por los medios de comunicación nacional: mientras el resto de los países de la región evalúan con seriedad los posibles estragos de la crisis económica, acompañada por la sequía, producto del fenómeno del niño, los cuales podrían traer graves hambrunas y calamidades entre los más pobres, Honduras anunció hoy en los diarios nacionales que cuenta con las mejores reservas de granos básicos de la región y está preparada para vender alimentos a los hermanos países centroamericanos. Las autoridades han garantizado una reserva sólida, dice la nota de prensa, por lo que Honduras no será golpeada por la hambruna. Asumiendo que dicha nota es cierta, hay que reconocer que la reserva de granos básicos se debe a las cosechas de los años anteriores que, según afirman los expertos, ha sido buena. Nada garantiza que se mantenga en los mismos niveles para el próximo año, porque la falta de apoyo financiero a la agricultura después del mes de junio, acompañada por los problemas que enfrenta el sector agrícola, podría traer una situación peor de la que se imaginan. Pero claro, eso pasaría en el próximo gobierno.

20 DE SEPTIEMBRE

El profesor Félix Murillo de 36 años, era fiscal de la filial del

COPEMH en el instituto Jesús Millaselva. Catedrático del Central Vicente Cáceres en la jornada de la tarde y del Millaselva en la jornada nocturna, era activo y disciplinado en las distintas luchas del magisterio. Desde el inicio del golpe de Estado se vinculó de lleno con la resistencia donde formaba parte del comité de Seguridad y Disciplina. Iba siempre al frente de las marchas en su motocicleta. El jueves, día nacional del maestro, lo vieron salir a las once de la noche de las oficinas del COMPEMH. Abordó su motocicleta para trasladarse un par de kilómetros hasta la colonia Kennedy, donde residía con su familia. Varios metros adelante, fue embestido por un vehículo que de inmediato se dio a la fuga. Su cuerpo fue levantado por los bomberos quienes lo trasladaron al Hospital Escuela, donde informan llegó muerto.

Fue ingresado como desconocido, sin documentos personales, no fue sino veinticuatro horas después que su hermano lo identificó en los fríos sótanos de la morgue capitalina. Si bien la policía dijo ayer al mediodía, en entrevista a Radio Globo, no saber de dich deceso, en este momento lo reportan como una muerte de tráfico (de las muchas que a diario se reportan en las caóticas calles del país). Lo cierto es que la muerte del profesor Murillo cumple muy bien con los lineamientos de la represión programada por el régimen; el profesor Murillo López era un testigo clave en el caso del asesinato del también profesor del COPEMH, Roger Vallejo, muerto durante una represión policial el pasado mes de julio.

Andar en motocicleta en las calles de Tegucigalpa ha sido siempre un acto temerario. Yo mismo uso motocicleta y conozco los peligros que uno corre, aunque desde el día del golpe de Estado, sabiendo lo fácil que resulta atropellar a un motociclista, especialmente si es intencional, he dejado de usarla. Pero también sé que las calles de la ciudad a esas horas de la noche, a alturas de la Kennedy cuentan con poco tráfico, lo que reduce las probabilidades de accidentes. Claro, tampoco las elimina.

Por otro lado y como miembro de la resistencia, sé que uno no sale sin los documentos de su vehículo ni su licencia de conducir. La ausencia de uno de esos documentos, sumada a los operativos montados últimamente por la policía nos podría costar una incómoda noche en las bartolinas policiales y, puesto que el profesor Murillo fue ingresado como desconocido hace creer que su documentación le fue sustraída entre el lugar de la tragedia y la morgue. Los hombres y mujeres que formamos parte de la resistencia no somos inmunes a los accidentes y sabemos, como dicen los abuelos, que la vida en este país es prestada. Pero entendemos también que la muerte de los nuestros busca intimidarnos y hacer que dejemos la lucha. La desinformación, en este caso, es el arma más efectiva del régimen. Saber que fue un accidente y no una ejecución, no quitará el dolor de despedir a uno de los nuestros, pero calmará el temor hacia el gobierno y a las actividades del escuadrón dirigido por "el licenciado", "el doctor", (sea como sea el seudónimo que sigue usando el señor *Arranzola*). No conocer la verdad produce ansiedad y temor. Es responsabilidad de la policía dar un reporte claro de las condiciones en que se produjo el accidente que terminó con la vida de nuestro compañero, no hacerlo los colocará en la categoría de responsables.

Hoy 20 de septiembre está de cumpleaños el presidente Zelaya, un cumpleaños especial para él, su familia y el pueblo hondureño que resiste en las calles. Cumplir años es una oportunidad para agradecer a la vida y evaluar los aciertos y desaciertos que cometimos el año anterior. Estoy seguro que en la misma medida que el pueblo hondureño ha crecido política y organizativamente a lo largo de éste último año, lo ha hecho tambien el presidente Zelaya. Su fiesta de cumpleaños fue ayer en las instalaciones del Sindicato de Trabajadores de la Industria de la Bebida y Similares (STIBYS), donde con una misa dirigida por el padre Tamayo, consignas y cantos de lucha, le mandamos desde las filas de la Resistencia Popular un saludo revolucionario, recordándole que, más que el presidente legítimo de Honduras, lo esperamos como un compañero de lucha.

Que el dolor de los tiempos oscuros que vivimos no nos quite la capacidad de ver el futuro que construimos a pie y a mano, con lágrimas y sudor. El profesor Félix Murillo no ha muerto, vivirá en su pueblo que sigue en la lucha, para heredarle a sus hijos un mejor país.

22 DE SEPTIEMBRE

Lo que comenzó como una fiesta popular luego de la sorpresiva llegada del presidente Zelaya a territorio nacional, es ahora una salvaje persecución que se extiende por toda la ciudad contra aquellos hombres y mujeres de la resistencia. Zelaya apareció ayer por la mañana en de la embajada de Brasil. La noticia circuló primero por mensajes de celular y luego se dio a conocer por Radio Globo. El gobierno de Micheletti y su cúpula sanguinaria negaron desde un inicio la noticia:

—Es un acto de terrorismo mediático de aquellos que quieren confundir al pueblo de Honduras —dijo el aprendiz de dictador y su negativa hizo eco en aquellos que siguen negando lo innegable.

—Nuestros cuerpos de inteligencia y contrainteligencia son profesionales y nos informan que no es posible que él esté acá —dijo Romeo Vásquez.

Pero Zelaya llegó y ha puesto al gobierno de facto en una posición sumamente complicada.

—Es un doble— dijo con un nudo en la garganta Micheletti minutos antes de decretar el estado de sitio que duraría treinta y seis horas por lo menos.

Zelaya llegó invitando al diálogo, pero nuevamente la dictadura respondió con toda la furia propia de aquel que sólo conoce el argumento de las armas. Los cuatro aeropuertos del país han sido cerrados y los retenes militares obstaculizan la movilización de las personas. Micheletti responsabilizó de todo lo que pase en el país a Zelaya, como si él controlara a la policía y el ejército. El gobierno ha lanzado una advertencia contra la OEA declarando *nongrato* a José Miguel Insulza, amenazando con derribar su avión si entra a territorio hondureño. La gente, agrupada frente a la embajada, pasó en vigilia toda la noche. Miles de personas llegaron hasta la colonia Palmira y en la calle se acomodaron para acompañar al presidente. Tanto la policía como el ejército se replegaron despreocupándose de hacer efectiva la prohibición de circular que imperaba contra los ciudadanos. A las cinco de la mañana comenzó el desalojo. Cientos de bombras lacrimógenas fueron lanzadas contra los manifestantes quienes respondieron con piedras. Desde donde estoy, se escuchaban constantes detonaciones de armas; hasta el momento se reportan dos muertos y más de diez heridos de bala. El ejército ha rodeado la sede de la embajada brasileña y amenaza con ingresar para hacer efectiva la orden de captura del régimen. Si es así, sería el primer presidente que recibe dos golpes de estado en menos de 3 meses.

Los vecinos de la zona abrieron sus casas para refugiar a los manifestantes que huían de la represión. En el barrio Morazán, a un par de kilómetros de Palmira, varios vecinos dejaron entrar a manifestantes, solidarizándose con ellos, atendiendo sus heridas y dándoles agua. Sin embargo las habitaciones son pequeñas y no aguantan a tanta gente. La policía descargó sus lacrimógenas contras las casas afectando seriamente a los residentes. Varios reportes indican como la policía entró violentamente en una residencia lanzando lacrimógenas al interior y dejando en estado crítico a una recién nacida de apenas seis días.

Igual historia se repite en la colonia San Francisco, el barrio El Reparto y la colonia Hato de enmedio, colonias pobres de la periferia. En varias zonas de la ciudad se reportan enfrentamientos con la policía. La diferencia es, que en esta ocasión no son los miembros de la resistencia sino los pobladores que no soportan más ésta represión que está orientada a los que menos tienen. La resistencia intenta reagruparse en el centro de la ciudad, pero los retenes y los constantes desalojos harán sumamente difícil volver a concentrarnos. Sin embargo, las formas de resistir continúan. En la colonia Kennedy de Tegucigalpa, se organizó anoche un grupo de unas cuarenta personas que iniciaron una marcha que en pocos minutos llegó a ser de varios miles. Entre todos avanzaron hasta la posta policial y los obligaron a abandonar la zona. La colonia Kennedy se convierte con esto, en el primer barrio liberado de Tegucigalpa.

23 DE SEPTIEMBRE

Inicié esta nota mientras se acercaba el día dando fin a la oscura noche, una Honduras nueva estaba pronta a amanecer cargada de ansiedad y esperanza de lo que parece ser el clímax de la crisis como preludio de su fin. Lo cierto es que la dictadura ha despertado a un gigante y para volver a dormirlo tendrán que golpearlo con fuerza o morir. Los barrios y colonias de la ciudad se han silenciado por el momento, al final de la madrugada se escuchaban esporádicas detonaciones que llegaban desde una oscuridad amorfa, contrastando con lo que horas antes parecía ser una ciudad en combate. Nadie sabe lo que está pasando, nuestros canales han sido limitados, si bien hemos llenado cada espacio disponible.

Decenas de barrios y colonias se han levantado en contra de la dictadura enfrentando a la policía que no se ha dado abasto para controlar una barriada que siempre fue la pesadilla de la clase media y burguesa de este país. Los pobres, los más pobres de Honduras, han dicho basta y hacen oír su grito que contagia cada rincón de este caótico país.

Se ha extendido el toque de queda doce horas más y aún no hay un conteo confiable de las muertes en este desigual enfrentamiento. La información que nos llega es confusa. Da la impresión que cada barrio cuenta por lo menos con un mártir a manos de la policía. Los gritos y llamados de auxilio se mezclan con las ráfagas que nadie puede constatar. Por doquier, las noticias de los abusos policiales son desgarradoras. Los mercados y tiendas comunales han cerrado desabastecidos y la gente reclama comida, agua, dignidad. Si hemos de imaginarnos un escenario pre revolucionario para Honduras, este es.

El frente intenta convocar una marcha en las inmediaciones de la Universidad Pedagógica. La policía advirtió que no tolerará dicha concentración. Los blancos han convocado su propia marcha para reclamar a la ONU por la "injusticia" que comete al no reconocer sus "cualidades demócratas". El gobierno suspendió parcialmente el toque de queda para darles libertad de movimiento. Buscan aparentar ante el mundo una falsa realidad, porque saben que por la noche los enfrentamientos volverán a surgir.

En cadena de radio y televisión el canciller López Contreras dio una conferencia de prensa, en representación del "desaparecido" presidente Micheletti, anunciando el interés por un diálogo falso, pues no reconocen ni a la resistencia como fuerza política, ni a Zelaya como interlocutor.

—Estamos abiertos al diálogo —dijo López, subrayando que sería siempre y cuando Zelaya se entregue a la justicia, pero nunca como presidente. El anuncio de la reunión del Consejo de Seguridad de la ONU asustó al gobierno de facto que inmediatamente renunció a su plan de invadir la sede diplomática. Helicópteros militares sobrevuelan la zona estremeciendo las ventanas. La dictadura está cayendo pero sabemos que aún falta mucho sacrificio.

24 DE SEPTIEMBRE.

Anoche continuaron los disturbios en prácticamente todos los barrios de la capital: gritos, disparos, sirenas y explosiones fueron frecuentes, cubriendo la oscuridad de la noche con los sonidos de la guerra. Pero la resistencia no cede. Aprendiendo de nuestros errores y dispuestos al sacrificio, el pueblo sigue revelándose contra la dictadura y reclamando justicia.

La resistencia marchó nuevamente a pesar de la prohibición expresa del gobierno que amenazó con reprimir todo grupo de más de veinte personas. El centro de reunión nuevamente fue la Universidad Pedagógica. De los barrios y colonias de toda la ciudad bajaron grupos (algunos de veinte en veinte, otros de cien en cien, de mil en mil) que se juntaron, armando una enorme masa rebelde. Bajaron por la avenida Centroamérica hasta el boulevard Juan Pablo II, por la Alameda hasta Palmira.

A pocos metros de la casa de las Naciones Unidas un fuerte contingente militar bloqueó el camino de la marcha nuevamente. Como ha ocurrido en otras ocasiones, la dirección buscó negociar con la policía pidiéndole que permitan que la marcha circule hasta las Naciones Unidas. La policía avanzaba despacio, más despacio avanzaba la marcha. Luego de una hora, la gente se desesperó.

—Mucho habla esta gente —dijo un joven manifestante que, junto a miles, dio la vuelta cambiando su destino, esta vez en dirección al centro de la ciudad.

En general la gente está tensa y la violencia surge cada vez con mayor facilidad. El comité de disciplina hizo un gran esfuerzo por controlar cualquier provocación que pueda justificar la represión por parte de la policía.

A la altura del Parque Central, la policía reprimió la manifestación con la crueldad de siempre. Nuevamente los callejones traicioneros del casco histórico funcionaron como una trampa ante la desorganización de los manifestantes que corrían tratando de escapar de los cuerpos policiales que no daban tregua. La manifestación fue dispersada y los reclamos a la dirección comenzaron a escucharse con más fuerza. No se entiende, porque si se sabía que iba haber represión, que la gente estuviera sumamente indignada con los cuerpos represores, especialmente luego de lo que han sido estas noches de pesadillas. La dirección no pensó en cómo proteger a los manifestantes. Podrán decir mil veces que son infiltrados los que provocan la represión policial y a lo mejor en gran medida lo son, pero eso es desconocer la rabia que habita en todos nosotros, que estamos cansados de una represión que no respeta la dignidad humana, nuestras casas y nuestros cuerpos. Tambien es desconocer que, a pesar del cariño que le tenemos a los compañeros y compañeras que les ha tocado jugar el papel de dirigentes, no han sabido orientarnos en esta lucha, porque siguen mandándonos al matadero.

Poco a poco la resistencia está cambiando, surgen estrategias nuevas, transformando igualmente la lucha. Hoy los barrios estarán en resistencia y el llamado es a crear barricadas en cada calle boicoteando la marcha del gobierno que suspendió el toque de queda para obligar a los trabajadores públicos a asistir a su llamado. Las pandillas juveniles, la 18 y la Mara Salvatrucha, las barras deportivas, el lumpen, han asumido el llamado y han tomado partido por el pueblo confrontando directamente a la policía; después de todo compartimos el mismo enemigo.

No se reportan bajas por parte de la policía o el ejército en las incursiones en los barrios; sabemos que ha habido respuesta armada por parte de los residentes de algunos barrios de Comayagüela (29). Hay temor de violencia en la marcha de los blancos. Personas de la resistencia han anunciado que buscarán impedirla; el gran temor viene del propio ejército que busca usar la marcha "por la paz y la democracia" para justificar otra ola de agresión contra el pueblo. Reportes anuncian que es probable que hagan uso de paramilitares para atacar su propia marcha y causar una "masacre", haciendo ver a la resistencia como un grupo sanguinario y violento. Los blancos vienen armados y dispuestos a matar para defender su "democracia". A esta hora de la mañana quince camiones del ejército han llegado a Palmira, descargando hombres vestidos de civiles.

(29)En conversación con un compañero meses después del golpe, me contó la historia de una mujer residente del barrio El Centavo que se le acercó y le preguntó: "¿Recuerda aquel policía gordo que le decían Ferrari?" "¿Uno chele que era muy violento en la represión?" Preguntó a su vez mi compañero. "Ese, sí, jugaron pelota con su cabeza", dijo la mujer. Yo no tuve forma de saber si lo que le dijo era cierto o no, basta con que nunca más volví a ver al violento policía, a pesar de que siempre lo busqué.

Grandes contingentes militares y policiales de todo el país están siendo movilizados a la ciudad capital para controlar el levantamiento popular. Con ello dejan solas las aldeas y a disposición de las organizaciones de resistencia locales, que han anunciado tomarlas y declararlas "liberadas". La bestia se mueve y la resistencia golpea en los flancos que esta deja descubiertos.

25 DE SEPTIEMBRE

Ayer fue una jornada larga, muchas cosas pasaron y trato de comprender plenamente las consecuencias del día. Los temores que surgieron al rededor de la marcha de los blancos al final no se concretizaron y la mañana transcurrió sin grandes acontecimientos.

Voy a describir la marcha de los blancos. Llegaron en buses hasta las inmediaciones del barrio Palmira, conformando un aproximado de cinco mil personas. Esta vez y como siempre el ejército y la policía les daba seguridad luego de la amenaza de algunos miembros de la resistencia de intentar boicotear la marcha. La mezcla acostumbrada: mujeres y hombres de las clases altas que estacionaron sus lujosos carros a media cuadra de la concentración, veteranos de guerra y reservistas del ejército, empleados públicos, en su mayoría de la Alcaldía, hombres y mujeres pobres de los que creen plenamente en lo que la burguesía llama democracia. Se reunieron frente a la casa de las Naciones Unidas reclamando al mundo respeto a sus posturas irrespetuosas. ¡Dignidad! gritaba una elegante señora. El mejor melista es el melista muerto, gritaba otro que parecía haber sido elemento del ejército.

Luego se movilizaron hasta la embajada brasileña en donde el ejército les bloqueó el acceso a una cuadra y giraron hasta la embajada americana. Las consignas eran las mismas de la resistencia, pero al revés: "Pueblo, únete", "el que no salte es melista", "sacaremos ese burro de la embajada", etc. Sus carteles, a diferencias de las marchas anteriores, lucían pobres y descoloridos. Hechos a mano, sin el acostumbrado trabajo gráfico. Entre lo que más me llamó la atención fue una bandera israelí que ondeaba entre las manos de los marchantes como agradecimiento por el apoyo brindado a la democracia hondureña. Y tienen razón de agradecerles: las armas utilizadas en las últimas manifestaciones, el *screamer*, los químicos y el entrenamiento provienen del ejército israelí.

Como no pasaba nada en la marcha de apoyo al régimen, decidí moverme a la toma que la resistencia había organizado a alturas de la Universidad Autónoma. Cuando llegamos vimos cinco camiones del ejército y sus respectivos elementos.los soldados cansados, acostados en sus escudos o sentados en sus cascos en frente de los restaurantes de comida rápida; sin mucha ganas de involucrarse en un enfrentamiento con los manifestantes. Cincuenta metros arriba, unos mil jóvenes, en su mayoría de los barrios aledaños, esperaban impacientes, preparados con piedras, agua y palos para dar la batalla que para su decepción y alivio, nunca se dio.

Ayer fue un día de reuniones. La primera que circuló en los medios fue la del arzobispo de Tegucigalpa, Juan José Pineda, en representación del cardenal Rodríguez con el presidente Zelaya. Luego los cuatro candidatos de la oligarquía se vieron con Roberto Micheletti. Yo nunca había entrado a la sala de prensa de la casa de gobierno. No es muy cómoda y me pareció interesante que en la televisión hubiera un programa de tiburones para entretener a los periodistas. Después de varias horas de espera llegaron los candidatos y mal leyeron un comunicado que decía lo mismo de siempre: los candidatos apoyan el diálogo para resolver la crisis actual y que las elecciones se den en las mejores condiciones, que las elecciones deben hacerse por respeto a la voluntad popular, que las elecciones son la salida a la crisis, que las elecciones y más elecciones.

Un par de detalles interesantes de la conferencia de prensa: Felícito Ávila, luego de hablar de su voluntad al dialogo, dijo que para seguridad del pueblo hondureño era necesario terminar con las acciones violentas, en clara referencia a las tomas de la resistencia. Su tono era amenazante y dio la impresión que la oferta que dan a la resistencia era simple: o aceptan las elecciones y dejan de hablar de restitución; dejan las tomas y marchas o la represión será más fuerte.

Carol Cabrera, periodista conocida en la farándula nacional por su afilada lengua y poco respeto para la persona del presidente Zelaya, quien ahora parece trabajar para el noticiero de la televisión nacional de Honduras, ingenuamente hizo una de las tres preguntas de la prensa nacional para saber si los candidatos no temían por su seguridad al ingresar en la embajada brasileña, en donde planeaban reunirse con Zelaya. Dio la impresión que Cabrera no se ha tomado un momento para caminar por la zona y ver que el ejército tiene total control del acceso a las avenidas de la embajada.

Finalmente y en lo que fue la última pregunta de la prensa internacional, que por no ser controlada por el gobierno parecía ser más inteligente, un periodista le pidió a los candidatos ser claros en sus posturas.

—Dígame, ¿Aceptan o no la restitución de Zelaya a la presidencia? El micrófono brincó de un candidato al otro como papa caliente y finalmente cayó en manos de Elvin Santos, quien no pudo arrojarlo al estacionamiento.

—Nuestro compromiso es con las elecciones —dijo Santos, y los periodistas preguntaban sí o no a la restitución.

—Las elecciones —repitió, y las risas de burla comenzaron a asomar entre los comunicadores.

Finalmente, Ávila respondió que no, Martínez gritó que su compromiso era con la constitución y Lobo, quien parecía ser el único con cierta lucidez entre los candidatos, dijo que asumirían el plan San José y si eso significaba que Zelaya sería restituido, ellos lo aceptaban.

Enseguida los candidatos se trasladaron a la embajada para reunirse con Zelaya. Las fotos muestran los abrazos hipócritas y los fríos apretones de manos. El que más impacto produjo fue el de Zelaya con Elvin Santos, quien horas antes pidió al presidente que se fuera del país por el bien de todos, y quien días antes lo denunciara por querer conspirar contra su vida. Hoy lo abrazaba y su abrazo recordó a muchos el beso de Judas.

Los candidatos en general permanecieron con la misma postura, a diferencia de Santos que, según denunció Zelaya en Radio Globo, adentro dijo aceptar la restitución como canal para la solución de la crisis mientras que afuera, frente a las cámaras de televisión, dijo que no la aceptaba.

—¿A qué está usted jugando? —le dijo Zelaya—, sea claro.

¿Y a qué estamos jugando ahora? La noticia de la reunión del Consejo de Seguridad y la amenaza del recrudecimiento de las sanciones que podría incluso llevar a una invasión multilateral ha asustado a la casta gobernante. Las reuniones, en éste sentido, pueden ser para ablandar las posturas en el consejo de seguridad y ganar tiempo. Por un lado hablan de una voluntad para el diálogo mientras en los barrios la represión militar continúa contra los miembros de la resistencia y la población en general, amenazando incluso con recrudecerlas.

Mientras Santos reconoce, finalmente, que la mitad de los hondureños está con la resistencia. Personalmente creo es más, pero reconociendo que hace un par de semanas decían que éramos sólo un diez por ciento, el que ahora diga que somos la mitad es un avance. Sin embargo desconoce a la resistencia como un elemento fundamental para el diálogo y exige, en tono amenazante, que se reconozca a las elecciones como única salida a la crisis y se niega a hablar de la restitución. Hablan del acuerdo de San José, pero parece que hablan de acuerdos distintos. Hablan de diálogo, pero realmente hablan de castigo.

El gran temor de la resistencia gira ahora en torno a esas reuniones que se realizan a puerta cerrada. ¿Será capaz ahora Zelaya de traicionarnos? Es una pregunta legítima de un pueblo que muchas veces ha vivido la traición de su dirigencia. Esa posibilidad se aleja en la medida que el régimen sigue hostigándolo.

En estos momentos estoy conversando con alguien que se encuentra en el interior de la embajada brasileña y dice que los están atacando con químicos. Más tarde supe del revuelo que causaron dos incidentes que hicieron temer una agresión del ejército a la embajada. El primero fue el rumor de que los militares hicieron uso de equipo subsónico, lo cual no pudo ser verificado. En el segundo, incidente se presentó una intoxicación por gases venenosos (cuya naturaleza no fue confirmada), los cuales proporcionaron al personal que acompaña a Zelaya sangrado de las vías respiratorias y urinarias, vomito y dolor de cabeza, entre otros síntomas. Horas después todo volvió a la normal tensión dentro de la embajada.

27 DE SEPTIEMBRE

Cada vez que enterramos un mártir algo de nosotros muere, un pedazo hermoso de todos se pierde para siempre. Wendy Ávila era estudiante de Derecho de la Universidad Tecnológica de Honduras. En algún momento habremos cruzado miradas en los fríos pasillos de la facultad, habremos sonreído para escapar de los comentarios fascistas del resto del estudiantado, que viven encerrados en su burbuja sin entender que el mundo se extiende más allá de los jardines del campus. Seguramente al igual que muchos, guardó silencio ante la hostilidad del ambiente que nos condena a vernos minoría cuando no lo somos. Pero siempre fue firme, contundente con su voluntad, porque estaba segura que luchaba por un mejor país.

Wendy tenía 24 años y junto con su compañero se vinculó de lleno en la resistencia desde el primer día de esta agotadora pesadilla. Cuando la conocí hacía su trámite migratorio para pasar al lado de Ocotal, Nicaragua, desde donde Zelaya llamó a sus seguidores a mediados de julio. Venían cansados y emocionados, habían dejado la motocicleta varios kilómetros atrás y caminaron por muchas horas hasta lograr la osadía de llegar a la frontera de Las Manos.

—Venimos hasta aquí porque estamos dispuestos a darlo todo por el retorno a la democracia —me dijo con voz firme—, no podemos permitir que nos quiten lo poco que hemos logrado en Honduras. Se alejó tomada de la mano de su esposo y cruzaron la frontera.

Hoy la vi nuevamente. Su cuerpo en el podium del auditorio en el salón del **STIBYS** parecía tan distinto del de aquella joven llena de vida que grabara con mi cámara semanas antes. Su muerte fue causada por complicaciones respiratorias a causa de los gases lacrimógenos lanzados durante el violento desalojo del pasado martes. Se suma a la larga lista de hombres y mujeres víctimas de la barbarie fascista del desgobierno de Micheletti. Su martirio, a la vez, me recuerda que la gente que muere es gente como yo.

Ayer, en horas de la tarde, murió asesinado a manos de sicarios el sobrino de Alejandro Villatoro, propietario de Radio Globo. La policía dijo que fue una muerte provocada por el crimen común, no mencionan que éste se ha convertido en un brazo más del régimen.

Anoche en cadena de radio y televisión el des-gobierno lanzó un ultimátum de 10 días para que Brasil "aclare" el estatus migratorio de Manuel Zelaya. Sus palabras fueron amenazadoras, parecía más una advertencia para Zelaya que para el presidente brasileño Lula da Silva. La Cancillería sabe que Brasil no puede responder a su ultimátum, este gobierno no es reconocido por un solo país del continente y responder a su advertencia es un reconocimiento tácito del mismo. Pero están creando las condiciones nacionales para que los medios golpistas le encubran una eventual agresión a la sede diplomática con el pretexto de que, al no responder a dicho ultimátum, el estatus diplomático del edificio habría desaparecido.

De igual manera, el ejecutivo ayer aprobó un decreto apretando aún más las restricciones sobre el pueblo hondureño. La libertad de movilización, asociación, la huelga, el paro, las protestas que han sido siempre reprimidas, ahora pretenden encontrar un marco legal que le permita al régimen encarcelar a los infractores del ilegal decreto. Lo más delicado, en todo caso, es la posibilidad de cierre de los medios de comunicación voceros de la resistencia: Radio Globo y Canal 36, dos medios que llevan tres meses recibiendo agresiones y amenazas.

¿Cómo conjugan estas dos acciones, el ultimátum y el decreto mordaza? Sacando del aire a los medios de comunicación que hasta el momento han servido como enlace entre las distintas acciones de la resistencia, especialmente necesaris ahora que las mismas se han dispersado a todo lo largo y ancho de la capital, le permitiría al régimen el espacio necesario para impedir que Zelaya se comunique con su pueblo, haciéndolo un prisionero dentro de la sede diplomática, descabezando de esta manera a la resistencia. Por otro lado, podría permitirle ingresar violentamente a la sede diplomática sin tener una respuesta inmediata de los distintos focos de resistencia del país.

Pero la dictadura y sus caros asesores israelitas podrían estar cometiendo una vez más un error de apreciación de la resistencia. Si bien Zelaya y su cautiverio en la embajada brasileña es en la actualidad, el epicentro de la crisis política que vive el país, es mentira que sacándolo del escenario (por medio de la cárcel o por medio de la muerte), van a lograr desmovilizar al pueblo. Zelaya ha convocado a un paro nacional y a movilizaciones de todo el país hacia la capital. Seguramente su llamado tendrá eco entre la resistencia aunque seguramente la represión intentará impedir las acciones. Una cosa debe quedar clara, la única razón por la que la resistencia se mantiene dentro de la estrategia no violenta es por el llamado del presidente Zelaya. Sacarlo de la escena política será la chispa que el pueblo necesita para prender en llama cada rincón de éste país.

La dirigencia está cansada y no se atreven a dar el paso a seguir dentro de la lucha hondureña. Las condiciones están dadas, con o sin la dirigencia, con o sin Manuel Zelaya, para iniciar la insurrección popular. La generalización de la represión por parte del régimen no es sino respuesta y causa de la insurrección. En esta lucha cada calle se convertirá en una trinchera a defender.

—¡Tenemos las armas! —decía una señora hoy frente al cuerpo de Wendy Ávila—, ¡permítannos usarlas para defendernos! –concluyó.

Si Manuel Zelaya desaparece, nadie necesitará pedir permiso.

28 DE SEPTIEMBRE

Esta mañana nuestras casas amanecieron en silencio, el silencio de la radio que nos calla. Escuchar cómo entraban los militares rompiendo los portones de Radio Globo, para luego cortar la transmisión del "Jeje de jefes", fue como ver morira a alguien querido. Dejamos la radio con la señal muerta esperando volver a escuchar la voz de los locutores que, a noventa días ya forman parte de todos nosotros, pero estamos seguros de que pasará algún tiempo antes de volver a oírlos. Desde hace 3 meses, el régimen ha tenido la intención de cerrar los medios de comunicación que jugaron el importante papel de enlace con la resistencia desde el golpe de Estado del 28 de junio. Múltiples intentos fueron perpetrados por los sanguinarios golpistas, pero la habilidad, el ingenio y el valor admirable de los comunicadores lograron sobreponerse al terror y seguir adelante. Ahora bien, ¿si siempre ha sido esa su intención, qué hace de ahora un momento importante como para ejecutar dichas acciones? Los mismos medios de comunicación golpistas denuncian ahora la represión, el cierre de medios y el ilegal decreto presidencial; ven las nuevas acciones del régimen como muestra clara de que algo ha cambiado en la cúpula asaltante.

En *La Tribuna*, en su sección de las pildoritas se lee: "A tres meses del derrocamiento de Mel Zelaya, Honduras es un verdadero "pandemónium"... Las especulaciones y el aislamiento están a la orden del día. Y, por si fuera poco, desde la propia TV oficial se hacen anuncios desconcertantes... Le han ordenado a una nueva presentadora que diga que si el 27 de enero no hay presidente electo, que Micheletti se quede por dos años más..."

Esto puede representar una ruptura en el interior de la clase dominante que ejecutó el golpe de Estado, y que ahora ve que la bestia que liberaron se ha salido de control. Algunos analistas hablan incluso del interés, en algún sector de la oligarquía, por convocar y controlar una Asamblea Nacional Constituyente como salida a la crisis. Pero para eso necesitan desmovilizarnos y eso únicamente se puede lograrse por la fuerza.

Cerrar Radio Globo es sólo el primer paso de una operación que parece ser más compleja. Seguramente seguirá canal 36, Radio Uno, Radio Progreso, *El Libertador*, Canal 11, diario *El Tiempo*, Radio Gualcho, las radios lencas de Occidente, las radios garifunas de la costa y todo medio de comunicación que pueda ser visto como un peligro para la dictadura y su proyecto de dominación. Luego buscarán silenciar los medios electrónicos y no descarto que nos desconecten Internet y la señal celular como última medida. Definitivamente la represión aumentará. Las marchas convocadas para el día de hoy, así como el paro general, serán objeto de violencia y debemos prepararnos para el asesinato de más compañeros.

El desalojo de los compañeros que mantienen tomadas las instalaciones del Instituto Nacional Agrario (INA) es inminente y probablemente aumentará el hostigamiento sobre la embajada. Estas acciones tendrán una respuesta inmediata en los barrios y colonias que nuevamente arderán en rebelión.

El gobierno ha lanzado la información de que espera combates contra unas supuestas tropas especiales venezolanas que han entrado al país y buscarán sumarse a la "ofensiva final" de la resistencia que no es sino esta semana. Para ellos el pueblo entero en resistencia son tropas especiales venezolanas puesto que hasta la fecha niegan nuestra nacionalidad. Esa puede ser la justificación para reprimir militarmente las bases populares y desatar el terror en sus más escalofriantes niveles. La dictadura nos exige replantear nuestra estrategia: ser creativos y valientes. El final del régimen está cerca. Golpear salvajemente es la última alternativa que le queda al gorilismo.

30 DE SEPTIEMBRE

Finalmente se concretó la orden de desalojo sobre los compañeros del INA. Más de mil elementos militares y policiales llegaron esta mañana para romper los portones del edificio y capturar a los 70 compañeros y compañeras que desde hace más de tres meses tomaron las instalaciones del Instituto Nacional Agrario en todo el país. La fiscalía busca acusarlos de sedición, al igual que a los demás compañeros que guardan prisión en las distintas cárceles de Honduras.

Nuestras casas siguen silenciadas, nos rehusamos a sintonizar las radios golpistas que repiten las mismas mentiras y preferimos que continúen silenciadas. El golpe inferido a la resistencia con el cierre de sus medios de comunicación fue grande, desesperados buscamos información en los canales convencionales y nadie dice algo de la realidad del país. Da la impresión que nunca hemos existido y, como repite irónicamente Radio Globo por Internet, parafraseando al colectivo de Radio Progreso "aquí no pasa nada" (30).

La farsa de la funcionalidad de las instituciones del país se ha hecho evidente esta semana cuando el Congreso Nacional solicitó al ejecutivo derogar el decreto del estado de sitio. El dictador hace la patarata y asegura que hará las consultas respectivas con la Corte Suprema y el Tribunal Electoral. Mientras ellos conversan amenamente sobre lo que es o no el dicho decreto, siguen sembrando el terror por todos los rincones del país buscando la paz fría del cementerio.

Las dos últimas marchas han sido frustradas por la policía, que desde tempranas horas se ha hecho presente en el lugar de la convocatoria, cercando e intimidando a los manifestantes. Como es lógico, aquellos que llegan para la marcha al ver el operativo policial deciden seguir de largo y rogar porque nada le pase a los compañeros y compañeras.

—Es que, aunque no les tenemos miedo, estamos cansados de que nos golpeen —me dijo una maestra cuando le pregunté por la poca presencia de gente en las marchas. A mediodía hay tantos policías como manifestantes.

La dirigencia discute las estrategias a seguir a partir de los nuevos obstáculos que nos ha puesto el desgobierno y, aunque las luces que mandan a los barrios y aldeas indican que la lucha pacífica debe pasar a una etapa de autodefensa civil, nadie se atreve a dar el primer paso. Ni siquiera el presidente Zelaya se atreve, quien sigue

(30) Uno de los programas más populares que surgió durante este período fue "Noti-nada". Revista satírica producida por Radio Progreso y cuyo eslogan dice: "Desde el país, donde no pasa nada".

llamando a la acción de resistencia pacífica en una dictadura cada vez más sanguinaria.

Adolfo Facussé ha presentado una propuesta para solventar la crisis que ignora plenamente las demandas populares de la resistencia. Habla de la restitución de Zelaya a la presidencia, sin poderes y capacidades, con un gabinete nombrado por los grupos de poder y con un Congreso Nacional crecido en un rol de inspector permanente sobre el ejecutivo. A la vez (en su propuesta) daría inicio el juicio político contra Zelaya y, lo más seguro, dadas las características de la Corte Suprema: la cárcel. Micheletti tendría una diputación vitalicia, con lo cual se convertiría en el perro guardián de la oligarquía, pendiente de las acciones de los nuevos gobernantes, dispuesto siempre a sacrificarse como presidente y líder de nuevos golpes de Estado.

—Zelaya se fue a la izquierda —dijo el dictador en una entrevista a el diario argentino *Clarín*—, puso toda gente comunista, nos preocupó y eso encierra la verdadera razón que motivó el golpe de Estado.

La propuesta de Facussé muestra el descontento de la empresa privada con la crisis, buscan una salida en la cual se presenten como víctimas a la vez que ganadores. Comenten el error nuevamente y, por lo tanto, están condenados al fracaso al ignorar las necesidades y demandas de los sectores populares. Su arrogancia burguesa no les permite ver que el Consejo Hondureño de la Empresa Privada, COHEP, y la Asociación Nacional de Industriales, ANDI, no son el pueblo.

1 DE OCTUBRE

Octubre ha llegado y con él se fue la posibilidad de una pronta solución a la crisis actual. A estas alturas, aunque vuelva Zelaya a la presidencia, la resistencia no podrá aceptar el plan San José en la medida que las elecciones, tan llevadas y traídas por la dictadura como solución al conflicto, no den garantía de transparencia e igualdad de circunstancias a nuestros candidatos, que durante más de tres meses han luchado junto al pueblo por sus derechos políticos. La restitución del presidente Zelaya en estas condiciones no hará sino jugar el juego de los grupos oligarcas que financian y mantienen el régimen fascista de Micheletti. La maquinaria electoral está cerrada y los resultados más o menos definidos. En este acuerdo con el Partido Nacional, que bajo la dirección de Ricardo Álvarez resultó clave para la ejecución del golpe de Estado, Pepe Lobo se perfila como ganador. Seguramente harán aparecer en los resultados cientos de miles de votos de hondureños y hondureñas que rechazamos la farsa electoral, seguramente están negociando el reconocimiento internacional por parte de los gobiernos de derecha del continente, los que desde ya han dado aviso de simpatía para el régimen y, seguramente, porque de otra forma no será posible, harán uso de toda la estructura represiva en contra de los sectores populares para consolidar la transición de gobierno.

La dictadura y la resistencia tienen claro que lo único que podrá solucionar la profunda división entre los distintos sectores del país es una asamblea nacional constituyente, popular y democrática, en donde se consensúe un nuevo proyecto de nación que garantice condiciones reales para una verdadera democracia en busca de un desarrollo de todos y no únicamente de la pequeña clase que ha manejado el país como su propiedad privada.

Sin embargo, la oligarquía busca obstaculizar desde ya esa lucha. No es casual que, acompañado por el decreto de estado de sitio impuesto el pasado domingo por la dictadura, con el único fin de desmovilizar la resistencia y aislar al presidente Zelaya de su pueblo, venga el plan de Facussé: una propuesta que resulta una burla para las organizaciones populares y para el mismo presidente Zelaya pues propone, entre otras cosas, la creación de la figura de diputado vitalicio para Micheletti (cual remedo patético de la auto decretada Senadora vitalicia de Pinochet) y la restitución "temporal" de Manuel Zelaya a la presidencia, "por unos quince minutos", con el compromiso de delegar el poder a otra persona que seguramente será nombrada por la casta dominante y quien, a su vez, definiría el nuevo gabinete. Dentro de las ridiculeces propuestas por Facussé, en un intento desesperado por recuperar su visa mericana, sin perder el control del estado-botín que tanto defiende, lavando el golpe de Estado, asegurándose el reconocimiento internacional para las elecciones del próximo noviembre, está el llamado para una fuerza militar internacional compuesta por gobiernos de derecha: Canadá, Colombia y Panamá. Esta última propuesta, aparte de ridícula, pues hace creer que en Honduras existe igualdad de fuerza militar o que la resistencia es un peligro para las Fuerzas Armadas y la Policía, busca al final trasladar el costo de la ocupación nacional a los países "amigos" del régimen. Honduras ya es un país ocupado, para convencerse basta recorrer la ciudad, sus mercados y en especial sus barrios en donde los operativos de patrullaje son frecuentes o asistir a una de las marchas en donde, cercados por elementos policiales y militares, impiden cualquier movimiento de la resistencia.

Los costos de esa ocupación militar han sido cubiertos por la clase dominante, más uno que otro desinteresado aporte de la ultraderecha internacional y grupos económicos ligados a intereses oscuros dentro de la región. No es lo mismo la solicitud de una fuerza internacional hecha por Facussé, a la otra solicitud, en la cual sectores de la resistencia llaman a la presencia de los cascos azules de la ONU ante su indefensión frente a un ejército capacitado, entrenado y dispuesto a torturar y reprimir a la población desarmada.

Pasando al tema de la censura, en la actualidad resulta sumamente imposible encontrar información sobre lo que pasa en el país. Luego del cierre de los medios de comunicación de la resistencia, Radio Globo y Canal 36, nos hemos visto forzados a utilizar internet. Sólo el día de ayer la página de radioglobohonduras.com anunciaba cerca de medio millón de escuchas alrededor del mundo, más de cien mil a nivel nacional, atentos a los mensajes difundidos por los locutores que desde una semiclandestinidad siguen burlando la censura para sacar información sobre lo que pasa en Honduras. A la página de Radio Globo se han sumado blogs, chats y otras páginas solidarias que han puesto su plataforma a disposición de la resistencia y en contra de la violación del derecho del pueblo hondureño a saber lo que pasa en su propio país.

Pero Internet no es suficiente. No hemos logrado burlar el cerco del latifundio mediático en las nuevas circunstancias y llegar a la población en general, a los barrios, a las aldeas, a todos aquellos hondureños y hondureñas que al igual que nosotros tiene derecho de conocer la verdad que vivimos. Esa es una tarea pendiente. La prensa escrita, radioemisoras y los canales de televisión de la oligarquía han comenzado a hablar de la crisis, pero repiten una y otra vez que el conflicto está llegando a su fin, que la resistencia se ha calmado y el mundo entero está recapacitando en su postura "injusta e intransigente" de condenar su sucesión constitucional.

Hace cerca de dos meses escuché la transmisión clandestina de radio Morazán Vive en la 90.1 FM. No he vuelto a saber nada de ellos, si en la actualidad siguen transmitiendo. Sin embargo, ante el monocultivo ideológico que pretende sembrar la dictadura, no sólo es una necesidad, sino una urgencia, comenzar la lucha de resistencia en el plano las frecuencias radiofónicas. Ellos tienen las armas, pero la creatividad es nuestra.

3 DE OCTUBRE

Anoche fue velado el cuerpo sin vida del profesor Mario Contreras, subdirector del Instituto Abelardo Fortín, miembro del COPEMH y de la resistencia hondureña contra el golpe de Estado. Nuevamente su muerte coincide con el modus operandi de la dictadura. Fue atacado a disparos por desconocidos que pretendían, según reporte de la policía, robarle su celular. Esta explicación resulta insuficiente cuando el hermano del profesor Contreras nos manifiesta que en su cuerpo estaba el celular, la billetera y quinientos lempiras en efectivo, más una nota, de la cual no hace referencia el reporte policial y que deja un claro mensaje, mal escrito y a mano, con letra apresurada: "esto le pasará a todos los de la resistencia".

Este es un círculo vicioso, porque en la medida que las elecciones se avecinan, la represión del régimen se torna más feroz para evitar entorpecimientos de su fiesta cívica. En esa medida la resistencia buscará nuevas formas de continuar con la lucha, provocando más represión por parte del régimen. Ayer pude apreciar el primer acto de magia de la resistencia. Frente a mis ojos y tras los escudos sorprendidos de unos quinientos elementos policiales, pude ver cómo mil personas desaparecían.

Me explico. La concentración de la resistencia se realizó frente a la embajada americana hacia las 9 de la mañana. Cuando llegué había alrededor de trescientas personas y unos diez policías. El número de manifestantes creció hasta llegar a ser unos mil. Igual creció el número de antimotines. Media hora después de mi llegada la policía se formó a un lado de la calle con el ánimo de disolver la concentración. Los manifestantes iniciaron su caminata al centro de la ciudad no sin antes parar frente al retén militar que acordona la embajada de Brasil y gritar: "Mel, aguanta, que el pueblo se levanta". En ese momento salía una de las delegaciones que en secreto hacen su entrada a la cárcel diplomática de Manuel Zelaya, los manifestantes se acercaron brevemente rogándoles hacer algo para detener la represión en contra del pueblo. Los extranjeros, sorprendidos al verse rodeados por tanta gente, solo asentían repitiendo que eran solidarios con el pueblo hondureño. Un par de cuadras adelante la policía apresuró el paso para alcanzar a la marcha que aun seguía sumando gente y simpatizantes del mercado San Miguel. La policía echó a correr y la manifestación huyó para escapar de la segura golpiza.

Los taxistas y conductores de buses reclamaban la presencia de los manifestantes en las calles.

—¡Busquen trabajo! —les gritaban.

Los manifestantes no hacían sino bajar la cabeza y continuar su recorrido. Por otro lado, la gente de los mercados reclamaba por la persecución de la policía.

—Estamos jodidos —dijo una vendedora de tortillas viendo a los policías corretear a los manifestantes. —Ya no podemos caminar libremente en nuestro país sin que estos pendejos le caigan a uno a vergazos.

Cuando llegamos a la avenida Cervantes la manifestación se dividió. Una parte tomó hacia el centro de la ciudad, la otra hacia el distrito hotelero. La policía llegó hasta allí y momentáneamente dudaron de si seguir a una u otra marcha. Finalmente se decidieron por la que subía la cuesta del Hotel Honduras Maya, pues conducía nuevamente a la embajada de Brasil y comenzaron a correr.

La cuesta que baja del Honduras Maya es una cuesta empinada y la mayoría de los policías que andan reprimiendo parecen sacados de una caricatura de corruptos policías mexicanos. Están gordos y fuera de forma. Cuando llegaron a la mitad de la cuesta no pudieron seguir corriendo y comenzaron a caminar. Media cuadra adelante, a la altura del semáforo que lleva a la casa de las Naciones Unidas, a unas diez cuadras de la embajada de Brasil, la manifestación completa había desaparecido.

—¿A dónde putas se fueron todos? —preguntó el oficial a cargo de la delicada operación.

Llamaron al helicóptero que sobrevoló la zona por una hora buscando a los manifestantes. No los encontraron.

Poco a poco, cuando dejó de escucharse el traqueteo del helicóptero en el espacio aéreo, las puertas de las casas del centro y el barrio San Rafael comenzaron a abrirse, la gente salió en grupos de cinco, diez y veinte, para luego perderse entre los callejones de la capital.

En el Instituto Central Vicente Cáceres, el instituto de secundaria más grande del país, se llevó a cabo una asamblea de emergencia para conocer del "reparo fiscal" por 3 millones de lempiras que el profesor Roberto Ordóñez, director del instituto, está siendo procesado, por haber pagado los salarios de los maestros en paro. Micheletti llamó a Ordóñez traidor pues éste era candidato a diputado dentro de su planilla durante las elecciones internas y le molesta que esté ahora en el bando contrario. Hay una campaña montada para destruir al gremio magisterial, decía uno de los maestros en la asamblea, si el central cae, si Ordóñez va preso, caerá todo el magisterio y con él la resistencia. No podemos permitirlo, gritó y un fuerte aplauso llenó el salón de conferencias.

Paralelamente y en las instalaciones del colegio de profesores de secundaria, unos sesenta candidatos del Partido Liberal, entre alcaldes y diputados, realizaban una conferencia de prensa para informar que dada las circunstancias actuales que vivimos en el país, presentaban su renuncia a participar en las elecciones de noviembre hasta que el orden constitucional se restablezca.

Elvin Santos no ha reaccionado hasta el momento a la masiva deserción, sin embargo es claro que ésta profundiza la crisis del Partido Liberal que, para salvarse, busca arrastrar consigo al Partido Nacional, cuestionando la postura "poco clara" de Pepe Lobo, quien ha manifestado que está en condiciones de aceptar la restitución y la Asamblea Nacional Constituyente.

En la prensa nacional se confirma el rumor de la visita secreta que sostuvo Roberto Micheletti con el Secretario General de la OEA, José Miguel Insulsa. Dicha reunión no hace sino sumarse a las muchas que se realizan negociando un final de la crisis y el reconocimiento internacional de las elecciones. Hoy se cumplen 217 años del nacimiento de Francisco Morazán, general para los militares y ejemplo de humanismo para la resistencia. Hoy también se conmemora el día del Soldado Hondureño, mancillando de esta manera la fiesta del natalicio del unionista. La resistencia ha convocado a una concentración en el campo de fútbol de la colonia El Pedregal, bastión popular de la lucha. Se espera, como ha sucedido toda esta semana, que la policía y el ejército se hagan presentes para reprimir al pueblo como tanto disfrutan hacerlo. Sin embargo el comité de la colonia ha dejado claro que harán frente a la represión.

—Estamos preparados para recibirlos —dijo un habitante de la colonia. De esa forma, tanto soldados como pueblo piensan celebrar el cumpleaños de Morazán, de la forma que consideran apropiada.

7 DE OCTUBRE

Finalmente llegó la delegación de la OEA después de un accidentado intento y varios retrasos maliciosos por parte del régimen de facto. Viene, como un esfuerzo más de la comunidad internacional, para abrir los canales del tan traído y llevado diálogo nacional. Las expectativas son altas, todos queremos que la crisis se resuelva y que de estas semanas de lucha y sacrificio nazca una Honduras más democrática y tolerante. Pero la experiencia de estos tres meses nos obliga a desconfiar del desgobierno que no da indicios de querer una solución. La oligarquía y sus lacayos siguen ignorando la raíz del descontento que ha paralizado al país por más de cien días y desprecian a la resistencia como interlocutor.

Ellos (el des-gobierno) han puesto la agenda, dieron la fecha, el lugar y han distribuído las invitaciones cual únicos dueños del país. En estas circunstancias cualquier negociación está condenada al fracaso. Elvin Santos recordó a la prensa que toda solución debe darse "enmarcada en la ley hondureña", entiéndase SU ley; la misma que han cambiado y trastocado a su antojo y conveniencia. Santos y su candidatura son prueba de ello (31) . Con estas palabras el régimen busca ridiculizar a la comunidad internacional, porque nada podrá salir de una mesa condicionada a "las leyes hondureñas", pues son

(31)*Según la reforma constitucional aprobada durante la administración de Maduro, el vicepresidente está impedido a ser candidato presidencial, al igual que el Presidente del Congreso Nacional. Ambas prohibiciones fueron levantadas maliciosamente por la legislatura de Micheletti. Ambos, Santos y Micheletti, fueron los candidatos presidenciales en las elecciones internas del 2008.*

las mismas que han sancionado la militarización del país creando la ilusión de una Honduras en donde nadie más que ellos tiene el derecho a opinar.

El régimen busca sacar de la agenda el punto principal que podría llevar a una solución inmediata de la crisis: la restitución de Manuel Zelaya a la presidencia y la vuelta al orden democrático. Víctor Mesa, Secretario de Gobernación del depuesto gobierno, reclamó ante un auditorio lleno de representantes del golpismo, que no se le permitió hablar con el presidente Zelaya sino hasta una hora antes del inicio del "diálogo".

No ha habido apertura del cerco militar con que se mantiene al presidente Zelaya y este no ha podido comunicarse con sus colaboradores más cercanos, menos aún con su pueblo que sufre las consecuencias de la desinformación, el silencio y el miedo. Ellos pretenden, mediante este circo de "diálogo" y con una resistencia en clara desventaja pero no aniquilada, hacer lucir a Zelaya como el obstáculo para la solución y recoger de esta forma el apoyo internacional que tanto necesitan para sus elecciones oligárquicas de noviembre próximo. Mientras tanto, para todos nosotros, el decreto de estado de sitio sigue vigente, nuestras radios siguen fuera del aire y nuestras marchas siguen siendo reprimidas desproporcionadamente.

En el momento que la mesa del diálogo se abría en Tegucigalpa —a unos metros de distancia del lujoso hotel capitalino y a una cuadra de la embajada de Brasil—, la resistencia era reprimida nuevamente por la policía que, cuando se le recordó que el decreto de estado de sitio había sido recientemente derogado y que la marcha era legal, que la represión no debía darse y que el desgobierno hablaba de un interés por el diálogo, Molina, el vocero del cuerpo policial, justificó la orden argumentando que el decreto aún no había sido publicado en el diario oficial *La Gazeta*; por lo tanto la orden de reprimir todo grupo de más de veinte personas seguía firme. Micheletti argumentó en primeras horas de la mañana que la imprenta oficial del diario estaba dañada, por lo que no podía publicarse la derogación de dicho decreto. Agregó que los ministros que deben firmar están quien sabe dónde y nadie puede autorizar la publicación.

Los representantes de la dictadura reclaman las palabras de

apertura del secretario general de la OEA (previamente declarado persona non grata por el régimen de Micheletti) alegando que más que un diálogo, busca imponer "un monólogo" a los hondureños. Con esto demuestran su malicia, pues preparan el terreno mediático de lo que será la principal causa de muerte del "Diálogo Guaymuras". Porque tienen razón, estamos ante un monólogo, un circo fabricado por el des-gobierno para hacer creer al mundo que la resistencia no existe, y que "un pequeño grupo de maleantes seguidores del depuesto presidente".

El canciller de facto de Micheletti pidió ante la prensa que se desarme a los partidarios de Zelaya, quienes permanecen prisioneros en la embajada brasileña. No dice nada de los casi mil elementos militares, más las sofisticadas armas israelitas, no menciona tampoco que todos los muertos han sido miembros de la resistencia. Buscan crear la ilusión de igualdad de poder bélico entre una resistencia desarmada y pacífica y el régimen fascista quienes son los únicos que tienen armas en este conflicto.

—¿Por qué se reprimió la marcha de la resistencia esta mañana? —preguntó un periodista a López Contreras.

—No puedo responder a eso porque yo no estaba allí —fue su respuesta.

Es verdad, no estaba allí, porque las bombas lacrimógenas han sido creadas para los pobres.

10 DE OCTUBRE

Para comprender la reacción del pueblo hondureño al golpe de Estado del 28 de junio y su posterior lucha de resistencia, es necesario comprender el origen de la lucha popular en los últimos 30 años. Por esta razón, comprendiendo que la izquierda en Honduras no es un bloque único de demandas e identidades sino, por el contrario, una mezcla compleja de experiencias y aprendizajes que se han venido formando en el país desde hace décadas y encuentra hoy su clímax, hacemos un espacio para intentar comprender las características que formaron la estrategia de lucha de la resistencia en contra del golpe.

Desde la década de los sesenta y a partir de la experiencia que trajo la gran huelga de 1954 en contra del enclave bananero de la costa norte, la lucha pacífica ha sido el principal medio de las organizaciones populares para hacer valer sus demandas y lograr sus reivindicaciones. Para la izquierda hondureña, la guerra centroamericana de los 80 dejó una secuela de división, traición y desconfianza entre los actores sociales tradicionales que, a diferencia de los demás países de la región centroamericana no lograron acumular el movimiento de masas capaz de invertir la correlación de fuerza con la oligarquía dominante.

Hasta ese momento las organizaciones de vanguardia eran las asociaciones campesinas, obreras y estudiantiles, blanco principal de la doctrina de seguridad nacional. Si bien hubo intentos de llevar adelante la lucha armada revolucionaria, lo cierto es que nunca se concretizaron las condiciones materiales para que creciera efectivamente entre los sectores populares.

A principios de los 90 surge el Consejo Cívico de Organizaciones Populares Indígenas, COPINH, en el escenario político nacional con una enorme peregrinación a la capital en reclamo por mejora de sus condiciones de vida. De esa forma surgieron actores sociales nuevos que ampliaron las demandas incorporando la temática indígena, de género, gremiales, de derechos sexuales y reproductivos.

A finales de la década, luego de los desastres dejados por el huracán Mitch en noviembre de 1998, las organizaciones populares conceden un período de gracia de 2 años al gobierno de Flores Facussé "como aporte solidario al sacrificio que llevará la reconstrucción nacional". Dicha gracia facilitó la gobernabilidad en la administración, si bien se perdió nuevamente la oportunidad de renovar el plan de nación y la gran desigualdad existente entre los más pobres y los más ricos creció. Las organizaciones populares perdieron, a su vez, la oportunidad de forzar a la clase dominante a consultar con las organizaciones del pueblo el uso de los recursos de la reconstrucción post Mitch.

Es precisamente al final del gobierno de Carlos Flores que el problema de las pandillas juveniles se comienza a visualizar y con ello la incapacidad de respuesta a las demandas del pueblo en temas tan vitales como la seguridad, vivienda, salud, educación, desempleo y migración, entre otros. La clase dominante aprovechó la problemática para desviar la atención social de las precarias condiciones de vida de la mayoría de la población, ignorando a su vez la corrupción del gobierno; creó la ilusión social de que el combate a las pandillas en las zonas urbanas eliminaría, además, todos los problemas del país. La "mano dura" o "cero tolerancia" del gobierno de Maduro apeló al miedo y las organizaciones sociales cayeron en la dinámica oficial, ignorando en gran medida la práctica represiva de la policía y organizaciones paramilitares. Después de todo, se decía en esa época, incluso en el seno de las organizaciones sociales, que los muertos no eran sino jóvenes marginales y delincuentes.

Al llegar Manuel Zelaya a la presidencia, si bien los pandilleros habían desaparecido de la prensa considerablemente, lo cierto es que la promesa de paz y desarrollo había fracasado nuevamente. Las condiciones infrahumanas en los barrios populares, la corrupción de la clase gobernante, la violencia social, el hambre, el desempleo, la salud, seguían igual; demandas que el estado se mostraba incapaz de satisfacer e insistía en ignorar. Cerrando los ojos, el problema desaparece.

La organización de masas de los sectores populares siempre se caracterizó por ser reacción a las iniciativas oficiales. Si bien activa y en constante crecimiento, las distintas organizaciones populares permanecieron durante la década del 2000 fuertemente disgregadas; jamás necesitaron de recursos distintos a la lucha pacífica para hacerle frente a la represión porque para el sistema oligárquico nunca fueron un peligro real.

Cuando se vino el golpe de Estado y nos sorprendió a todos ese trauma que creíamos enterrado en los rincones oscuros de la historia del continente, el frente de resistencia hizo uso del recurso que había venido usando durante los últimos 30 años: la lucha no violenta la negociación, la apelación a la cordura de una clase que jamás ha estado interesada en consensuar ideas y proyectos.

La resistencia en contra del golpe de Estado comenzó marchando, porque marchar y gritar fue la forma como aprendimos a enfrentarnos al sistema. Nunca hicimos uso de estrategias alternativas a las pacíficas porque nunca las necesitamos. Hasta cuando la represión creció. Luego del retorno clandestino del presidente Zelaya al país, el escenario de la lucha de resistencia cambió considerablemente. La represión se extendió a los barrios y colonias de la ciudad de Tegucigalpa, porque la resistencia se replegó espontáneamente a un territorio más seguro.

Muchas de las personas que actualmente forman parte de la resistencia no están organizadas más allá de la resistencia misma, lo que impide a la dirección compartir una línea estratégica efectiva con todos los sectores involucrados. La dictadura reconoce esa realidad y para quebrar la resistencia impone primero el toque de queda prolongado, luego el estado de sitio, acompañado por el cierre de los medios de comunicación desarticulando de esta forma a la resistencia. Después del cierre de los medios de comunicación, el canal primordial para compartir estrategias con la resistencia no articulada, es la marcha. Por esa razón el ejército y la policía las reprimen fuertemente impidiendo que se desarrolle el programa de forma efectiva, rompiendo así la cadena.

Dos días después del cierre de Radio Globo, la mayor parte de la resistencia desconocía cuál sería el próximo lugar para concentrarse, de esa forma las se marchas fueron reduciendo en número. Veinte minutos después de concentrada la resistencia, en casi todo lugar en donde deciden realizar mítines, la policía la disuelve inmediatamente.

El aprendizaje de la resistencia también ha sido grande. Un ejemplo fue la marcha de ayer por la mañana, donde la convocatoria de la resistencia se hizo en Plaza Miraflores. Cuando la policía llegó al lugar y se preparó para dispersar la concentración, ésta ya había desaparecido. Poco a poco y en grupos pequeños la gente se fue dispersando confundiéndose con el resto de los transeúntes. Los antimotines se quedaron solos, perfectamente formados, pensando en si lanzar bombas al centro comercial nomás por diversión o volverse al cuartel. A un kilómetro del centro comercial, la resistencia se había reagrupado para reclamar frente al Hotel Clarión, donde se realiza la mesa de diálogo.

La resistencia llegó en pequeños grupos al Hotel Clarión. Dispersos por las cuadras adyacentes esperaban que más gente llegara para luego agruparse frente al *lobby* a gritar consignas contra el golpe de Estado. Tomó veinte minutos a los antimotines llegar al lugar; en cuanto se bajaron del camión se alinearon para reprimir a los manifestantes. Lanzaron gas y la resistencia nuevamente se dispersó entre las calles vecinas. La policía siguió un pequeño grupo de jóvenes que se replegaron hasta el Hospital Escuela, donde se mezclaron con los transeúntes que, confundidos, se preguntaban a quiénes seguían los cobras. Paralelamente, mientras los policías apagaban una llanta que ardía solitaria frente al Hospital Escuela, frente al Hotel Clarión la resistencia se había reagrupado, continuando la protesta. Los elementos represores regresaron corriendo para desalojar, nuevamente, a la resistencia. Lanzaron gas y agua desde una tanqueta y, al igual que en las dos ocasiones anteriores, la resistencia se dispersó por las calles aledañas. La policía los siguió pero no encontraron sino inocentes ciudadanos que, confundidos, reclamaban el tráfico provocado por los elementos policiales. El juego se repitió dos o tres veces más hasta que comenzó la lluvia.

Más allá de lo divertido que pueda resultar la escena, hay que resaltar el aprendizaje que la resistencia ha demostrado en las últimas marchas, en las cuales, por mucha buena voluntad que pueda tener la policía de reprimir con la saña acostumbrada, no han logrado capturar a nadie. De este juego del gato y el ratón, en el cual la policía muestra la falta de una táctica efectiva en contra de la protesta callejera de pequeños grupos con creciente capacidad de dispersión, la resistencia va aumentando su confianza para hacerle frente a los antimotines, inventando nuevas formas de hacer la lucha. Y es que resulta necesario aprender a hacerle frente a la represión del sistema, porque en la medida que los días avanzan, desaparecen las esperanzas de llegar a una solución mediada por la OEA, y todo indica que el régimen se pondrá más agresivo.

El famoso decreto presidencial del estado de sitio no ha sido derogado; se encuentra en un limbo jurídico. No podrá hacerse efectivo sino hasta que se publique y no se publicará porque tienen claro que el diálogo no va a avanzar y saben que lo van a necesitar nuevamente. Las organizaciones populares hondureñas nunca necesitaron aprender alternativas violentas pro revolucionaria. La lucha pacífica, hasta el momento ha sido la única opción. Pero eso no quiere decir que no haya capacidad de aprendizaje. En la medida que el régimen continúe cerrando las opciones y la represión recrudezca, la paz, la tan anhelada paz que dice buscar la dictadura, irá desapareciendo y los gritos libertarios de las cuadras y callejones, se sustituirán por estruendos que nos harán cuestionarnos cómo fue que llegamos a este punto.

12 DE OCTUBRE

La resistencia hondureña en contra del golpe de Estado continúa activa, si bien ha sido fuertemente golpeada con las últimas acciones del régimen. El decreto ejecutivo que declaró el estado de sitio a finales de septiembre sigue vigente pese al show mediático creado por la dictadura anunciando, días antes de la llegada de la comisión de la OEA y como supuesta muestra de buena voluntad para el diálogo, que había de derogarse el polémico decreto. Sin embargo, este nunca se publicó en el diario oficial *La Gaceta*, y tan pronto partió la comisión de cancilleres, se promulgó otro decreto reforzando la anterior mordaza, autorizando a CONATEL la suspensión definitiva de licencias para la explotación de las frecuencias de Radio Globo y Canal 36.

Así, las marchas siguen prohibidas, siempre que sean más de veinte personas. Cada acción del frente es duramente reprimida por la policía y el ejército que no dan tregua a los manifestantes. Nuestros medios continúan cerrados y Micheletti rechaza la petición de Insulza de mejorar las condiciones de vida del presidente Zelaya en la embajada brasileña. Los medios golpistas continúan presentando noticias en las que falsifican entrevistas con dirigentes del frente de resistencia quienes, según las supuestas notas, informan a la población que las acciones de la resistencia han terminado, que se separan por diferencias con Manuel Zelaya o que han decidido participar en las elecciones como única solución a la crisis.

Los medios dominantes realizan un esfuerzo enorme por crear la sensación de derrota en nuestra lucha y para mantener esa sensación deben tener al pueblo desinformado. Por eso resulta improbable que en un futuro cercano vuelvan al aire las frecuencias de la resistencia; sabemos el poder que tiene Radio Globo para levantarnos la moral. Conscientes de eso, las comunidades buscan crear alternativas a la desinformación: altoparlantes transmitiendo la señal de Radio Globo desde la red, mensajes por celular o el boca a boca que han sustituido a los medios masivos. Radio Gualcho, en el 1510 AM, se ha convertido en antena repetidora de la señal de Radio Globo y, como ella, muchas radios del interior. Sin embargo, sigue siendo insuficiente y disperso; cada actividad de resistencia se hace desconectada de las demás actividades alrededor del país.

Los barrios se han convertido en una especie de retaguardia de la movilizaciones de la resistencia, que han encontrado en las comunidades el espacio un poco más seguro, donde la policía y los militares temen entrar. Las concentraciones de El Pedregal, La Kennedy y El Hato han logrado acumular un buen número de manifestantes. A diferencia de las que se realizan en las avenidas comerciales, la represión policial es menos efectiva pese a la presencia armada de los antimotines.

Las conversaciones entre las comisiones continúan sin lograr un acuerdo alrededor del punto 6 del plan San José: la restitución de Zelaya en la presidencia sigue siendo el centro de la polémica. Ambos bandos han manifestado que no piensan cambiar su postura.

—Mel Zelaya no volverá a la presidencia —dijo Micheletti frente a los cancilleres de la OEA e insistió que fue suplantado legalmente. Lo más que puede aceptar es una tercera persona que, claro está, ellos escogerían. Juan Barahona, líder de la resistencia, entregó un detallado informe a la asamblea de ayer domingo, en el cual dio a conocer los pormenores de las conversaciones y manifestó su desconfianza en cuanto a la voluntad del régimen de dejar el poder.

—Están buscando ganar tiempo —dijo—, su proyecto es llegar a las elecciones a costa de lo que sea y si estas no se dan, pretenden quedarse en el poder todo el tiempo que puedan. El costo de las elecciones puede ser muy alto para la dictadura. La resistencia asegura que no las reconocerá y hará lo que sea necesario para evitar que transcurran. Previniendo eso, el Congreso Nacional ha endurecido las penas a los delitos electorales.

La Secretaría de Educación ha clausurado el año académico a partir del próximo 15 de octubre, seis semanas antes de las elecciones el 29 de noviembre, con la intención de desmovilizar al gremio magisterial, al que no lograron doblegar con la persecución y la intensa campaña de desprestigio en contra de los maestros. El magisterio, por su parte, desconoce la autoridad de la Secretaría de Educación y avisa que continuarán en clases hasta el 17 de diciembre. Ante la posición del magisterio de no suspender las clases, la convocatoria del frente de no reconocer las elecciones de noviembre y el desesperado proyecto de la dictadura, solo hay un camino posible: la violencia. El gobierno necesitará militarizar las escuelas y colegios de todo el país para asegurar las urnas. La resistencia confrontará dicha militarización con acciones de boicot, ante las cuales la dictadura sólo podrá hacer frente con la continuación del estado de sitio. Éste a su vez, minará el terreno de la campaña electoral, complicando aún más el panorama del proyecto de la oligarquía que, conforme pasa el tiempo, muerde su propia cola.

13 DE OCTUBRE

Como se había anunciado el pasado domingo en la asamblea del Frente Popular en Contra del Golpe de Estado, Juan Barahona salió de la mesa del diálogo instaurado desde la semana pasada en el Hotel Clarión. Las razones son claras, Barahona era la piedra en el zapato de las negociaciones desde que dejó claro que no podía firmar el acta renunciando a la lucha por la constituyente, porque la resistencia no piensa renunciar a ella y él, Barahona, no puede decidir en nombre del frente. La actitud de Barahona es acertada, deja claro al régimen que con Zelaya o sin Zelaya, la constituyente viene como un poderoso proyecto que busca la refundación de Honduras. Si bien el presidente Zelaya ha manifestado que renunciará al proyecto de la cuarta urna, ha quedado constancia de que no tiene la capacidad de doblegar la voluntad de la resistencia para luchar por una nueva constitución, ni el ánimo de hacerlo.

El diálogo permanece en su punto muerto: la restitución de Zelaya a la presidencia. Nuevamente, repitiendo el absurdo guión de la institucionalidad que hemos visto tantas veces en estos cuatro meses, alegan que necesitan consultar con el Congreso Nacional, la Corte Suprema de Justicia, la Fiscalía, las Fuerzas Armadas, las iglesias, la Empresa privada y toda la gama de instituciones constructoras del golpe, porque los delegados instalados por el régimen tienen todo el poder para no acordar nada en lo referente a ese punto. Mañana se planea concluir con la discusión en el Clarión, a tiempo para el plazo dado por Zelaya, que es además eco de la comunidad internacional, que concluye el próximo 15 de octubre. El des-gobierno prueba opciones alternas a la restitución, hablan del retorno de Zelaya a la presidencia después del 30 de noviembre, de una tercería en donde se maneja el nombre de Edmundo Orellana Mercado, ex Ministro de Seguridad de Zelaya, ex Fiscal General y actual congresista laureado como héroe por parte de los golpistas días antes del 28 de junio, luego que éste renunció al gabinete de Zelaya, en torno a la crisis generada por la cuarta urna y a quien ahora ignoran por su posición clara en contra de la dictadura. En todo caso y si tengo que describir el clima político de Honduras, puedo asegurar que se parece más al ojo del huracán que al final de la tormenta.

Hay una gran discusión alrededor de a la decisión del magisterio de permanecer en clases hasta diciembre, luego que el gobierno anunciara la cancelación del año escolar a partir de la próxima semana. Para unos, los maestros cayeron en una trampa, porque primero alegaban que no darían clases sin la restitución y ahora alegan que no dejarán las escuelas. Según este punto, la dictadura aplica psicología inversa al afirmar que no quiere clases para que los maestros asistan a las aulas. Para otros, es la posición acertada del magisterio pues no deben obediencia a un régimen usurpador, según lo dicta la constitución en su artículo 3. Lo cierto es que confunde al des-gobierno que se muestra incapaz de controlar al gremio magisterial y lo coloca en una posición difícil, dado que ahora necesitarán militarizar las escuelas hondureñas para impedir que los niños de Honduras reciban clases.

La represión ahora se dirige en contra de los comunicadores: órdenes de captura para los periodistas de Radio Globo, acusándolos de sedición, amenazas e intimidaciones por parte de agentes paramilitares a los corresponsales internacionales de medios alternativos, son nota en sus propios rotativos. Dentro del nuevo blanco de la represión no se escapan los medios digitales, Facebook y demás redes sociales son ahora blanco de milimétricos escrutinios en busca de posibles sediciosos. Pero la resistencia no se rinde, en el interior del país continúan las tomas, los paros, las marchas y protestas callejeras contraviniendo el estado de sitio gracias a que el régimen tiene toda su fuerza policial y armada en la ciudad capital y ya no es capaz de controlar el territorio nacional.

15 DE OCTUBRE

Después de 27 años de dolorosa espera, la selección nacional de fútbol logró clasificar (de chiripa en el último minuto) al mundial de Sudáfrica 2010. Mucho podemos discutir sobre esto: el fútbol opio y también pan y circo de los pueblos, los dueños de la selección metidos de lleno con el golpe de Estado o la politización de una fiesta que definitivamente es de todos; pero lo cierto es que entre tanta crisis, dolor y humillación sufrida en los últimos meses, hoy Honduras amaneció con un cielo más brillante. Las sonrisas eran amplias y frescas, y aunque a muchos molestó el intento del régimen de hacer uso de la clasificación para ganar simpatías entre los hondureños, la verdad es que igual estamos felices de vernos finalmente entre los mejores equipos del mundo.

Tan pronto terminó el partido, vimos con desagrado al señor Micheletti anunciando por televisión un feriado nacional en homenaje a la clasificación de la selección de fútbol.

Vimos tal asueto con desconfianza; luego de tanto toque de queda, estado de sitio, crisis económica, toma de calles y carreteras, cuando la empresa privada reporta pérdidas que hacienden hasta 4.5% del producto interno bruto, y una economía prácticamente en banca rota, un feriado sacado de la nada en el día que vence el plazo dado por Zelaya, que es el plazo dado por la OEA, y también por el Pentágono, para cerrar las negociaciones del Diálogo Guaymuras debería producir desconfianza. Sin embargo lo asumimos, aceptamos el regalo de la selección y no fuimos a trabajar. Aprovechamos para celebrar junto con nuestros nuevos hermanos y hermanas en el solar baldío a pocos metros del Hotel Clarión, en donde la resistencia hizo un plantón desafiando nuevamente el estado de sitio. Esta vez llegó más gente que en los últimos días, los vehículos pasaban por la esquina y hacían sonar sus cláxones en simpatía por las banderas rojas de la resistencia, o en respuesta al espíritu levantado por el partido en El Salvador. En esta ocasión no hubo represión y la gente retaba a la policía invitándolos a intentar reprimirlos.

—Hoy sí papa, ni van a saber de dónde les van a caer las piedras —gritaba una señora al oficial de turno mientras este reía prepotentemente.

—Vengan, entren —les decía un señor levantando su mochila y señalándola con el dedo—, vengan a ver qué tenemos acá para ustedes.

El hombre nunca mostró el interior de su mochila; lo cierto es que están cansados de ser reprimidos sin nunca devolver el ataque.

Al final de la jornada, un lujoso vehículo del año se detuvo junto al plantón, el conductor que iba vestido con la camisa de la selección, como la mayoría el día de hoy, bajó su vidrio, subió el volumen del radio del carro con la canción "Urge Mel" y desenrolló su bandera de la selección, hondeándola desde el asiento de su carro ante los aplausos de los manifestantes. El des-gobierno de Micheletti tuvo que celebrar la clasificación a puerta cerrada, cientos de militares custodiaban las avenidas aledañas a la casa presidencial, evitando el ingreso del pueblo que quería asistir a la entrega de medallas a los jugadores de la selección. El evento se realizó para la prensa golpista evitando incidentes que alteran el homenaje, pero fue inútil; inmediatamente se supo en todo el país que a lo menos dos jugadores rechazaron la medalla de manos del dictador y la mitad de los jugadores ni siquiera asistió al evento.

Esta noche a las doce vence el plazo para la restitución del presidente Zelaya. El día de ayer las comisiones anunciaron que habían llegado a un acuerdo sobre los doce puntos del plan Arias, incluyendo la restitución de Zelaya y de regreso al orden constitucional. Esperábamos que la solución se anunciara este día. No fue así, al parecer Micheletti se resiste a dejar la presidencia y descarga en contra de su propia comisión, a la que ahora quita autoridad para decidir sobre el futuro de su aventura política.

—Tengo un grupo de gente atrás de mí que no puedo defraudar— dijo el dictador al inicio del diálogo frente a los cancilleres de la OEA.

Rafael Alegría, dirigente del Frente Nacional de Resistencia, dijo que la delegación golpista había pedido un plazo de horas ofreciendo un acuerdo para mañana a las doce del mediodía. La solicitud fue rechazada por Zelaya, quien les recordó que el plazo vence a las doce de la noche. El desgobierno se desmorona poco a poco, ruega por horas de tiempo al plazo de alguien que despreciaron de forma soberbia, no han logrado vencer a la resistencia, no han logrado convencer a la comunidad internacional y ahora necesitan convencer a sus "huesos duros" para aceptar la última salida que tienen para salvar su *status quo*. Mientras tanto la resistencia observa pacientemente el desenlace de la mesa evaluando las próximas acciones a tomar en caso de no llegar a un acuerdo. Esta noche será larga, pero más larga será para los golpistas.

21 DE OCTUBRE

Hoy las Fuerzas Armadas celebran su día. Desde que la institución adquirió autonomía en 1957 durante el gobierno de Villeda Morales, las "Gloriosas" tienen en su currículo cinco sangrientos golpes de Estado y una larga carrera en contra de las organizaciones populares y la democracia hondureña. Una institución que siempre se caracterizó por ser represora, traidora de su pueblo e inepta para defender la soberanía que tanto asegura defender, hoy celebra su cumpleaños con la sangre de los pobres.

De cualquier lado que uno lo mire, el reciente fracaso de la mesa del diálogo señala un responsable principal. Después de asegurar haber alcanzado un acuerdo (en un 95%) entre las dos partes, mientras la abogada Vilma Morales invitó a sacar las botellas de champaña para celebrar el fin de la crisis política, la Vicecanciller de facto, Marta Lorena Alvarado, sorprendió a todos cuando llegó al Hotel Clarión con una nueva propuesta del régimen en representación del verdadero dueño del poder.

—Toda decisión que tome la comisión deberá sujetarse al respeto de la constitución hondureña y sus leyes— sentenció Micheletti hace poco más de una semana.

Sus palabras retumbaron como eco al final del Diálogo Guaymuras, pues sentenciaba al fracaso dicha iniciativa. La propuesta de la dictadura iniciaba con la exigencia del reconocimiento por parte de Manuel Zelaya, quien tenía que admitir que lo ocurrido el 28 de junio no fue un golpe de Estado, sino una sucesión, "en el marco de las leyes". Era en virtud de dicha propuesta que la decisión sobre la restitución recaía en la Corte Suprema de Justicia, la misma que fue seleccionada bajo la sombra de Micheletti en enero de 2009, con el solo proyecto de legalizar el derrocamiento de Zelaya. La delegación zelayista calificó la propuesta como absurda.

—La Corte Suprema no puede ser Juez de un problema en lo que es parte y quien destituya debe restituir –dijo Víctor Mesa, refiriéndose al Congreso Nacional, quien según la propuesta del presidente derrocado debería tomar la decisión.

Ambas posturas se agarraron de donde más posibilidades de éxito tenían. La CSJ cerraría las puertas de la restitución a Zelaya como le cerró las puertas para la amnistía. El Congreso Nacional por el contrario lograría la mayoría de votos necesarios para volver al orden constitucional. Eso porque el Partido Nacional cuenta con que la presidencia de Pepe Lobo está garantizada y buscan evitar llegar con un gobierno fragmentado, aislado internacionalmente, dentro de la peor crisis económica y política de nuestra historia.

Hay muchas personas que deben estar asustadas con la idea de una solución mediada de la crisis. El proyecto del golpe de Estado en Honduras se extiende más allá de las fronteras y se convierte ahora en una carta más en el juego político de la ultra derecha continental. El fracaso del mismo tendría grandes consecuencias para esos grupos, pero en especial para las Fuerzas Armadas. El diálogo quedó empantanado, porque entre todas las concesiones otorgadas por la resistencia no fue posible lograr la amnistía, la misma que necesita la institución castrense para garantizar el tranquilo retiro a sus jerarcas. Así, el "monólogo" Guaymuras murió como nació y para celebrar su día, la comandancia militar decidió iniciar la fiesta de su aniversario con música.

Durante toda la noche y aplicando la estrategia americana usada en contra de la Nunciatura Apostólica en Panamá, cuando Noriega se refugió en ella durante la invasión gringa de 1989, los alto parlantes represores no dejaron de sonar durante toda la noche, aumentando el nivel de la tortura que aplican en contra del presidente Zelaya, su esposa y el medio centenar de personas que aún permanecen en la embajada brasileña. Es difícil comprender el objetivo del acoso que las Fuerzas Armadas ejercen en contra de Zelaya, el cual, dentro de los estándares internacionales, entra en el grado de tortura. Encerrado desde hace un mes y aislado del mundo, ¿cual puede ser el objetivo del castigo que le siguen imponiendo sino castigar a todo un pueblo que mira impotente la barbarie?

La represión está aumentando. A pesar de haber derogado finalmente el decreto del estado de sitio, las marchas siguen controladas muy de cerca por los cuerpos represores. Ahora aseguran que para poder marchar, la resistencia debe solicitar con 24 horas de antelación un permiso especial a la jefatura de policía, con mapa de la ruta, lista de los responsables y objetivos de la actividad. Y por no tener dicho permiso, han dispersado, a punta de tolete, gas y golpe seco, a las distintas manifestaciones en la costa norte, que se siguen dando después de casi cuatro meses.

Han aumentando las ejecuciones sumarias contra compañeros de la resistencia. Jairo Sánchez se suma a la cada vez más larga y dolorosa lista de mártires de esta causa que a veces nos parece imposible. La persecución y el acoso son frecuentes en los barrios y las aldeas mientras los medios de comunicación preparan una gran ofensiva militar al anunciar el ingreso al país de armas para la resistencia. Hoy por la tarde se "descubrieron" dos bombas en los baños del *Mall* Multiplaza en Tegucigalpa. Inmediatamente responsabilizaron a la dirección de la resistencia, ignorando maliciosamente que, si nos cuesta responder con piedras a los represores militares y policías, lejos está de nuestras mentes hacer uso del terrorismo contra inocentes en un centro comercial.

Mientras escribo esta nota me llega la noticia de la muerte de cuatro jóvenes en una barbería de la colonia Ramón Amaya Amador, al sur de Comayagüela. Las fuentes aseguran que no eran de la resistencia en contra del golpe de Estado, pero sus madres sí. Fueron ejecutados por los sicarios que llegaron en una motocicleta a la puerta del negocio y les dispararon a quema ropa. El gobierno de facto asegura que las elecciones van "pase lo que pase". La violencia política aumenta cada día y todo indica que seguirá aumentando.

23 DE OCTUBRE

Finalmente, luego de varias semanas de prolongada agonía, murió el Diálogo Guaymuras. Su partida, si bien no deja lágrimas entre nosotros, se lleva consigo probablemente lo que fue la última esperanza de una salida "civilizada" a la crisis donde nos han metido las élites ignorantes, mezquinas y fanáticas que nos desgobiernan.

—Ha sido por culpa de la intransigencia del señor Zelaya. Nosotros presentamos varias propuestas y ellos no quisieron siquiera escucharlas —dijo Vilma Morales, ex presidenta de la Corte Suprema de Justicia, miembro de la comisión negociadora y fiel defensora de los intereses oligárquicos.

Con su declaración, la Abogada Morales pretende desviar la responsabilidad del fracaso a la comisión de Zelaya y evitar así las sanciones internacionales.

—Pedimos al mundo que deje de discriminar a un país que busca auto determinarse —dijo el canciller López Contreras en la víspera de la discusión sobre la problemática hondureña en el seno de la Organización de Estados Americanos. Pero las sanciones siguen llegando, los medios locales informan de la revocación de 600 visas a miembros del gabinete michelettista, los empresarios, militares que lo respaldan y algunos familiares.

—No entiendo por qué nos hacen esto —dijo una elegante señora a la prensa luego de retornar deportada de Houston—, no les hemos hecho nada y nos tratan como delincuentes.

El gobierno de Jamaica informó que no permitirá el ingreso de la comisión hondureña a la asamblea del Instituto Interamericano de Cooperación Agrícola, IICA, quitándole así la oportunidad de presidir dicho organismo internacional. El Salvador y Nicaragua informan que Honduras impone sanciones ilegales a sus productos como mecanismo de presión para que dichos gobiernos reconozcan a la administración de facto.

La Unión Europea avisa que no reconocerá el resultado de las elecciones de noviembre y Jimmy Carter anuncia que su fundación no será observadora con los comicios hondureños.

—Están violentando el principio de auto determinación de los pueblos, —dijo un periodista en televisión nacional—, queremos que paren estas sanciones injustas a un país que busca vivir en paz y democracia —concluyó.

Mientras tanto, ignorado por la prensa golpista, COFADEH entregaba el informe de las violaciones de derechos humanos sufridas por el pueblo hondureño desde el golpe de Estado: 21 asesinatos, de los cuales 4 son maestros, 4,234 detenciones ilegales y 114 ciudadanos y ciudadanas acusadas de sedición, 3 atentados contra personas y 95 amenazas de muerte, 133 casos de torturas, entre las que se revelan 15 lesiones graves y 394 personas con lesiones y golpes.

Cuando Micheletti pidió a la comunidad internacional la oportunidad de resolver la crisis "entre hondureños", contaba con su capacidad militar para doblegar la voluntad del pueblo. Pero ni las torturas, ni las amenazas, ni los asesinatos han logrado crear la paz que los golpistas tanto quieren.

Juliette Handal, presidenta de la Comisión Patriótica de Combustibles, advirtió sobre la intención del régimen de retornar a la anterior fórmula de precios, porque las transnacionales están funcionando con pérdidas, según dijo Benjamín Bográn, Ministro de

Industria y Comercio. Con ello estarían subiendo 6 lempiras al precio por galón de gasolina y afectaría seriamente la economía del país. Durante décadas los combustibles fueron preciados bajo una formula onerosa que cobraba un precio inflado para beneficio de las transnacionales. Uno de los primeros cambios ejecutados por Manuel Zelaya fue revisar los rubros que elevaban los precios y someter a licitación la importación de los carburantes.

La licitación, ganada por Conoco Phillips, empresa de origen norteamericano, daba un precio de cinco lempiras menos por galón, pero ante la negativa de la compañía Distribuidora de Productos de Petroleo SA, DIPPSA, de entregar en alquiler los tanques de almacenamiento, luego de que la Corte Suprema (dirigida por Vilma Morales) bloqueara la posibilidad de hacer funcionar la licitación al negarle al Estado hondureño el acceso a los tanques de la DIPPSA, propiedad entre otros de Rafael Ferrari, dueño además de TELEVICENTRO y Rafael Callejas, ex presidente nacionalista, Zelaya fijó el precio con la fórmula actual reflejando un ahorro de cerca de 7,000 millones de lempiras en 3 años. Una de las primeras declaraciones realizadas por Micheletti al asumir el poder luego del golpe de Estado de junio, fue que el suministro de los combustibles estaba garantizado con "nuestros tradicionales proveedores", entiéndase transnacionales norteamericanas de petróleo.

Dicho suministro venía condicionado con el retorno a la suculenta fórmula que tanta ganancia le generara a las compañías en el pasado. Aplicar el cambio en las condiciones actuales no haría sino crear aún más descontento entre la población, arriesgando las elecciones de noviembre, salvavidas aparente de la dictadura, generándoles 7,000 millones de lempiras más en ganancias para los próximos 3 años.

El fantasma de la guerra comienza a extender su tenebrosa presencia en las montañas hondureñas. Si bien considero al frente de la resistencia incapaz de salir de la táctica no violenta, no dudo que habrá sectores contemplando una nueva fase de la lucha contra la dictadura. El ejército desactivó dos bombas en un baño de un centro comercial en Tegucigalpa, una de ellas bajo detonación controlada. Cuando se le preguntó a la seguridad del centro comercial por las mismas manifestaron que "sólo había sido un tubo de agua descompuesto". La prensa informó en letras pequeñas del derribamiento de dos torres eléctricas en la zona norte, zona de industria maquilera. El sindicato de trabajadores de la Empresa Nacional de Energía Eléctrica comunicó que se trataba de delincuentes que buscan robar el aislante de alta tensión. Nadie ha reivindicado las acciones, si bien el ejército se mantiene alerta. Si son o no los primeros sabotajes, lo cierto es que quien esté a cargo debe saber que cuenta quizá con una de las bases sociales más grandes de la región. El agotamiento de las medidas pacíficas, si no justifica, hace viable la lucha armada.

La semana del *fashion week* concluyó con un homenaje a la moda de los 80. Sofisticados diseños en fatiga militar adornaron las pasarelas tan apetecidas por la "ministra" de Cultura Mirna Castro.

—La moda también es cultura –dijo la ministra mientras recibía los aplausos de los exquisitos invitados— y los ochenta fueron una época con modas muy importantes—, concluyó.

Abriendo Brecha presentó el video del fin del año lectivo de una escuela en San Pedro Sula, quienes como homenaje al régimen de facto organizaron un festival de baile folklórico. Después de varios ¡Viva Honduras! al mejor estilo michelettista, los alumnos bailaron *Akaru Tariru*, la canción misquita usada por la dictadura al inicio de cada cadena de radio y televisión, y reciclada ahora como tortura sonora frente a la embajada brasileña.

—Sabe usted porque no cae este gobierno: por brujería, —me dijo una mujer en una de las tantas marchas—. Con esa canción nos ha hecho brujería a todos, —concluyó mientras caminábamos por las avenidas de Tegucigalpa.

26 DE OCTUBRE

Los encabezados de los noticieros de hoy muestran los cuerpos sin vida de dos hombres asesinados, uno en el norte y el otro en Tegucigalpa. Enzo Micheletti (24 años), sobrino del dictador, ejecutado en un matorral de la ciudad de Choloma, y el coronel Concepción Jiménez (46 años), gerente del la empresa de la Industria Militar y ex jefe del G2, inteligencia del ejército, asesinado por tres individuos a la salida de su casa en Tegucigalpa. No se sabe de forma oficial si ambas muertes están relacionadas entre sí. La policía se ha limitado a indicar que evaluará todas las hipótesis existentes. Lo cierto es que, dados los altos índices de violencia que vivimos diariamente, la penetración de los cárteles de la droga en cada espacio político y económico, y la proliferación de la "industria" del sicariato hace de la muerte un producto de consumo universal. Ejecuciones como las del joven Micheletti y del oficial se dan cada día por decenas y es probable que no estén relacionadas entre sí. Pero reconociendo el momento de intensa crisis política en que vivimos, en el cual hay muchos puntos de agenda que se discuten bajo la mesa, especialmente entre el cártel golpista que busca doblegar la voluntad de la facción dura del régimen, no resulta ingenuo ver estas muertes como un llamado de atención a los dos sectores más duros de la dictadura: Micheletti y las propias Fuerzas Armadas.

Declarado muerto el Diálogo Guaymaras el fin de semana pasado, cuando entre nosotros creció la incertidumbre de ver las opciones que cerraba la intransigencia del régimen, surgió la voz que en aquel momento parecía atemporal, de John Biehl, canciller chileno encargado por parte de la OEA de las mesas del diálogo en el Hotel Clarión.

—Al final va a prevalecer el sentir de la gente, va a haber un retorno a la institucionalidad, si no es total, a lo menos parcial —concluyó el funcionario momentos antes de salir rumbo a Washington con el objetivo de presentar un informe de la mesa de Tegucigalpa.

Hoy se confirmó la visita del vocero del Departamento de Estado norteamericano que llegará al país el próximo miércoles para "terminar" el proceso de la restitución de Zelaya.

—Esta semana Mel estará en Casa Presidencial —dijo Andrés Pavón a Radio Globo, y sus palabras coinciden con las expresadas el sábado anterior por el presidente, cuando habló por teléfono desde la embajada de Brasil y dijo sentirse optimista para la asamblea liberal:

—A pocos días está la restitución del presidente que eligió el pueblo hondureño, a pocos días está nuestro triunfo para Honduras para que vuelva la paz y la tranquilidad.

Esta coincidencia de expresiones, sumada al llamado de emergencia hecho por la Resistencia para discutir la reanudación del diálogo hace creer que existen probabilidades de una restitución.

—Nosotros esperamos que este diálogo sea fructífero, porque un diálogo donde no hay resultados es un diálogo de sordos —dijo a la agencia de noticias ACAN-EFE el dirigente del Frente Juan Barahona, en referencia a la reanudación del diálogo que debería llamarse Fénix, por su capacidad de resurgir de las cenizas. En una entrevista reciente, Micheletti dijo estar permanentemente dispuesto al diálogo y reiteró que abandonará el cargo, "si Zelaya también desiste en volver a la presidencia". Expresión ya conocida que poco ayuda a solucionar la crisis.

—Estoy acá dispuesto a negociar, a transar lo mejor para Honduras, no en lo particular —apuntó Micheletti—, simple y sencillamente creemos que la democracia se sostiene con las próximas elecciones del 29 de noviembre.

Aunque el gobierno amenaza con aplicar el máximo de la fuerza a la resistencia si ésta se atreve a boicotear las elecciones, lo cierto es que el régimen se encuentra seriamente debilitado. La comunidad internacional ha ratificado su voluntad de no reconocer los resultados de los comicios, ni al gobierno que surja de ellos si no se restituye a Zelaya en el poder. La OEA, la Unión Europea y el mismo Centro Carter que llamara Micheletti como organismo legitimador, han expresado su preocupación por el clima en el que se van a realizar las elecciones.

El ejército se dispone, con la asistencia de la policía, a militarizar las escuelas de todo el país en preparación para los comicios. En números conservadores podemos hablar de 22,000 elementos que tendrían que distribuir entre 5,300 centros educativos. Cuatro soldados o policías cuidando cada escuela, cada colegio del país para proteger la democracia, dejando las calles completamente solas. Cómo el régimen se ha mantenido en el poder bajo el uso absoluto de la fuerza, sabe que al dejar las calles, éstas serán tomadas inmediatamente por una resistencia que espera blancos débiles de la dictadura para atacarlos. No puede, en ese sentido, llegar a noviembre sin una tregua con Zelaya y dicha tregua sucedería, necesariamente, con su restitución.

Y es que la resistencia continúa su crecimiento silencioso. El fin de semana se realizó la asamblea de ancianos garífunas en la comunidad de Triunfo de la Cruz. Entre los puntos a tratar estaban los problemas culturales que sufre la comunidad garifuna, la necesidad de impulsar una educación bicultural, los problemas sobre de tenencia de la tierra en las distintas comunidades, en especial los que afectan el proyecto Bahía de Tela, propiedad en su mayoría de capitales oligárquicos.

Hace seis meses esta asamblea hubiera llevado a la conclusión de la necesidad del trabajo comunitario como forma de responder a las distintas problemáticas. En esta ocasión se concluyó eso, más la necesidad de la constituyente popular y democrática para incorporar esas demandas desde la carta magna. La dictadura intentó detener el proceso de demanda social y política de una nueva constituyente. Contrario a eso regó por todo el país la convicción que el desarrollo sólo puede ser alcanzado con la democratización de nuestro sistema político.

Entrando a Tegucigalpa los retenes policiales detienen a los carros de manera aleatoria. Bajan a sus ocupantes y revisan el interior de los vehículos. Buscan armas, las armas que sólo ellos poseen y que temen que caigan en nuestras manos.

27 DE OCTUBRE

Alfredo Jalil, empresario de 82 años de edad, ex diputado de la Asamblea Nacional Constituyente de 1982 y padre del actual viceministro de seguridad, Gabo Jalil, fue secuestrado la mañana de hoy por tres hombres que lo interceptaron a pocos metros de su casa en Lomas del Guijarro. Las autoridades de la policía no han manifestado si el secuestro del señor Jalil está relacionado con las muertes del coronel Jiménez y Enzo Micheletti, si bien Gloria Jalil, esposa de Alfredo y también miembro del Partido Liberal, ha manifestado a la prensa local que el secuestro de su esposo es un complot directo de Chávez y Ortega que buscan doblegar la voluntad del pueblo hondureño.

—Solicito al señor Zelaya que libere a mi esposo —dijo entre lágrimas la señora y sus declaraciones se repitieron maliciosamente por la prensa golpista, que está interesada en crear la ilusión de la existencia de dos bandos igualmente sanguinarios en una lucha que durante cuatro meses ha sido sumamente desigual. Más allá de lo absurdo de la declaración de la señora Jalil, podemos apreciar que si bien aún no se sabe de la relación o no entre los distintos hechos criminales, hay un interés por parte de la prensa oligárquica de construir un escenario bélico en el país.

—Estamos investigando a la resistencia para ver si están o no vinculadas con estos crímenes —dijo una autoridad militar.

El temor crece al prever que los crímenes podrían ser usados como excusa para aplicar una represión aún más dura en contra del pueblo organizado. ¿Qué se busca detrás de estos hechos? Difícil comprenderlo. Resultan maliciosamente coincidentes los vínculos de las víctimas con instituciones y personalidades claves dentro del proyecto del golpista. Una probabilidad puede ser que se quiere construir el terror en la ciudadanía, la misma que ya teme a Zelaya, luego de la campaña creada por los medios que lo hacen ver como un Atila moderno y buscan que la clase media y alta(nera) resista, por miedo a la restitución de Zelaya en la presidencia, que parece está pronta a suceder y justifique así los actos de represión que podrían ejecutar el ejército y los paramilitares en nombre de la paz y democracia burguesa.

Mientras eso ocurre los golpistas buscan revertir las pequeñas reformas ejecutadas por la administración de Zelaya. Según Fernando García, director ejecutivo de la ANDI, hablando de relación del salario mínimo, el cual toca revisar el próximo mes de diciembre, manifestó:

—La ley dice revisión, no dice incremento, si está muy alto o bajo se debe modificar.

Con eso advierten, al igual que la anterior declaración del cambio en la fórmula de los combustibles, que buscarán dar paso atrás con las reformas más significativas del poder ciudadano y reducir el salario mínimo al anterior precio. La noticia levantó reacciones inmediatas por parte de los trabajadores y empresarios, unos en contra y otros a favor. Lo cierto es que tal acción no haría sino aumentar más la pesada carga política que mantiene en los hombros el gobierno de facto. Es que, a veces, da la impresión de que la locura colectiva en que ha caído la clase golpista, los empuja hacia el suicidio. El golpe de Estado fue una herida mortal al Partido Liberal, que difícilmente podrá sanar en las próximas elecciones.

Asumiendo que Pepe Lobo gane las elecciones y no se concreta la amenaza de fraude que anuncian algunos medios, que aseguran pondrían a Elvin Santos como virtual ganador de los comicios, una reforma reaccionaria en contra de la fórmula de los combustibles y el salario mínimo, sumada a la actual crisis política y económica y el aislamiento internacional, no haría sino condenar a muerte al Partido Nacional, la única institución política que hasta el momento se ha mantenido más o menos inalterada a pesar de carecer en lo absoluto de elementos para comprender y responder a las demandas populares.

La única forma como el proyecto de la oligarquía puede consolidarse, es a través de mantenerse en la presidencia más allá de las elecciones, entregando el poder en enero próximo (si las condiciones así lo permiten) y amarrando a la siguiente administración a continuar con el proyecto golpista de destrucción de las victorias populares y gremiales, a través de un estado policíaco sanguinario y represor.

La maquinaria propagandística del régimen incrementa su campaña en pro de unas elecciones que producen más ansiedad que expectativas para el pueblo hondureño. "Largas colas de hondureños buscando conocer en dónde les tocará votar en las próximas elecciones" es el encabezado del diario *La Tribuna* del día de hoy. "Las elecciones de 2009 serán las más votadas de la historia", "hondureños están deseosos de participar en los comicios", son otros de los titulares de los principales noticieros que más que negar la realidad, parece que hablan en contra de ella.

El hecho es que en cada colonia y aldea del país se puede ver el repudio de la población a las elecciones. Carteles rotos o manchados, consignas en contra de las elecciones en las paredes y piedras de las carreteras de todo el país, son unas de tantas muestras de repudio que el pueblo mantiene a un mes del 29 de noviembre.

—Debemos inventar camisas para los perros toneleros —me dijo un activista garífuna en la comunidad del Triunfo de la Cruz el fin de semana pasado—, y en cada camisa escribiremos "Micheletti" o "NO a las elecciones" y así todos en la aldea lo leerán y comentarán (el mensaje) —concluyó riendo.

La policía, en respuesta a la crisis electoral y siedo más honesta que la prensa, declaró que sancionará con cargos de terrorismo a las personas o instituciones que dañen cualquier propaganda electoral o llame al boicot de los comicios.

—No podemos permitir que un pequeño grupo de inadaptados y malos hondureños eche a perder nuestra última esperanza para salir de la actual crisis —dijo un periodista comentando las declaraciones del vocero policial.

Se ha llegado incluso a amenazar con cárcel a Carlos H. Reyes y Cesar Ham si éstos continúan llamando a la abstención electoral. Esas declaraciones no hacen sino demostrar los altos índices de abstenciones que se esperan para el próximo noviembre. El régimen no soporta la presión, y el boicot en contra de las elecciones está teniendo sus resultados en todo el país, pese a las modestas acciones.

Previendo un giro drástico a la crisis, el Congreso Nacional se prepara para discutir medidas aún más estrictas en contra del manejo de armas de fuego en la población civil. Todos sabemos que están exentos de dicha ley los grupos paramilitares y delincuenciales que más parecen funcionar bajo la protección de los cuerpos policiales.

A cuatro meses de la aventura golpista, la resistencia ha puesto contra la pared al proyecto de la oligarquía y su salvavidas: las elecciones. No ha disparado un solo tiro en contra de los represores y sin embargo les estamos ganando. A estas alturas, que siga Micheletti o no en el poder es irrelevante. El pueblo hondureño ha crecido en organización y consciencia y sólo espera que el cascarón político del golpe de Estado caiga por su propio peso. Todos sabemos que si no cae Micheletti, caerá Pepe Lobo.

30 DE OCTUBRE

Fue necesario que llegara la delegación de Estados Unidos a Honduras para que la derecha cediera en su pretensión de mantenerse en el poder hasta enero. Horas antes Micheletti declaró que la restitución de Zelaya era algo en el que él no cedería:

—¡Sólo con una intervención armada! —dijo. Luego por la noche lo vimos por televisión nacional tragando su orgullo y declarando que firmaría el acuerdo. Con eso deja claro quién manda en Honduras y confirma lo que desde el primer día se supo: Estados Unidos tiene el poder de resolver esto en pocas horas.

Ahora la pelota está en el Congreso Nacional. La Resistencia se dio cita frente al palacio legislativo para acompañar a Víctor Mesa al momento que llegó a depositar el acuerdo en la secretaría del parlamento. Los diputados y las diputadas deberán definir si la restitución procede y termina de una vez este capítulo de la historia hondureña o si continuamos la resistencia. Ellos tendrán el poder de darle legitimidad entre la población descontenta a las elecciones de noviembre y el reconocimiento internacional a la presidencia que de allí surja, si bien la derecha busca presionar para que el congreso vote por la NO restitución (cosa que también pueden hacer) lo cierto es que ya no necesitan mantener la onerosa dictadura Micheletti y están dispuestos a aceptar a Zelaya en casa de gobierno.

Los poderes oscuros del país han comprendido que a cuatro meses del golpe de Estado no pudieron derrotar al pueblo insurrecto, ni con balas, ni con decretos, ni con golpes y gases prohibidos lograron calmar al soberano gigante que les quitó de la boca su dictadura convirtiendo su proyecto en un adefesio insoportable para la región y el mundo.

El jueves anterior, pese al estricto cerco policial con que hemos vivido las últimas semanas, la resistencia marchó por la ciudad y aglutinó a miles de personas que con banderas y cantos llenaron las calles nuevamente.

Los medios golpistas no cabían en su asombro al ver la sorprendente marcha popular. Ellos declararon cientos de veces que la resistencia había muerto por el agotamiento y reían al vernos cercados. No les quedó otra opción que reportar —medianamente, como suelen hacerlo— cuando la policía dispersó violentamente la marcha cómo última opción para evitar que siguiera creciendo, porque por donde pasaba la gente se sumaba. Los gases saturaron nuevamente nuestra atmósfera y mientras el Canal 36 transmitía a todo el país los toletazos y patadas represivas en contra de los desarmados protestantes, la derecha recordó que sus decretos y amenazas no podrán en contra de la resistencia que está decidida en arruinarles su fraude electoral. La resistencia ha confiado en la capacidad negociadora de Manuel Zelaya, pese a la desconfianza que el Congreso Nacional nos transmite; hemos aceptado el silogismo según el cual las cosas en Derecho se deshacen tal como se hacen.

Pero el temor a la burla de los poderosos sigue presente.

—Aceptaremos el gobierno de integración pero no la restitución de Zelaya —declaró un diputado liberal buscando con ellos influenciar en la voluntad del plenario.

—Esperamos que el Congreso Nacional tome su decisión basados en ley –dijo Armida de López Contreras, presidenta de la Unión Cívica Democrática y todos comprendemos lo que para ellos eso significa. Ignoran que lo uno sólo se puede dar con lo otro y si no hay restitución no hay acuerdo.

La resistencia ha dado un voto de confianza al legislativo, que se encuentra en receso por las elecciones y en teoría no ha de volver sino hasta diciembre. Esperamos que el lunes se convoque a una reunión extraordinaria, así como lo hicieron el domingo 28 de junio y en pocos días Manuel Zelaya pueda salir de su cautiverio y entrar a Casa Presidencial.

Pero no olvidamos que fue el Congreso Nacional quien falsificó la firma de Zelaya para "legalizar" el golpe de Estado; no olvidamos que ha sido a través de su apoyo que se han autorizado los toques de queda, estados de sitio y demás leyes y decretos violatorios de los Derechos Humanos; y tampoco olvidamos que de sus salones salió la mayor parte del gabinete michelettista, incluyendo al dictador que ellos juramentaron; que el Congreso Nacional ha aprobado o derogado decenas de leyes atentando contra los intereses de la mayoría, como la reciente prohibición de la venta en todo el país de las pastillas anticonceptivas de emergencia (pae) y han jugado un papel vital para mantener el des-gobierno fascista.

Confiamos que el Congreso Nacional tenga la voluntad de construir el escenario necesario para la gobernabilidad, la paz y una verdadera democracia en Honduras, que sus propias ambiciones les indicarán que para su reelección necesitan ceder ante un pueblo que los desprecia. En un mes serán las elecciones generales y la resistencia espera que sus candidatos participen. Los candidatos aún no se deciden como han de participar, si juntos o separados y evalúan las condiciones como les tocará hacer campaña con la enorme desventaja que tienen frente al candidato con más posibilidades.

Esa "desventaja" es relativa, el golpe de Estado y la lucha en su contra ha dado a figuras como Carlos H. Reyes un posicionamiento entre el electorado que no habría obtenido sin la aventura fascista y la posterior resistencia popular. En la práctica estos cuatro meses en las calles nos ha permitido estar presente en los medios y construir la base para una izquierda significativa en el país. El origen independiente de la candidatura es también una ventaja frente al desgaste que ha significado el golpe de Estado para los partidos oligárquicos. El reto ahora está en organizar los 25,000 voluntarios necesarios para defender los votos en las mesas, la estructura necesaria que se requiere para detener el masivo fraude que se avizora y aprender, en término de manejos de mesas electorales, en estas 4 semanas, lo que los partidos tradicionales han aprendido en 100 años. El lunes se reunirán los candidatos de la resistencia para lograr un acuerdo de cómo participar en las elecciones. Aun está pendiente la restitución de Zelaya, y el frente ha advertido que la condición para participar es su restitución a la presidencia, no el acuerdo entre las comisiones. Sin embargo, hay sectores que presionan para organizar, lo antes posible, la estructura electoral necesaria aun sin tener la restitución.

—Con el acuerdo podemos comenzar a trabajar –dicen–, no podemos perder un día más.

Para ellos la apuesta es el Congreso Nacional, lograr acumular una cantidad respetable de diputados que aseguren *un bloque de poder* dentro del parlamento y puedan, desde arriba, apoyar a la lucha que desde abajo se deberá dar en pro de la constituyente. Tenemos grandes posibilidades de lograrlo, eso lo sabemos, pero también lo sabe la derecha que busca, por todos los medios a su disposición, evitarlo.

El día de brujas se acerca, apoyo la propuesta que circula en Internet de otorgarle a Micheletti el premio por el mejor disfraz, ya que siendo diputado, estuvo disfrazado de presidente por 120 días. Si bien creo, el disfraz siempre le quedó grande.

2 DE NOVIEMBRE

Pasada la alegría inicial del viernes pasado, en donde la firma del acuerdo Tegucigalpa–San José–Guaymuras nos presentó un final de la crisis, sino inmediato a lo menos posible, se ha ido imponiendo poco a poco la desconfianza sobre la estructura política el país. El Congreso Nacional nunca ha gozado del aprecio y respeto de la ciudadanía; ente controlado plenamente por la oligarquía, prisionero de los intereses mezquinos de sus integrantes, ha sido siempre razón de burla histórica en nuestro pueblo.

—En Honduras vale más una mula que un diputado —dijo hace casi un siglo Samuel Zemurray, magnate de las bananeras de la costa norte y esa afirmación ha calado hondo entre los parlamentarios que comprenden que hay mulas muy caras y baratas, dependiendo siempre de la necesidad que se tenga de ellas. Ahora el Congreso

Nacional, más que tener en sus manos la restitución de Zelaya a la presidencia, tiene la oportunidad de limpiar su desgastada imagen, especialmente luego del golpe de Estado que se impulsó desde sus pasillos y salones.

—Pido al pueblo hondureño y a los simpatizantes del señor Zelaya, que no me presionen, que no presionen a los congresistas, que estamos en campaña —dijo el presidente del parlamento en relación a la restitución que debió haberse discutido hace 3 días.

—Estamos visitando nuestros departamentos y no podemos ir ahora a Tegucigalpa —dijo Velasquez Názar, secretario del Congreso Nacional y sus burlescas declaraciones levantaron indignación entre una buena parte de la población que reconoce en su actitud la poca voluntad que tienen los golpistas de cumplir con el acuerdo firmado.

Da la impresión que la estrategia será dilatar la sesión para mediados de esta semana, luego solicitar pronunciamiento a la Corte Suprema de Justicia, laFfiscalía y la Procuraduría General, cada uno de ellos tomando varios días para sus resoluciones, con el único fin de extender el tiempo hasta finales de noviembre, días antes de las elecciones, cuando Manuel Zelaya tenga prohibido, por ley, influenciar en el electorado nacional o hacer campaña por el candidato de la resistencia.

Pepe Lobo tiene en sus manos la solución a esta etapa de la crisis y lo sabe bien. Busca lograr el reconocimiento internacional a su presidencia, porque cuenta que ganará las elecciones de noviembre, pero además sabe que necesita obtener el favor de la resistencia para asegurar un gobierno medianamente estable.

El próximo año el gobierno tendrá que lidiar con el estatuto del docente, el salario mínimo, la crisis económica, el desempleo, las deportaciones más los problemas heredados de la crisis, sabe que si se enfrenta a una resistencia consolidada y en contra de la administración, corre el peligro de no completar su período.

Pero los intereses de los diputados nacionalistas no necesariamente son los mismo a los de Pepe Lobo y ellos puede corresponder a la presión creciente que ejercen tanto las Fuerzas Armadas como los medios de comunicación golpista que amenazan a los parlamentarios con impedir su reelección si restituyen a Zelaya.

Mel sigue encerrado en la embajada de Brasil.

—Mientras no se resuelva la situación en el Congreso su estatus seguirá siendo el de huésped de la embajada —dijo Micheletti a la prensa. —Nadie puede imponerle un plazo al congreso y ellos son libres de determinar su propia agenda –agregó el dictador, recordando que el acuerdo no determina un tiempo para la discusión del tema en el parlamento.

Luego de la salida de la delegación norte americana las tropas han vuelto a bordear la sede diplomática ejerciendo nuevamente la tortura sicológica sobre el depuesto mandatario. El ejército aun no militariza las escuelas y la policía vigila de cerca a la resistencia mientras el fin de semana pasado se reportaron 32 muertes violentas y 11 secuestros productos del crimen organizado. La resistencia ha convocado a una jornada de vigilia indefinida en las afueras del palacio legislativo con el ánimo de presionar al congreso, mientras la sesión se dilata y se dibuja cada vez más clara la burla que los poderosos hacen del pueblo, el temor a nuevas represiones crece.

—Si nos reprimen —me dijo una señora por la mañana—, nos dejarán claro que no piensan restituir a Mel.

No ha habido acción por parte de la policía desde el Jueves anterior, pero se teme que en la medida que la tensión crezca se generen nuevas violaciones a los derechos humanos. Hoy llegaron al país los dos últimos integrantes de la comisión de verificación nacida del acuerdo. Jorge Arturo Reina, embajador zelayista en Naciones Unidas, padre de Carlos Eduardo Reina, cercano colaborador del presidente, quien en la actualidad le hace compañía en la embajada y Ricardo Lagos, ex presidente de Chile. Ambos se sumarán a Arturo Corrales, representante de la oligarquía en la comisión, quien además ha formado parte de todas las comisiones nombradas por Micheletti. Su trabajo será asegurar el cumplimiento de todos los puntos en el acuerdo y velar por que los plazos se ejecuten de acuerdo a lo suscrito. Si Zelaya no es restituido a la presidencia el próximo jueves, no habrá necesidad de sus oficios. Porque no habrá gobierno de reconciliación y unidad.

La resistencia busca definir su participación en las próximas elecciones, están seguros serán objetos del más grande fraude de la historia hondureña y temen que al participar legitimarán el proyecto oligárquico del 28 de junio.

Quienes cuidarán y trasladarán las actas y las urnas, serán las mismas fuerzas armadas que ejecutaron y mantienen el golpe de

Estado. Hay claridad al saber que el proyecto de la izquierda indica que estas elecciones son el entrenamiento necesario para llegar a las elecciones de 2013 con mayor experiencia y preparación, pero temen perder el apoyo popular que las candidaturas han logrado en estos meses. Mientras discuten la mejor acción a tomar, el tiempo corre y tanto las elecciones fraudulentas se consolidan, como las posibilidades de lograr los votos necesarios se reducen.

Mientras tanto, Washington sigue el juego de los golpistas asegurando que reconocerá las elecciones generales y que no es de su interés el presionar la voluntad del congreso. La excusa que la administración Obama necesitaba para legitimar el golpe de Estado se la dio la comisión al firmar el acuerdo, ahora piensan usarla y lo más probable será que, a pesar de la no restitución de Zelaya, el nuevo presidente contará con el respaldo de amo imperial del norte.

5 DE NOVIEMBRE

En Honduras existe el mito "del vivo". En términos sencillos consiste en la creencia que aquel que es capaz de engañar a los demás, de burlarse de la inteligencia de los otros para beneficio propio, es más listo, más inteligente: *más vivo*. En cambio, quienes actúan de buena fe, consciente de las necesidades del otro y dispuestos siempre al sacrificio personal en busca del bien común, son vistos como tontos, ingenuos, idealistas sin solución a quienes el tiempo les hará saber que están equivocados. Así, nuestro país está lleno de estafadores, corruptos y vividores de oficio que han logrado escalar las estructuras de poder (o han nacido de ellas) alcanzando además el respeto social gracias al mito. Para ellos, el bien común es propiedad privada lo cual implica el beneficio propio.

El des-gobierno de Micheletti ha actuado en esta crisis haciendo homenaje al "vivo". Firmaron un acuerdo sabiendo que no lo cumplirían, escudriñaron las entre líneas del texto para hacerse de vacíos y lagunas con qué contravenir lo pactado. Integraron comisiones para ganar tiempo, para reírse de todos, pues entendieron perfectamente que desde que fueron llamados a negociar, como parte igual en el conflicto y no como usurpadores delincuentes, habían ganado.

—Nunca encontramos la voluntad en el gobierno de facto para

cumplir lo que originalmente fue el acuerdo de San José y después el acuerdo Tegucigalpa—San José, —declaró Oscar Arias a la prensa, repitiendo la advertencia que cuatro meses atrás le dio la resistencia. A ellos, los traidores de Honduras, no les ha importado la reacción internacional que, rasgándose la camisa, exigen que se restituya a Zelaya en la presidencia como condición previa para reconocer las elecciones del próximo 29. No les importa el rechazo popular que desde las calles se extiende por todo el país, exigiendo justicia, clamando dignidad y paz, pero no la paz blanca y criminal de la oligarquía que pretende imponerse por la fuerza del miedo y la muerte. A ellos, los traidores, no les importa, porque sienten que son los "vivos", los que nacieron para caer siempre parados, a los que Dios les otorgó el don de la inteligencia para *vivir* al mundo entero.

Ellos, los que pisotearon la institucionalidad del país para proteger el *status quo* y perpetuar la desigualdad y la miseria, tienen claro que robaron el poder para quedárselo, no para entregarlo a un Zelaya debilitado dentro de la estructura del Estado, pero fortalecido popularmente.

Cuando Micheletti gritaba al mundo, hace apenas un mes, que sólo con una intervención militar podrían sacarlo, hablaba en serio. Ellos saben que no hay fuerza en el mundo dispuesta a entrar al país y revertir lo actuado, conocen el juego de Washington porque nacieron de ese juego, son hijos de la CIA, del Pentágono, de la Escuela de las Américas y la Doctrina de Seguridad Nacional.

Con las últimas declaraciones de Thomas Shannon y el titubeo malicioso del Departamento de Estado, se advierte que las elecciones van a ser reconocidas, con o sin Zelaya, con o sin resistencia y a costa del ridículo de la OEA y Obama. Ya solo les queda esperar al 29 de noviembre para clamar al mundo que Honduras ha superado definitivamente la crisis, buscando la *tabula rasa* en nuestra historia.

Desde el frente de resistencia nuestras reacciones han sido variadas. Una mezcla de indignación ante la burla del régimen, rabia ante el juego gringo e impotencia ante una comunidad internacional que nos ha dejados abandonados a nuestra suerte. Sólo el pueblo salva al pueblo, dijimos desde el principio, pero tememos que nuestras manos alzadas, vestidas de banderas y rabia, sean insuficientes frente a la dictadura sanguinaria de Micheletti.

Con la última declaración del presidente Zelaya negándose a

seguir el juego dilatorio del desgobierno y anunciando el desconocimiento de las elecciones generales por parte del pueblo en desobediencia, un nuevo camino de la lucha está trazado. Las elecciones son el salvavidas de la dictadura y por eso están dispuestos a matar para defenderla, no a morir, porque los muertos los ponemos nosotros.

La resistencia debe ahora perforar el frágil salvavidas de la oligarquía y eso pasa necesariamente por el boicot a los comicios. Este fin de semana habrá intensas reuniones por todo el país en la cual se discutirá la participación o no de los candidatos de la resistencia. Porque aún hay candidatos que contemplan participar en las elecciones buscando capitalizar el descontento popular y lograr un puesto dentro del congreso o en sus municipio. Estos, nuestros propios "vivos", pretenden creer que se puede engañar a la maquinaria del sistema. Las urnas han sido colocadas en las mesas para legitimar una dictadura, no para elegir.

Las nuevas circunstancias están dadas en la escena política hondureña. Zelaya será acusado en la prensa nacional de querer boicotear el acuerdo, porque para la prensa nacional toda crisis es responsabilidad absoluta de Zelaya. La comunidad internacional lamentará no haber podido hacer algo contundente para restituir la institucionalidad democrática del país. La derecha nacional disfrutará su victoria de estafadores, mientras el pueblo seguirá resistiendo, como ha resistido siempre.

9 DE NOVIEMBRE

—Estas elecciones no son del pueblo, también son del patrón —dijo Carlos Humberto Reyes ayer por la mañana parafraseando al cantautor Mario de Mezapa. Carlos concluyó y sus palabras levantaron una ovación entre los asistentes a la asamblea semanal de la resistencia que acababa de confirmar el retiro del candidato independiente de las próximas elecciones del 29 de noviembre.

Desde que se conoció hace cuatro meses, en medio de las marchas en contra del golpe de Estado que el Tribunal Supremo Electoral, por primera vez en la historia política del país había aceptado la inscripción del líder popular para la candidatura independiente a la presidencia de la república, se condicionó dicha candidatura al retorno del orden constitucional y el regreso de Manuel Zelaya a la presidencia.

—Estamos preparados para participar en las elecciones, pero nuestra prioridad debe ser el retorno al orden constitucional —dijo en su momento el propio Reyes cuando le preguntaron sobre su campaña política.

Mucho trabajo llevó hacer efectiva la candidatura independiente. Fue necesario, entre muchas cosas, recolectar cerca de 70,000 firmas por todo el país en menos de 3 semanas. Pero sabiendo que el profundo bipartidismo ha afectado profundamente el sistema político nacional y con los tres partidos minoritarios sumamente desgastados, producto de las luchas intestinas, se confió que la candidatura del líder sindical abriría el camino hacia un nuevo tipo de participación en la ciudadanía. Claro, todo eso se pensó antes del golpe de Estado.

Cuando Carlos Reyes y sus compañeros de fórmula dieron a conocer la decisión tomada en asamblea, se dejó claro que no existen condiciones para unas elecciones transparentes y, por el contrario, se legitimaría el fraude de la oligarquía y el golpismo.

–El 95% de nuestras bases en todo el país exige nuestra renuncia a las elecciones –dijo Reyes–, y como no nos debemos a los intereses de ningún caudillo a los lineamientos de ningún partido, podemos confirmar la decisión de no participar en las elecciones de la dictadura, según lo manda el pueblo en resistencia.

La derecha ve con burla la renuncia de la candidatura de Reyes.

—No iban a ser capaces de recoger ni 20,000 votos —dijo un periodista en uno de los medios golpistas. Para ellos, la resistencia ha sido siempre un pequeño grupo y en el país nada ha pasado que merezca un cambio en la forma de gobierno.

Lo cierto es que la renuncia de la candidatura agrega un elemento más a la crisis que vivimos. El partido Unificación Democrática, único partido de izquierda que pese a la seria fractura interna y las denuncias de corrupción de algunos de sus líderes, ha logrado acumular simpatía entre la resistencia, especialmente para sus diputados que han vivido la suerte del pueblo en las calles; ahora se encuentra en un dilema difícil de resolver. Por un lado se enfrentan a la amenaza de la ley electoral que castiga con la desaparición al partido político que se niegue a participar en las elecciones. Por el otro, el pueblo que ve con desconfianza a los candidatos que formen parte de la farsa.

UD tendrá que decidir ahora entre desaparecer dentro de la legalidad y resignarse a seguir siendo un partido enano o ver desaparecer su respaldo popular y no crecer como parte del movimiento político que se gesta para el futuro. El candidato que haga campaña en las condiciones actuales, va a ser considerado por muchos como un oportunista, más cerca del golpismo que del pueblo en desobediencia. Para prueba podemos ver en donde ha quedado la candidatura de Doris Gutiérrez, antes la candidata más popular del partido, ahora solo un elemento estético de las papeletas. Cualquier decisión que tomen como partido será difícil, pero deben recordar que la legalidad no existe en un régimen de facto. Mientras tanto el apoyo del pueblo, una vez perdido, no es posible recuperarlo.

Las noticias reportan un incidente violento el fin de semana en una concentración en San Lorenzo, Valle, cuando el presidente del Congreso Nacional, el diputado Saavedra, realizaba una concentración política en busca de la reelección. El saldo aún no me es claro, pero se habla de un muerto y varios heridos entre los manifestantes.

Mientras, la represión continúa usando la forma del sicariato para sembrar el terror entre el pueblo. La denuncia que hizo un miembro de la resistencia esta mañana, contando como cinco hombres fuertemente armados entraron a su casa y lo sometieron junto a su familia, golpeándolo y amenazándolo, no hace sino confirmarnos la urgencia de desarrollar estrategias de auto defensa en todo nivel.

10 DE NOVIEMBRE

Estados Unidos ha enviado una comisión más para buscar el cumplimiento del acuerdo Tegucigalpa–San José. Esta vez, Ian Kelly, vocero de la Casa Blanca, viene a convencer, tanto a Micheletti, como a Zelaya, de la necesidad de volver a la mesa del diálogo. El error, nuevamente, es intentar poner al mismo nivel los intereses que representa el usurpador con aquellos que mueven a la resistencia.

—No hay espacio ya para nuevos diálogos —dijo Manuel Zelaya en entrevista a Radio Globo—. No podemos seguir cayendo en su juego, nosotros actuamos de buena fe y ellos se burlan de todos —concluyó.

Es tarde ya para cumplir con el acuerdo.

La resistencia tiene clara una cosa, la participación del gobierno de Obama en el conflicto ha favorecido más a los golpistas que al pueblo en desobediencia. Los objetivos de Thomas Shannon en su visita de finales de octubre correspondían más a la necesidad de la administración de destrabar el nombramiento de Arturo Valenzuela para subsecretario adjunto, que en un interés legítimo de ayudar a buscar una solución al problema que ellos han creado. Porque a más de cuatro meses del golpe de Estado, Micheletti sigue en una silla que no le pertenece y el pueblo sigue en las calles. A diez días de firmado el acuerdo, el Congreso Nacional sigue sin sesionar para tratar el punto cinco del mismo que habla de la restitución de Zelaya.

—Nadie debe presionar al Congreso Nacional —dice el arrogante presidente del parlamento mientras la Corte Suprema de Justicia, el Ministerio Público y la Procuraduría General siguen sin pronunciarse sobre el mismo. El Comisionado Nacional de los Derechos Humanos envió esta tarde su pronunciamiento y sin conocerlo todos sabemos lo que dice. La dictadura trata de presentar en los medios que el retiro de las candidaturas independientes no ha afectado su plan de realizar elecciones en 20 días.

—Podemos cortar las papeletas para que no salga Carlos H Reyes —dijo Enrique Ortez, magistrado del Tribunal Electoral.

La decisión de la resistencia ha provocado varias reacciones a nivel nacional e internacional, colocando por un lado a UD, parte del Partido Liberal y del otro partido Social Demócrata PINU–SD, en la complicada situación de tener que decidir en los próximos días si participar o no en los comicios, mientras la OEA por el otro lado, en su Asamblea extraordinaria, anunció hoy que no hará de observador el próximo 29, por primera vez en la historia política nacional.

El gobierno de Micheletti ruega, a través de su canciller, que cumplan con su parte del acuerdo que ellos mismos violentaron.

—Estas serán las elecciones más limpias de la historia —repiten una y otra vez por todos los medios, recordando las lecciones de Joseph Goebbels.

—La resistencia de Valle me apoya —dijo Saavedra en San Lorenzo cuando visitaba su departamento, en campaña por la reelección— acá no hay división adentro del partido. —Concluyó, minutos antes de que sus guardaespaldas dispararan contra los manifestantes, que intentaban boicotear el mitin político, matando a uno e hiriendo a dos más.

El Registro Nacional de las Personas en Juticalpa se prendió en llamas esta madrugada, al igual que el Registro de la Propiedad en Catacamas. Nadie ha vindicado aún las acciones, si bien ambos incidentes fueron ocasionados por el lanzamiento de bombas molotov a los edificios. La policía, a diferencia de otras ocasiones, no ha culpado a la resistencia de los incendios y ha dicho que su dictamen se basará en las pruebas encontradas en el lugar de los hechos.

El *Mall* Multiplaza, en alerta por posibles atentados, revisa cada bolso que entra al complejo en busca de armas y aparatos explosivos. Similares acciones han sido tomadas en las terminales aéreas y edificios públicos. En Yoro, el Alcalde y candidato a la reelección del municipio de Morazán, fue asesinado por desconocidos. En Tegucigalpa, José Callejas Romero, hermano menor del ex presidente Rafael Leonardo Callejas, fue asesinado también en condiciones extrañas mientras hacía "negocios" en un solar baldío de la ciudad. Alfredo Jalil, padre del Viceministro de Seguridad, secuestrado hace varios días al salir de su casa, fue liberado por la policía que capturó a los delincuentes declarando que estos no tenían conexión con la resistencia.

—La crisis de Honduras me recuerda al mito de Sísifo —dijo el embajador de Venezuela en la Asamblea— cuando creemos que hemos llegado a una solución de la crisis, la piedra vuelve a bajar, condenándonos a tener que subirla de nuevo. Y esa ha sido siempre nuestra historia.

12 DE NOVIEMBRE

En Honduras siempre hemos sabido que los políticos son mentirosos. Mienten a la hora que les preguntas sobre sus planes de gobierno. Mienten cuando prometen trabajo para todos aún sabiendo que las probabilidades son que el próximo año habrá menos trabajo. Prometen "dinero en tu bolsa", cuando los pronósticos nos dicen que se acerca una fuerte devaluación y el dinero valdrá menos que ayer. Nos ofrecen cambios, cuando llevan a la misma gente que ha estado sentada en la silla de los poderosos por 30 años, los hijos de aquellos que estuvieron antes que ellos y hablan, piensan, sienten y actúan igual que siempre lo han hecho por más de un siglo. Anuncian seguridad, cuando los índices de violencia nos colocan en uno de los países más violentos del mundo; felicidad y demás ofertas de campaña que todos sabemos son imposibles de cumplir y no hacen sino recordarnos que su oficio es mentir.

Esta crisis nos ha desnudado a todos y ahora sabemos quién es quién. Conocemos a la oligarquía y sus secuaces, sabemos de las verdaderas intenciones de la administración de Obama, pero especialmente conocemos a la clase política nacional, incapaz de aceptar los cambios en la ciudadanía, que se ha limitado a crear canciones y *slogans* que nada reflejan lo que buena parte de la sociedad (sino la mayoría) está pensando, sintiendo y temiendo.

Hace casi cinco meses que se dio el golpe de Estado rompiendo con el frágil acuerdo social que permitía cierto nivel de gobernabilidad en el país. Unificación Democrática, partido de izquierda, nacido de la consolidación de diferentes partidos y movimientos revolucionarios, ha logrado 6 diputados pero nunca fue capaz de crecer entre el pueblo. Formó parte desde el principio de la resistencia popular en contra de la avanzada fascista.

—Si no hay restitución del orden constitucional con Zelaya en la presidencia, UD no participará en las elecciones —dijo en varias ocasiones César Ham, candidato a la presidencia del partido. Concluyó recordando que participar en las elecciones dentro de un gobierno de facto no es sino legitimar el golpe de Estado.

Ahora, llegado el momento de cumplir con las palabras tantas veces repetidas al calor de las marchas y tomas de carretera, vemos a un partido que se echa atrás cobardemente argumentando la legalidad de una personería jurídica que depende de su participación en los comicios.

—No podemos negarle al pueblo su derecho a tener opciones —dijo el partido, a través de su vocera en el programa la "Voz del pueblo" que se transmite por Radio Globo. Con esto UD está cometiendo el error que llevará a su desaparición como fuerza progresista. Reconocer unos comicios a todas luces ilegítimos, tirados por la zanahoria de las diputaciones, que según sus infantiles cálculos piensan obtener con los votos del pueblo descontento; creer que larresistencia se volcará a votar por ellos por ser parte del movimiento contra el golpe de Estado, mientras se frotan las manos imaginando el poder que obtendrán en la próxima legislatura con los 30 diputados, que según sus encuestas habrían de ganar si logran convertir en votos los brazos alzados del pueblo; no harán sino condenarlos a sufrir el mismo final que los demás partidos políticos de la desgastada democracia hondureña.

La razón por la cual la candidatura independiente de Carlos H. Reyes logró tanta fuerza en apenas cuatro meses, no es tanto por la personalidad de Reyes, por lo demás poco agraciado a nivel de carisma; tampoco es por el desgaste consuetudinario de los partidos mayoritarios y oligárquicos que no han sido capaces de renovar cuadros y se ven en la necesidad de usar su plana geriátrica. La razón es que Unificación Democrática fue incapaz de reconocer las necesidades reales del pueblo y proyectarlas en propuestas respetuosas. Fue por la corrupción de su cúpula, aunque menos escandalosa que la de los demás partidos políticos, no deja de molestar entre las bases que ven a sus dirigentes con desconfianza. Fue porque, cegados por la ambición, han promovido la división entre sus filas causando la expulsión de cerca de la mitad de su militancia.

La liberación del pueblo hondureño es una lucha que va para largo. Todos lo sabemos, y aunque en un momento de esta lucha hemos visto el final cerca, lo cierto es que ahora comprendemos que será difícil. Pero con todo el sufrimiento y el dolor que nos lleve, sabemos, porque la experiencia de los pueblos hermanos de la región y de nuestro propio pueblo nos ha enseñado, que es necesario. No es una lucha para cuatro meses, seis o un año y muy especialmente, no es una lucha electoral para colocar diputados en el congreso nacional que nos ofrecen la Asamblea Nacional Constituyente, así como Elvin nos ofrece dinero y Pepe, trabajo.

Jugar con las aspiraciones del pueblo es una falta de respeto imperdonable y UD nos está faltando al respeto como movimiento de resistencia. La actitud oportunista que presenta Unificación Democrática, más que cautelosa, como ellos quieren creer, es una clara traición a Zelaya, que sigue recluido en la cárcel de la embajada de Brasil, es una traición a los mártires que dieron su vida en las mismas calles que pisamos exigiendo dignidad y democracia, pero sobre todo, es una traición flagrante al pueblo hondureño que no quiere opciones dentro de un congreso corrupto, ilegítimo y golpista, lleno de negociantes de la dignidad y traficantes del honor.

Lo que queremos, señores candidatos y candidatas, es un liderazgo firme, leal, consecuente con las promesas que ofrecen, por pequeñas que sean. Queremos que, a 138 días de resistencia cumplan con lo que han prometido. Si son incapaces de hacerlo ahora que son candidatos, serán incapaces de cumplirle al pueblo cuando gocen de las mieles del poder.

18 DE NOVIEMBRE

Las elecciones vienen, sabíamos no las detendríamos. De hecho, nunca realmente pensamos detenerlas. En el fondo esperábamos que los golpistas cayeran en razón, que rectificaran y nos permitieran participar en condiciones más o menos equitativas. Pero no fue así. Contrario a todo pronóstico, las elecciones vienen de la mano de la dictadura que ahora pretende dar al mundo cara de "demócratas". Estas elecciones nacieron enfermas, se desarrollan enfermas y terminarán enfermas este 29 de noviembre. Los dos principales partidos, el Liberal y Nacional, históricos enemigos ideológicos, hoy se han fusionado en uno solo y por más que tratan de crearse diferencias, sabemos que son falsas.

—Si votas por Pepe, votas por Chávez —dice el anuncio de Elvin Santos, y su paralelo con el líder venezolano produce risa al recordar la pasada propuesta seudo fascista de la campaña de Lobo, cuando en el 2005 añoraba los tiempos del dictador Carías y la pena de muerte como forma de enfrentar la violencia en el país.

—Vos o Chávez —dice el *slogan* de Tito Sierra, candidato a diputado por el Partido Nacional; igual dice Nelson Licona, candidato a diputado por el Partido Liberal.

Da la impresión que Chávez es el candidato más popular de la contienda.

Unificación Democrática, haciendo uso de su poca capacidad estratégica, insiste en participar en las elecciones esperando que la resistencia se vuelque a votar por sus diputados.

—Tenemos el derecho como partido a participar en las elecciones —dicen y llegan al punto de acusar de golpistas a quienes, desde los teléfonos, megáfonos y pintas les acusan de "traidores".

—Aquellos que no quieren que participemos en las elecciones

no son más que golpistas —dice la presentadora del programa oficial de Radio Globo en declaraciones que suenan más apologéticas de lo que quiere.

—Para lograr la Asamblea Nacional Constituyente debemos tener representación en el congreso —dice la dirigencia de UD.

Olvidan que no queremos una constituyente de regalo, sino una ganada desde abajo, en las calles, en donde el pueblo lucha y grita, sufre y canta. Este sábado se dará la Asamblea Extraordinaria del partido, donde discutirán su participación (o no) en las elecciones. Ya no hay excusas. Se sabe no habrá restitución y se entiende que el desgobierno hará uso de los comicios para "blanquear" su cara. Las bases de partido amenazan con retirarse si la dirigencia insiste en participar, Cesar Ham aparece por primera vez en anuncios de televisión y no suena muy distinto a los demás candidatos.

Si UD insiste en participar del gran fraude, no solo perderá a su indignada base militante, perderá el apoyo y el respeto del pueblo que tenía puesta sus esperanzas en un partido que ha sido secuestrado por un grupo cómplice de la oligarquía.

Craig Kelly volvió de visita a Honduras, su segunda vez en una semana. Esta vez recordó que "nadie le puede quitar el derecho al pueblo de participar en las elecciones". La dictadura ha usado sus declaraciones para reafirmar que sus elecciones sí serán reconocidas y menosprecian los comunicados oficiales de Brasil, Argentina y España que han dicho que no aceptarán al gobierno que surja de los comicios.

Una solicitud clara parece haber llegado con Kelly: pidió respetuosamente, como suelen ellos hacerlo, el apoyo del gobierno presidido por Zelaya, el único que reconoce la ONU, para que se sume junto a la gran nación del norte y un grupo de sus "aliados" en la condena que pretenden presentar en contra de las violaciones a los Derechos Humanos en Irán. Nada ha dicho Obama sobre la violación a los Derechos Humanos en Honduras, esperamos que en la misma condena a presentar esta semana en Naciones Unidas se manifieste al respecto.

Esta semana abandonó el país el líder ambientalista Andrés Tamayo, sacerdote de origen salvadoreño que por 26 años vivió en Honduras protegiendo los bosques de las mafias depredadoras de Olancho. Micheletti lo declaró *non grato*, lo expulsó del país por, según él, "llamar a la violencia". La salida del padre Tamayo nos recuerda, con dolor en el alma, la expulsión del también sacerdote Guadalupe Carney, quien años después ingresó a Honduras como capellán de la columna guerrillera de José María Reyes Mata. Da la impresión que la historia se repite, para cerrar los círculos que nuestros mártires dejaron abiertos.

23 DE NOVIEMBRE

—Si no votas, votas por Chávez —dice el último anuncio de la dictadura.

La resistencia se complace con su NO voto.

UD ratificó en su asamblea extraordinaria del sábado pasado, su decisión de participar en los comicios. Si bien los diputados Silvia Ayala y Marvin Ponce, entre otros, manifestaron su desacuerdo con tal decisión, al final quedó firme por mayoría y ahora piensan aprovechar las pocas horas que les quedan de campaña para llamar al voto. En su intento apologético por justificar su determinación de ir en contra de la asamblea de la resistencia, cometen el error de repetir las justificaciones hechas por la dictadura, cuando piden al mundo les reconozca sus elecciones.

—No podemos quitarle el derecho al pueblo a tener por quién votar —dicen.

—Estas elecciones fueron convocadas antes del golpe de Estado.

—La Resistencia debe respetar nuestra decisión.

Muchos lamentamos ver como la UD participará en las elecciones jugando en contra de sí mismo, sin tiempo siquiera para construir sus propia justificaciones. En la asamblea de UD ha privado el miedo. Han escogido la legalidad de un régimen de facto que los amenazaba con quitar su personería jurídica si rehusaban ir a elecciones, por encima de la lucha prolongada que nos llama a construir poder desde las calles, lejos de los pulcros pasillos de las estructuras del poder

Hoy terminan las campañas políticas de los candidatos y, a diferencia de otras ocasiones, el cierre ha sido modesto. Atrás quedaron los años de gran desborde con Los Tigres del Norte y Paquita la del barrio. Atrás quedaron las grandes concentraciones de cientos de miles buscando abrazar a su candidato y futuro presidente del país. Este año, las graderías vacías retratan al verdadero ganador de los comicios: el miedo.

Porque si hay un sentimiento que en la actualidad nos une a todos en Honduras, sin importar posición política, clase o estatus, es el miedo.

Siente miedo la dictadura que llama a cinco mil reservistas para abarrotar las calles y avenidas del país, ya llenas de militares y feroces policías, que busca controlarnos a través del miedo para completar su proyecto de poder absoluto.

Sienten miedo los que apoyan el desgobierno, dicen estar dispuestos a salir a votar "sin importar lo que pase", para poner fin a la crisis y ponerle fin, al miedo.

Siente miedo también en la resistencia, que observa alarmada los movimientos del régimen y teme que la denuncia del plan para la ejecución de una masacre se consume (32).

El retiro temporal de Micheletti, anunciado el viernes pasado, lejos de calmar nuestros temores, los aumenta. Vemos con desconfianza el movimiento de piezas en un tablero donde se juegan nuestras vidas y sabemos que el señor Micheletti no es más que un *Alfil* descartable. Comprendemos, no hay necesidad para su retiro "temporal", sino para calmar la exigencia de la comunidad internacional que ya ha manifestado, hipócritamente, ver con buenos ojos dicha acción.

En el país nada cambia, las fuerzas que tomaron el poder el 28 de junio se mantienen intactas con o sin la figura nefasta del dictador.

A partir de hoy inicia el desarme general ordenado por el desgobierno. Múltiples operativos de la policía revisarán nuestros vehículos buscando armas y material "subversivo" que pueda poner en peligro las elecciones. Como material subversivo debemos entender también los volantes y pancartas llamando a la abstención, carteles

(32) *Semanas previas a las elecciones, Andrés Pavón, presidente del Comité por la Defensa de los Derechos Humanos CODEH, anunció por los medios de comunicación que se estaba preparando una masacre por parte de grupos paramilitares ligados a la ultra derecha, que habría de ejecutarse el día de las elecciones. Dichas declaraciones provocaron ansiedad entre los activistas de la Resistencia, que acataron el llamado al "toque de queda ciudadano" convocado por el Presidente Zelaya y los líderes del Frente de Resistencia. Lejos de hacerse acciones en boicot contra las elecciones, la resistencia no salió de casa.*

de la resistencia y toda indicación de filiación izquierdista. Mientras, aumentan las denuncias de supuestos criminales "disfrazados" de policías, con armas de policías y patrullas de policía que ingresan por la fuerza a las casas secuestrando jóvenes y adultos que luego aparecen ejecutados en algún solar baldío.

Las noticias reportan un promedio de doce muertes diarias, la mayoría dadas con suma violencia y aunque no parecen vinculadas con móviles políticos, aumentan la atmósfera de miedo.

La Resistencia mantiene su llamado a no votar el próximo domingo, ha "decretado" un "toque de queda popular" para el 29 de noviembre y pide al pueblo que no salga de sus casas para evitar la pérdida de vidas humanas. Algunos sectores van más allá y piden acciones de boicot más contundentes: confrontar la fuerza con la fuerza.

Apenas cinco meses han pasado desde que los mismos intereses oscuros que hoy protegen las urnas, boicotearan, implantando el miedo por decreto, una consulta popular que buscaba una "cuarta urna". La oligarquía tuvo miedo y golpeo con toda su fuerza. Hoy los papeles han cambiado, este domingo la oligarquía se prepara para culminar el proceso electoral más polémico de nuestra historia reciente y temen, al golpe popular contra su consulta.

25 DE NOVIEMBRE

La campaña de terror ejecutada por la dictadura en contra de los sectores populares, está realizándose como lo denunciara Andrés Pavón, presidente del CODEH, hace un par de semanas. El ataque perpetrado con armas militares en contra del político y empresario olanchano, Ulises Sarmiento, fue sólo el inicio. Hoy es sepultado el cuerpo del profesor Gradis Espinal, maestro de la resistencia de la zona sur del país. Su cuerpo fue encontrado ayer, maniatado y ejecutado, luego de haber sido reportado desaparecido por sus familiares. Testigos aseguran fue detenido por elementos policiales y militares en uno de los tantos operativos de revisión que hay por todo el país.

En la ciudad de El Progreso, la policía realiza intensos operativos en las residencias de los líderes de la resistencia y dicen haber encontrado un pequeño arsenal de armas en casa de una profesora, arrestando incluso a un ciudadano de origen alemán. Entre las armas incautadas reportan varias libras de clavos que según el vocero de la policía serían usados para hacer "miguelitos" o trampas para las llantas de los carros y boicotear los camiones repartidores de las urnas electorales. En la misma zona, las comunidades de Tacamiche y Silím reportan estar rodeadas por decenas de elementos militares.

En Danlí, varios jóvenes fueron secuestrados por el ejercito causando terror entre la población. Según la denuncia de los familiares, han sido reclutados para forzarlos a hacer el servicio militar. Mientras, en la misma ciudad, un procurador de los derechos humanos fue puesto bajo arresto por "entorpecer el trabajo de los operadores de justicia".

Hoy fue arrestado Milton Jiménez Puerto, cercano colaborador, ex canciller y amigo del presidente Zelaya, quien desde el 28 de junio se encontraba en la clandestinidad. Con el arresto de Jiménez se ejecuta la orden de captura del primer prisionero político vinculado a la cúpula del gobierno de Zelaya y sirve, a su vez, como recordatorio de lo que podría pasar si el propio Mel se atreve a salir de su refugio diplomático.

La policía importó esta semana un gran arsenal de armas que incluyen diez mil granadas lacrimógenas, cinco mil balas de goma y un nuevo camión tanque anti–disturbios valorado en doce millones de dólares. Según reporte de la secretaría de seguridad, el objetivo de la adquisición estriba en la defensa del derecho del pueblo a elegir sus autoridades. Sin embargo, cuesta creer que toda esta acción se realice con el único fin de asegurar las elecciones.

Los comicios hondureños están ahora lejos de ser reconocidos por la mayoría de los países latinoamericanos, si bien Estados Unidos, Perú, Colombia y Panamá, el ala ultra derechista del continente, ha dicho que reconocerá al nuevo presidente, lo cierto es que esto traerá tensión entre los distintos gobiernos, ya de por sí, sumamente divididos.

Pero quien más sale dañado con el efecto Honduras, es la administración Obama, quien ha sacrificado las posibilidades de una política exterior más igualitaria, de cooperación entre las naciones, por el *real politic* imperial que desde siempre ha separado a Estados Unidos del subcontinente. Lula da Silva ha manifestado desde ya, su desilusión sobre el giro a la derecha en la política exterior del presidente norteamericano y le recuerda su promesa, hecha apenas seis meses atrás y rota con Honduras, de construir una nueva relación entre Estados Unidos y Latino América.

Y aunque no hay observadores internacionales en los comicios, el régimen anuncia complacido la llegada de la insignificante asociación *Concerned Women of America* quien viene, junto al "Estado" de Taiwan, como observadores y testigos de la transparencia del proceso electoral hondureño, los ojos del mundo estarán puestos sobre Honduras este fin de semana.

La resistencia sabe que las elecciones son un recurso importante para salvar la dictadura transfiriendo el mando a un testaferro, quien con cierto grado de legalidad deberá concluir el proyecto político del golpe de Estado. Sabe también que por ser tan importantes buscará defenderla con toda la fuerza necesaria. Y es esa la trampa, porque si el régimen déspota de Micheletti, con o sin él frente a la cámara, ejecuta una acción de represión sin precedente por todo lo largo y ancho del país, para garantizar las elecciones, el mismo día que los ojos del mundo ven con sumo cuidado sus actuar, corre el gran peligro, no solo de que los comicios no sean reconocidos, sino que sean impugnados por la comunidad internacional.

¿Qué busca entonces la dictadura con toda su campaña de terror?

El gobierno que gane en estas elecciones tendrá un país sumamente difícil de gobernar. Si combinamos una deuda de cerca de veinte mil millones de lempiras suscrita con la banca privada del país a un índice del 10% de interés anual, la carencia de posibilidades reales de financiamiento externo que pueda amortiguar medianamente la crisis, un decrecimiento de cerca del 4% de la economía nacional, más la devaluación de la moneda hasta un 50%, incremento en los impuestos y falta de efectivo para pagar salarios, sumado a un sector popular altamente descontento y organizado, un gobierno carente de legitimidad interna y externa, sumamente débil, sostenido únicamente por la fuerza armada y policial.

La oligarquía necesita eliminar la oposición política para consolidar su nuevo proyecto de dominación, esa eliminación puede ocurrir únicamente a través del terror, el asesinato y el genocidio. Sin embargo, comenten nuevamente el mismo error que cometieron en la víspera del 28 de junio: desprecian la capacidad creativa, la capacidad transformadora de la lucha, la combatividad de un pueblo que ha reconocido el enemigo y entiende, esta vez con mayor claridad, que ha iniciado el camino hacia la liberación nacional, hacia la refundación del Honduras.

28 DE NOVIEMBRE

Mañana son las elecciones generales y la oligarquía se prepara para culminar la última etapa de su macabro plan de dominación. El golpe de Estado del 28 de junio, si bien no fue el inicio de la crisis política, fue el punto de giro que les permitió tomar control absoluto del país y someter las estructuras del Estado bajo la consigna represora del régimen.

Ahora, en control pleno de los dos focos constructores de hegemonía, estado y sociedad civil burguesa, pretenden cerrar la aventura golpista con un circo electoral que de legitimidad al nuevo gobierno, que asumirá con el compromiso de dejar incólumes los aparatos represores, que bajo la doctrina de seguridad nacional protegen a la clase dominante y sus intereses económicos, so pena de perecer como administración al estilo melista.

—Aquel que se atreva a creer que la presidencia es un cheque en blanco para hacer lo que quieran —dijo Micheletti ante la prensa—, sufrirá la suerte del señor Manuel Zelaya.

Y como clase están dispuestos a cumplir con su amenaza.

Dentro de la última etapa de esta fase del proyecto, está el golpear a la resistencia para garantizar menos oposición en la administración siguiente. "Encierro, destierro o entierro", fueron las sentencias usadas por el Cariato (33) que se implantó desde 1933 hasta 1949, luego de la inestabilidad de las guerras civiles de principio de siglo XX. Hoy son nuevamente las herramientas que el régimen tendrá a mano para pacificar a los actores populares que forman parte del frente.

Poco les importa el nivel de abstencionismo que pueda generarse en las elecciones de mañana, los pronósticos son altos y continúan aumentando con cada acto de represión que ejecutan. Cada reten policial, cada arresto y cada asesinato en defensa de sus elecciones

(33)Así se conoce al período de la historia gobernado por el General Tiburcio Carías Andino (1933-1949), quien al igual que sus colegas dictadores de la región, implantó un gobierno represivo de linaje fascista.

no hacen sino espantar a la población, que ha asumido el llamado a votar lanzado por los medios golpistas.

Esta mañana la policía disparó a un vehículo civil por no hacer el alto en el retén, tres jóvenes se baten entre la vida y la muerte mientras el vocero policial justifica la acción con el estrés a que están siendo sometidos los elementos armados, por causa de "los atentados explosivos ocurridos en la madrugada". La población con miedo se niega a salir de sus casas y las calles hoy parecen tan vacías como el 27 de junio.

Porque hay paralelos entre el sábado anterior al golpe de estado y el día de hoy. Ese lluvioso sábado paseamos por la ciudad sintiendo el miedo por las calles, la tensión entre todos, como de fuerzas echadas a andar, a las que ya no era posible detener. Si bien ese día no conocíamos el horror que es capaz de crear la clase gobernante, hoy los conocemos plenamente.

A la oligarquía hondureña poco le importa ser democráticos, si alguna vez les importó, entiende que en estas circunstancias basta con parecerlo. Ellos saben, que mañana domingo en horas de la tarde, Costa Rica, Panamá, Colombia, Perú, Canadá, Israel y Estados Unidos habrán de reconocer los resultados ignorando el número de violaciones que se den en el proceso. Negocios, son negocios, dirán.

A estos países le seguirá Japón, Corea y el cuasi estado de Taiwán; a la Unión Europea le tomará más tiempo pero finalmente lo hará, probablemente con excepción de España, que comienza a ver sus intereses comerciales con América Latina, sino más importantes que los que mantiene con Estados Unidos, a lo menos parecidos.

A partir de mañana domingo las condiciones cambiarán en la crisis política hondureña. La dictadura ya no tendrá la presión de la búsqueda de la legitimidad a través de las elecciones, ahora tendrá la aceptación de los países gobernados por la derecha, que durante estos meses deseaban apoyarlos abiertamente en su experimento golpista pero que, atrapados por las instituciones supranacionales, solo podían apoyarlos en secreto. Ahora tendrán la apertura que necesitan, con la calma que les dará el blanqueo electoral, tendrán dos meses para limpiar el país de opositores.

De igual forma, poco le importa a la dictadura la no legitimidad interna del régimen. Saben que a pesar de la represión sin precedentes, no lograron vencer a la resistencia que continua activa, dispersa por todo el país, sin los aliados políticos oportunistas que al final de la contienda tomaron la posición histórica que les correspondía, aquella para la que se formaron por generaciones: la de traidores del pueblo.

El ejército comprende perfectamente que ese "mar de gente" que se movilizó en contra de la dictadura a través de estos ciento cincuenta y ocho días de lucha, los cuales les impidieron ejercer su gobierno de la forma que planearon, están allí, observando indignados, esperando pacientes el momento para volver a las calle. Por eso la oligarquía apuesta por la represión y el terrorismo de Estado. Porque solo con la muerte del adversario podrán encontrar "la paz" que necesitan.

Lo que estos meses fueron para la resistencia como fuerza política, una lucha por el retorno a la institucionalidad democrática, mal construida desde el principio, aceptada como parte de los defectos de la nación, ahora se transforma en una lucha por la supervivencia.

Los cuerpos de inteligencia han tenido el tiempo para levantar perfiles, establecer mapeos de las líneas de influencia al interior del movimiento popular y pretenden hacer uso de ellos, previo al 27 de enero, fecha del siguiente punto de giro. Para ser optimistas, hay que comprender la naturaleza dialéctica de la lucha de la resistencia, que ya ha preparado sus cuadros para hacer frente a la avanzada represora. Porque si no ha preparado sus cuadros, la resistencia sufrirán las consecuencias de menospreciar al adversario.

La lucha que viene será prolongada, como profunda será la crisis. El gobierno que entre el próximo enero tendrá tres alternativas para su desenlace: un nuevo golpe de Estado militar, con una represión descarada que haría parecer a estos cinco meses un juego de niños; la ingobernabilidad y la Asamblea Nacional Constituyente, para establecer un nuevo acuerdo social que de tranquilidad a la vida política nacional.

¿Tendrá la resistencia la capacidad para plantear en la mesa de la constituyente, las múltiples demandas que aquejan a la ciudadanía?

La tendrá, en la medida que sea capaz de dejar de actuar respondiendo y comience a proponer alternativas populares de resistencia.

Más que la lucha por alcanzar el poder, la construcción del poder mismo debe ser la consigna. Porque la resistencia no es un partido político o una organización concreta, es un ideal de lucha, un proyecto que sólo se puede construir desde las calles, desde los barrios y desde las comunidades. No, como quiere creer Unificación Democrática, desde las butacas del Congreso Nacional o desde el sillón presidencial como pretendió hacer Manuel Zelaya.

El pueblo hondureño ha demostrado ser valiente, creativo y decidido en su batalla, un ejemplo de lucha para el continente y el mundo. En cinco meses hemos aprendido a reconocer quién es quién en esta lucha y ese aprendizaje nos permitirá establecer las alianzas necesarias.

El momento de reposicionar la lucha ha llegado.

2+2=100
30 DE NOVIEMBRE

Las elecciones hondureñas se dieron afortunadamente, sin el saldo trágico que en algún momento temimos. No quiere decir que no hubo violación a los Derechos Humanos, la represión a la marcha organizada por la resistencia en San Pedro Sula lo demuestra; las cifras aparecerán en unos días por parte de los organismos respectivos. En todo caso lo que copa las conversaciones del día, es la farsa electoral con que la oligarquía corona —o intenta coronar— la primera etapa de su proyecto. Hoy amanecimos con tres presidentes. La crisis política se transforma, pero no desaparece.

Las etapas del escenarios se fueron dando conforme a lo dispuesto meses atrás, cuando aún calientes por el optimismo que respirábamos en las calles, descubrimos que el poder detrás de sinies-tro Micheletti era más grande que un pequeño grupo reaccionario que llenaba las pantallas de televisión con argumentos absurdos, defendiendo lo indefendible. Conforme a lo planeado se dio el plan Arias, también las múltiples dilaciones por parte del régimen que les permitió llegar a finales de noviembre sin cambiar en lo más mínimo la composición del gobierno. Conforme al plan entró Washington demostrando al cono sur quién es el propietario de Honduras y así tambien se dieron las elecciones.

Sin embargo, a pesar del gran esfuerzo mediático del des-gobierno, no fue suficiente la ofensiva inversión de 600.000,000 de lempiras en el proceso electoral, llamando al pueblo a votar "masivamente" para defender una democracia que sólo es para unos pocos, mucha gente simplemente no votó, marcando un antecedente histórico dentro de las luchas de desobediencia civil.

El Tribunal Supremo Electoral, en un intento ridículo por cubrir los datos de abstencionismo, presenta un resultado incapaz de sostenerse a largo plazo. "62% de los hondureños votaron", dice el diario *La Tribuna*, y la gente no hace sino reír pues todos fuimos testigos del vacío histórico de las urnas.

—Hemos reducido el abstencionismo en un 12% comparado con las elecciones del 2005, —afirmó uno de los magistrados—, prácticamente cada hondureño que estaba en condiciones de votar, votó.

Según los datos del TSE, 4.361,382 personas estaban en condiciones de votar. De esos, más de 1.000,000 de personas viven fuera del país, en condiciones de auto exilio producto de la pobreza, lo que deja un resultado de 3.300,000 votos aproximados. A las 10:00 de la noche, tres horas más tarde de cuando tenían que ofrecer los resultados y excusados por una "falla técnica", que no supieron explicar convincentemente, el Tribunal Supremo Electoral indicó que la participación en las elecciones fue del 61.7%, con 1.716,027 votos emitidos sobre un total de 2.598,600 votantes censados en las 8,662 mesas que han podido ser computadas y que suponen el 56.7% del total de 15,260 mesas electorales.

—Si 1.700,000 votos corresponden al 61.7%, —dijo Zelaya en entrevista a Radio Globo, horas después de los comicios— ¿cuántos corresponden al 100%? A eso corresponderán 2.800,000 votos" —dijo—. O sea, según el Tribunal, apenas entre 200,000 y 500,000 personas se quedaron sin votar en todo el país.

Los datos del voto duro del partido Nacional, sacados en la anterior elección interna del 2008, los cuales son muy parecidos a los resultados de las elecciones generales de 2005, andan alrededor de 800,000 votos, más 1.000,000 de votos por parte del Partido Liberal y unos 150,000 votos que se reparten entre PINU, DC, UD, blancos y nulos.

Sobran 600,000 votos, gente nueva que no es ni de uno ni de otro partido y que, según el TSE le dio la victoria a Pepe Lobo. Cada cuatro años el electorado hondureño crece en 600,000 y este año TODOS votaron por Pepe. Según los datos del TSE el Partido Nacional creció en un 36% comparado con el 2005. Ningún partido en el continente ha crecido nunca de esa forma. El Partido Liberal por su parte decreció 14%. Para hacer la diferencia que marcan las encuestas a boca de urna, Lobo habrá hecho 500,000 votos más que Santos.

Siguiendo con el juego de los números (sé que es cansado, pero ni modo, hay que seguir). Hay un promedio de 300 electores por urna, el 62% de esos 300 vienen a ser un promedio de entre 180 y 200 personas que, por cada mesa, ejercieron el sufragio. Son 9 horas de votación, entre las 8 AM y las 5 PM, un total de 540 minutos que repartidos entre 180 personas hace 3 minutos máximos por cada votante. O sea, efectivamente y como dijo la prensa durante todo el día, las urnas debieron estar llenas "todo el tiempo".

Sin embargo la realidad contrasta con la ficción del régimen. Lo que vimos fueron jornadas completas de mesas vacías, especialmente en las zonas más pobres del país. Reportes de delegados y testigos hablan de hasta un 80% de abstencionismo en algunas zonas, como en los departamentos de Santa Bárbara, Olancho y El Paraíso.

La resistencia y el presidente Zelaya denuncian un total de 62% de abstencionismo, lo más grandes en la historia del país. Interesante que luego el TSE habló de un 62% también, pero de participación. Si hacemos un recuento de las elecciones del 2005, el resultado sumo cerca del 44% de abstención, una diferencia de 18% con las elecciones actuales, nuevamente coincidentes con el total que le aventaja Pepe Lobo a Elvin Santos en todos los resultados.

Nuevamente iremos a una realidad con dos versiones contrarias. Como dos mundos paralelos: la resistencia y el régimen reclamarán como propia la verdad. Bastará recordar que para el des-gobierno, no hubo golpe de Estado, no ha habido violaciones a los Derechos Humanos, no hay resistencia y ahora, no hay abstencionismo.

En todo caso hay que reconocer que los nacionalistas votaron por su candidato y la mitad del partido liberal no voto por el suyo. Si bien puede resultar fácil fabricar votos para el presidente, difícil resultará repartir 600,000 votos entre los diputados. Digo difícil, porque seguramente los ganadores del curul, aquellos que gozaron del agrado del elector, quedarán marginados a manos de diputados impuestos por los grupos de poder. Seguramente más de algún diputado electo presentará información contraria a la presentada por el TSE y parecida a la alegada por la resistencia y eso hará aun más frágil la legitimidad de los comicios.

Datos primarios hablan de cómo por primera vez en la historia, el Partido Nacional ganaría más de 70 diputados de los 128 que componen el Congreso obteniendo mayoría absoluta, controlando plenamente todos los poderes del gobierno. Con eso desaparece técnicamente el bipartidismo, porque si bien dentro del parlamento sigue vivo el Partido Liberal, pasa a ser un partido con 40 diputados y no tendrá fuerza alguna para oponer las decisiones que Porfirio Lobo ejecute desde el ejecutivo.

La oligarquía desconfía seriamente de Pepe Lobo, no porque no sea suficientemente conservador, 4 años como presidente del Congreso Nacional en la administración Maduro dejó pruebas suficientes de eso, sino porque ya no confían en nadie que se aleje medianamente de su círculo; haber sido comunista en su juventud, haber estudiado un par de meses en Moscú y ser Olanchano, lo hace demasiado cercano al Melismo y temen ceda ante la presión popular.

Porque tanto Pepe Lobo, la oligarquía, como la resistencia comprenden que la verdadera oposición estará esta vez en las calles. Con un frente amplio de resistencia popular determinado a lograr sus demandas: la constituyente, juicio para los violadores de los Derechos Humanos y perpetradores del golpe de Estado, justicia para los perseguidos políticos, poder político y participación democrática, entre otros. Sumado a un gobierno altamente impopular producto de la crisis heredada, que la falta de reconocimiento internacional de la mitad izquierda del mundo y los múltiples paquetazos económicos que se verá obligado a implementar, lo harán un gobierno frágil, más frágil aún que el de Zelaya.

La oligarquía buscará asegurarse una directiva adentro del Congreso Nacional acorde a sus intereses —seguro encontrarán opciones dentro del Partido Nacional— para controlar los movimientos del gobierno de Lobo, quien por mucho que intente alejarse de Manuel Zelaya comprende que, para poder gobernar necesita de una tregua con el defenestrado líder y es a eso que le temen. No en vano declaró Martha Lorena Alvarado el día de ayer, al conocer la derrota de su candidato:

—Al primer movimiento que haga hacia la izquierda, que espero en Dios no se dé, estaremos en las calles, marchando nosotros, la verdadera resistencia.

TERCERA PARTE

EL BUEN GOLPE: COMO LA COMUNIDAD
INTERNACIONAL BLANQUEÓ EL GOLPE DE ESTADO

DICIEMBRE 2009
NOVIEMBRE 2010

LO QUE SIGUE
DICIEMBRE 26 DE 2009

El 2009 se fue y con él se va probablemente el año más intenso de nuestra historia reciente. Este año experimentamos el crecimiento de conciencia y movilización de un pueblo, que desde la izquierda siempre creímos adormecido. Vimos, para deleite de nuestros ojos, cómo las calles estrechas de las ciudades se llenaron con rabia e indignación, con orgullo y valentía, haciendo frente a la mentira y el terror. Aprendimos a reconocernos, a escuchar nuestra música, a escribir nuestra poesía, a pintar nuestra dignidad con letras mayúsculas.

Este fue también el año en donde la ambición, el oportunismo y la desesperación desnudaron la naturaleza sanguinaria de una élite mediocre, capaz de hacer cualquier cosa con tal de mantener inalterados sus privilegios históricos que, apoyados por una clase media seudo fascista, validaron el terrorismo de Estado por miedo y desprecio a las clases populares.

Ahora estamos desnudos ante la historia, si bien el cambio de año nos sirve —en lo personal— para evaluar nuestras metas, para reconocer aquello en lo que fallamos y prepararnos para lograr las condiciones que nos harán mejores personas, limpiarnos y perdonar para iniciar el año, debemos comprender que, en el caso de Honduras, no habrá tabula rasa: "ni olvido ni perdón", dice el slogan de COFADEH y sus palabras cobran especial vigencia este día.

Estamos desnudos. Seguiremos desnudando nuestra esencia porque lejos de solucionarse la crisis hondureña, se mantiene y más bien tiende a ir intensificándose. Para el nuevo año 2010, Porfirio Lobo Sosa recibirá la presidencia de un país en ruinas, si la recibe, que hay altas probabilidades que no lo logre. En sus manos está la posibilidad de lograr los consensos para alcanzar la solución a la actual crisis política, que no podrá lograrlo, porque Lobo carece de las cualidades necesarias para ello, así como del interés auténtico.

Nuestra economía nacional está en banca rota, lo dicen los organismos internacionales que ven con horror cómo la nefasta aventura golpista amenaza con arrastrar las frágiles economías de la región. Una deuda interna mayor a los 20,000 millones de lempiras adeudada a la banca privada, que el 10 de interés anual la hace impagable; un decrecimiento del 4% en la economía y el desarrollo, que obligarán a la nueva administración a devaluar la moneda entre un 20% y un 30%, aumentar el impuesto sobre el valor agregado del 12% al 15%, subir el costo de los impuestos sobre la propiedad, registro de vehículos, importación y exportación, impuesto sobre la renta y, lo más apetitoso para el gran capital internacional: privatizar los pocos recursos nacionales que aún quedan en manos del Estado.

Aparte de la impopulares reformas económicas, tocará a Lobo dirigir la negociación del nuevo estatuto del docente, el cual por diez años han buscado eliminar.

Manuel Zelaya logró pagar la deuda con los maestros gracias a los fondos de la ERP, producto de la condonación de la deuda externa durante la administración Maduro, capital con el cual no podrá contar el nuevo gobierno.

Los conflictos agrarios han comenzado a aparecer en el espectro político nacional. La creciente presión de los sin tierra por acceder a más y mejores recursos para el agro, en contra de los intereses mezquinos de la clase terrateniente, hará del campo un territorio de batalla sin precedentes.

El desempleo en las grandes urbes empujará, en un futuro próximo, a más trabajadores agrícolas a buscar organizarse, para tomar las tierras ociosas acaparadas por los bancos y la oligarquía. La migración ya no es una válvula de escape para la crisis, porque las fronteras se han cerrado para todos y, por el contrario, el desempleo en los Estados Unidos empuja a más compatriotas al retorno vergonzoso.

Ante tal ambiente de ingobernabilidad, la actual como la nueva administración harán uso del único recurso que les queda: la fuerza. La represión abierta, el terrorismo de estado y el sicariato se han convertido en las únicas herramientas de control sobre un pueblo organizado, capaz de poner en aprietos al desgobierno.

Poco podrá hacer Lobo para salir del círculo de muerte que le han dibujado sus más cercanos "aliados". Sus guardaespaldas, más que cuidarlo, tendrán la delicada labor de vigilar sus pasos. En la fiesta del cumpleaños 62 de Porfirio Lobo, Walter López Contreras, canciller de facto del régimen Michelettista, obsequió como "broma" macabra, en nombre de la administración dictatorial: una Pijama.

Por su parte, la resistencia tendrá la urgente labor de evolucionar a una organización capaz de hacer frente a la dictadura continuada de Lobo Sosa. Nuestra vida está en juego, no se trata ya de salir a caminar sin dirección, a presionar sin presión, a reaccionar sin proponer los lineamientos necesarios para la construcción utópica de un nuevo país, purgando en el proceso a los cobardes y oportunistas que nos dañan desde las entrañas mismas del movimiento popular.

Más que necesaria es urgente en el país una nueva visión del liderazgo. Debe dejarse atrás a Manuel Zelaya y su juego gallo gallina que lo encerró en su propia trampa. Atrás el oportunismo de Unificación Democrática y las zancadillas lingüísticas producto de los discursos poco meditados. Muchas oportunidades se perdieron durante el 2009, por miedo o por ignorancia, para liberar al pueblo del yugo opresor de la élite burguesa. El 2010 nos dará nuevas oportunidades que hay que aprovechar, si los dirigentes escuchan el clamor de las bases y asumen su rol con valentía, habrá que cambiar la cúpula del movimiento.

Sólo la organización de base, la concientización y la educación política nos permitirá, desde el pueblo, construir la estructura capaz de alcanzar la victoria popular. El enemigo de clase no respeta nuestras vidas y asumirlo es el primer paso para entender lo que sigue.

Alea jacta est.

LA DIVERSIDAD SEXUAL
DESDE LA RESISTENCIA POPULAR
19 DE FEBRERO DE 2010

Cuando la inmensa marcha del 15 de septiembre del año pasado llegó a la Plaza Central de Tegucigalpa, dos imágenes quedaron grabadas en la mente de muchos: el enorme cordón militar que custodiaba la sede del Congreso Nacional (ese día en pleno en la ceremonia oficial del estadio Carías Andino) y la estatua de Morazán, cubierta de banderas de colores: rojas, negras, amarillas, naranjas y violetas, estandartes todas del pueblo en resistencia contra el golpe de Estado.

—Cuando vimos todas las banderas, quisimos poner la nuestra –dijo Héctor Licona, miembro de la asociación Arcoíris y líder de la comunidad Lésbico, gay, transexual y bisexual, LGTB, de Tegucigalpa, quien el día de hoy dirigió una reunión en las oficinas del STIBYS para hablar sobre la diversidad sexual dentro de la lucha de liberación nacional. —Subimos nuestra bandera y por unos cinco minutos la bandera gay ondeó junto a las del resto del pueblo. Luego alguien gritó: "Esa es la bandera de los culeros, bájenla" y la bajaron.

Hablar de la homofobia desde la dictadura cívico militar de Micheletti es fácil. Probada está la vinculación del golpismo con los sectores ultra conservadores de la iglesia Católica, el Opus Dei y la confraternidad de iglesias evangélicas, conocida es la cultura homofóbica de las Fuerzas Armadas y la Policía Nacional, los medios de comunicación y las instituciones del Estado. Para los sectores oscuros del país, la sola idea de diversidad sexual es un atentado en contra de los "valores" tradicionales de la hondureñidad y la combaten con fuerza.

El 16 de Septiembre, un día después del desfile cívico de la independencia, El diario *La Tribuna* presentó como "nota curiosa", la foto de dos trans que marcharon en la víspera junto a varios miembros de la comunidad LGTBI.

—Hemos estado en resistencia desde mucho antes del golpe —dijo Licona, mientras exponía, en un salón casi vacío, el número de víctimas de la represión—, el golpe de Estado nos ha convertido en presa fácil, somos el sector más vulnerable del frente.

La legislación hondureña no contempla una clasificación especial para los *crímenes de odio*, entendiendo estos como una forma de violencia dirigida a una comunidad específica. Durante los dos años anteriores al golpe de Estado se registraron dieciocho muertes de hombres y mujeres de la comunidad LGTBI. Una cifra alarmante si lo comprendemos como crímenes de odio. Más alarmante aún resulta el número de víctimas desde el golpe de Estado. Entre junio 29 y el 31 de diciembre se registraron diecinueve asesinatos a miembros de la comunidad LGTBI.

—Ningún otro sector ha puesto tantas víctimas —declara Licona—. Hemos sido el sector más golpeado del frente y hasta el momento todas esas muertes permanecen en la impunidad.

El día 20 de septiembre, cinco días después del desfile cívico de independencia de la esistencia y cuatro días después de haber aparecido su fotografía en la "nota curiosa" del diario *La Tribuna*, Jorge

Miranda "Salomé" y Carlos Reyniery "Sayda", fueron asesinadas a balazos en un barrio de Choloma al norte del país. El mismo diario reportó que las muertes habían sido producidas por un miembro de la misma comunidad LGTBI, sin indagar más en el caso. El crimen se perdió en el olvido. Explicaciones similares presentan los medios a cada uno de los asesinatos de la comunidad, sin embargo, no se ha presentado un tan solo responsable.

La impunidad es en la actualidad, una realidad con la que tenemos que enfrentarnos desde el FNRP (34). No hay un solo procesado por los múltiples asesinatos y torturas que el pueblo en resistencia ha tenido que sufrir en estos últimos meses.

Pero la impunidad ha sido una constante desde hace muchos años en los crímenes cometidos contra de la comunidad LGTBI.

Hace un par de años, Dany Reyes, líder de la comunidad LGTBI, fue arrestado por la policía y llevado a una posta en Tegucigalpa. Nelson Garay, oficial a cargo de la estación, fue quien detuvo a Reyes llevándolo a la celda. Al ingresarlo, manifestó a los demás detenidos: "aquí les traigo un regalito". Reyes fue víctima de múltiples violaciones durante el tiempo que estuvo detenido por la policía. El caso llegó a los juzgados y a pesar que Garay fue sentenciado por el crimen, nunca recibió condena.

El 13 de diciembre fue asesinado Walter Tróchez, miembro activo de la comunidad y defensor de los derechos humanos, quien había cumplido un trabajo ejemplar en defensa de los Derechos Humanos, localizando detenidos y procurando su liberación. Hay muchas pruebas en el asesinato de Tróchez que inculpan grupos paramilitares ligados a los cuerpos represores del estado. Una semana antes, Walter había escapado de su poder y denunció cómo el vehículo que lo secuestró se movía sin problemas entre los múltiples retenes policiales; estaba en proceso de trasladarse al extranjero por temor a que las amenazas en contra de su vida se cumplieran.

Cuando el asesinato de Walter Tróchez se produjo, hubo una gran conmoción en el FNRP, así como condenas de las distintas organizaciones defensoras de Derechos Humanos a nivel mundial.

—Su muerte pudo haberse prevenido —dijo José Sambrano, directivo de Renacer, organización que trabaja en atención con las

---

(34) Luego de las elecciones del 2009, El Frente Nacional Contra el Golpe de Estado pasó a llamarse Frente Nacional de Resistencia Popular.

personas que viven con el **VIH–SIDA** y compañero de trabajo de Walter Tróchez—. Pero todos dejaron que lo mataran, porque no tenía dinero y porque era gay.

Para poder ser recibido en el extranjero en condición de asilado, Tróchez debía ser acogido por una organización gay del país receptor. La búsqueda puede tomar varios días, demasiados para Walter.

El día que Walter Tróchez fue sepultado, a pesar de la conmoción que su asesinato produjo, hubo poca presencia del FNRP, su sepelio lució casi vacío.

—La Resistencia es una grandísima familia, diversa, que refleja toda nuestra sociedad y todos nuestros prejuicios —dijo la abuela Yolanda, al tomar la palabra en la reunión sobre diversidad sexual—, no se nos puede culpar por ser lo que siempre hemos sido, por ser como nos educaron.

La refundación del país es un proyecto sumamente complejo, que parte desde nuestras propias organizaciones populares. La sociedad hondureña, es una sociedad sumamente cargada de vicios y prejuicios: machistas, sexistas, clasistas, homofóbica; son solo algunos de las actitudes que debemos comenzar a cambiar.

Discutir sobre la diversidad sexual y reconocer nuestros prejuicios es un primer paso importante para hacerlo, pero aún insuficiente.

En las calles de Tegucigalpa un joven escribió un "insulto" para una de las figuras más controversiales del golpe de Estado. Con pintura negra, en las paredes de los muros de la catedral, se puede leer "Cardenal culero".

LOS DESAMORES DE LA RESISTENCIA
20 DE MAYO DE 2010

Lo que no entienden los golpistas y parece que no entienden los compañeros periodistas de Radio Globo, es que en la Resistencia estamos acostumbrados a los desamores. Las decepciones, en nuestro caso, son la regla, no la excepción.

Nos desencantamos de los partidos políticos hace mucho tiempo, por traidores, por incapaces de satisfacer las necesidades del pueblo pobre. Luego, con la dirigencia de las organizaciones populares, porque durante años vendieron los intereses de sus representados y fueron, nuevamente, incapaces de delinear una estrategia seria y responsable que lleve a una mejora de la calidad de vida de sus agremiados.

Uno aprende a vivir de desamor en desamor, de golpe tras golpe. Pero eso sí, como dijo Cesar Vallejo: "Hay golpes en la vida, tan fuertes... ¡Yo no sé!/ Golpes como del odio de Dios; como si ante ellos,/ la resaca de todo lo sufrido/ se empozara en el alma... Yo no sé!".

Cuando llegó el 28 de junio, el desamor fue para los canales (en el sistema político ya no creíamos). Televicentro, Audiovideo, Radio América, Abriendo Brecha, Canal 10, 48 y con ellos toda la lista de canales y radioemisoras que marcaron su posición contra el pueblo y a favor del pavoroso crimen cometido por la oligarquía.

En el sistema jurídico tambien nos decepcionó, la huelga de fiscales de 2008 demostró que la corrupción estaba tan metida en las estructuras de la CSJ y el MP que no valía la pena siquiera luchar por su depuración.

Las FFAA y la policía, nunca fueron santos de nuestra devoción. Y hablando de santos, el cardenal Oscar Andrés Rodríguez Maradiaga terminó de caer, cuando el 4 de julio dio esas infortunadas declaraciones que erizaron los pelos.

Nuestro amor se quedó con Radio Globo y Canal 36, únicos (a lo menos en Tegucigalpa, desde donde escribo, porque sé que en otras partes del país hay otros canales que igual merecen mención) en posicionarse a favor del pueblo reprimido que durante meses luchó pacíficamente por derrocar la barbarie de la dictadura. No lo logramos, es cierto, pero seguimos resistiendo y con ello nos seguimos llenando de amor y desamor.

Las declaraciones de hoy de Radio Globo en los distintos espacios (9am, 11am, 1pm, 4pm) acusando a la dirección del FNRP de traidores a la resistencia por "haber mantenido una entrevista con cierto gerente de una radio golpista", son absurdas.

Rasel Tomé, Juan Barahona y hasta el mismo Rafael Alegría vertieron declaraciones desde el FNRP, tratando de explicar lo acontecido, pero no fueron oídos por los todopoderosos locutores de la radio, quienes horas después mantenían la misma acusación sin fundamento, basados únicamente en un rumor, sin presentar fuente alguna.

Lejos de aportar a la tesis de traición, las acusaciones de Radio

Globo se fueron desgastando en sí misma, en la medida que daban uso de burdas estrategias para desvirtuar los argumentos de los atacados.

Para el punto pongo como ejemplo la "última hora" del espacio "interpretando la noticia", quienes denunciaron, al mejor estilo Canahuatti, el viaje "a espaldas de la base", de la dirección del frente de resistencia para reunirse en República Dominicana o Venezuela (la fuente no les confirmó) con Manuel Zelaya Rosales.

Dicha acusación absurda, pues un boleto de viaje no puede constituir prueba de traición al movimiento, se contradice en sí misma. Minutos antes los mismos periodistas de la Globo acusaban a la dirección de la resistencia de estar actuando a espaldas del "autentico líder Manuel Zelaya Rosales" y luego los acusan de traición por ir a reunirse con él.

Es difícil entender lo que quieren los periodistas de Radio Globo, pues saben bien que en las condiciones de hostigamiento y represión de que es víctima el FNRP, no puede someter a los medios cada una de sus acciones y estrategias. Hacer eso, sería darle las herramientas necesarias para que los cuerpos represores del Estado se preparen para boicotear la lucha.

Da la impresión, más bien, que lo que buscan es generar una división y desconfianza entre la base del FNRP y su dirigencia, que permita a oscuros personajes surgidos a partir de la fractura, negociar con la oligarquía las condiciones de una Asamblea Nacional Constituyente que, ahora, hasta el mismo Pepe Lobo acepta.

Seguirles el juego a los periodistas desinformados o maliciosos de Radio Globo es peligroso para el movimiento. Eso lo sabemos, pues comprendemos que la división del frente es el principal objetivo de la oligarquía.

Sólo resta decir, señores periodistas, que estamos acostumbrados al desamor y no nos será muy difícil, como nos fue en el pasado, enamorarnos, poner su radio, en el lugar que ocupan las otrora grandes emisoras del país. Ojo con eso.

LA BOCA DEL LOBO Y EL FILO DE SUS DIENTES
2 DE JUNIO DE 2010

Cuando Odiseo descubrió que no sería capaz de penetrar los muros de Troya, ideó la más famosa de las trampas. Hizo que su hábil carpintero, Epeo, le construyera un caballo de madera de grandes dimensiones. El caballo tenía una escotilla escondida en el flanco derecho y en el izquierdo tenía grabada la frase: «Con la agradecida esperanza de un retorno seguro a sus casas después de una ausencia de nueve años, los griegos dedican esta ofrenda a Atenea». Los Troyanos, fieles creyentes de los dioses, después de discutir el final de tan bella ofrenda, decidieron meterla en su ciudad poniendo, sin saberlo, fin a la guerra, otorgando la más famosa victoria de la antigua Grecia.

Cuando escuchamos en España a Porfirio Lobo, actual heredero del golpe de Estado en la silla presidencial, reconocer aquello que TODO el mundo había reconocido desde hace casi un año, diciéndonos (como quien descubre el agua caliente) que SI FUÉ golpe de Estado y no esa aberración jurídica de la "Sucesión Constitucional"; no nos sorprendimos, pues más que atrevidas sus palabras sonaron desesperadas.

Cuando días después Lobo declaró estar dispuesto a traer a Zelaya de República Dominicana, para demostrar al mundo que acá existe una "verdadera reconciliación" y ofreció además interceder a su favor para que nadie lo capture; sentimos desconfianza, pues todos sabemos que quien sea que controla el país, no es él.

Las últimas semanas de Lobo han estado marcadas por una aparente disputa entre el Ejecutivo y las fuerzas institucionales que lideraron el golpe de Estado. Digo aparente, porque no ha pasado de enfrentamientos retóricos y amenazas verbales hechas por los voceros de la oligarquía, como el columnista de ultra derecha Juan Ramón Martínez, enemigo declarado de la resistencia, o el empresario de las comunicaciones Rodrigo Wong Arévalo, dueño del Canal "Educativo" 10 y varias revistas; o los dueños de la Unión Cívica Democrática, quienes siempre vestidos de blanco y sin vergüenza ofrecen pijamas limpias, "de tela o de madera", para silenciar a quien ahora llaman delirante; demostrando no solo la intransigencia de la derecha hondureña, sino un irrespeto total a la institucionalidad, la misma, que según el FNRP, dejó de existir desde hace casi un año.

Entre esa confrontación de poderes, podemos hablar por ejemplo de la Corte Suprema de Justicia, quien a principios de mayo despidió a cinco jueces y magistrados que abiertamente se opusieron al golpe de Estado, violentando el principio de independencia judicial. Nadie más que Lobo necesitaba una rectificación de la Corte, pues una rectificación demostraría al mundo y a Zelaya, un control sobre la casta golpista. Recordemos que parte de los ofrecimientos hechos por Lobo Sosa ha sido el de "hablar" con la CSJ y El Fiscal General, para dejar sin efecto las más de veinte órdenes de captura en contra del ex presidente.

Pero a pesar de haber manifestó su inconformidad con la decisión anterior del pleno y pedir reiteradamente que rectificasen, la CSJ dio el tiro de gracia al sistema judicial hondureño y se negó a reintegrar en sus puestos a los magistrados despedidos. Más aun, Ramón Custodio López, oscuro personaje que dirige el mal llamado Comisionado Nacional de Derechos Humanos, amenazó: "si Mel Zelaya vuelve al país, encontrará su muerte".

La situación actual de Lobo Sosa, no deja de recordarnos a la de Manuel Zelaya un año atrás. La crisis institucional era profunda y los enfrentamientos entre los distintos poderes del Estado aumentaban peligrosamente. Si bien en esa época Zelaya había ya conquistado cierto apoyo por parte del movimiento popular; hoy Lobo Sosa parece estar sólo, aunque cuenta con cierto respaldo del Legislativo.

El plan de la Oligarquía –y del Departamento de Estado norteamericano, porque detrás de las clases dominantes hondureña siempre está Washington–, no terminó con el golpe de Estado del 28 de junio. Hay que recordar que el teatro incluyó también los acuerdos San José-Tegucigalpa-Guaymaras, las elecciones del 29 de noviembre (sin la resistencia y en las cuales "ganó" Pepe Lobo), el Gobierno de Unidad Nacional a partir del 27 de enero y, finalmente: la constituyente.

Porque se hace cada vez más claro que ahora las clases apoderadas del país se están apropiado del proyecto de la constituyente; lo ven como la única salida para la "gobernabilidad" y control político y buscan hacer, con la nueva constitución, lo que han hecho con cada esfuerzo de reforma jurídica en los últimos treinta años: neutralizarlo.

Recordemos para el caso el recién aprobado (hace dos años), Código Procesal Civil, que por oponerse a los intereses de las corporaciones que han hecho del sistema de justicia una extensión de sus empresas y feudos, ha sido engavetado y condenado al olvido; o la Ley de Desarrollo Forestal, que lejos de proteger los bosques como se buscó por décadas, ahora los coloca en "custodia" de las empresas depredadoras; la Ley de Minería; La Ley de Policía y, como estos, muchos ejemplos que muestran el *modus operandi* de las élites, que cuando no logran parar el impulso popular, lo secuestran.

Para ello, particularmente en el caso de la Asamblea Nacional Constituyente, necesitan desarticular a la molestia más grande que tienen: La Resistencia.

En ese proyecto están, tanto las fuerzas oscuras militaristas y paramilitares que pretenden diezmar físicamente al pueblo organizado, como aquellos que desde las lujosas oficinas y salones proponen el rescate del Partido Liberal y planean hacer del FNRP una corriente interna del mismo, como en antes fue ALIPO o el M–LIDER —corrientes progresistas del Partido Liberal que con el tiempo se mimetizaron con la derecha— esperando recuperar el *consenso social* que tanto necesitan para consolidar su plan de nación.

Igualmente, están aquello que desde "nuestras" radios y canales de televisión intentan desacreditar el liderazgo del frente, boicoteando el proyecto de la declaración soberana, decapitando un movimiento que está en proceso de consolidación. La pérdida de fe en la dirección, podría significar la desmovilización del frente y con ello la victoria definitiva del Golpismo.

El distanciamiento de Lobo Sosa con las fuerzas oscuras de la oligarquía, no hay que verlo como un acercamiento a la resistencia. Porque no reconocemos las elecciones del 29 de noviembre, no reconocemos a Lobo como Presidente. Es equivocada la idea de que "todo enemigo de tu enemigo es tu amigo". Hay que verlo más bien, como una escena más del complejo plan del golpe de Estado que ahora necesita controlar el proyecto de la constituyente para refrescarse.

Pepe Lobo es nuestro caballo de Troya, que necesitan meter en nuestras filas para controlar nuestro proceso. Cerca está el día que, como ofrenda a la diosa Atenea (por la paz y la reconciliación) pondrá su cargo a disposición del pueblo convocando a la Asamblea

Nacional Constituyente. Y más cerca aún, si la ultra derecha continua con su campaña desestabilizadora llamando a un nuevo golpe de Estado.

Ese día, lejos de meterlo entre nuestras filas, debemos cerrar posiciones, dejar que se lo coman las aves de rapiña que le han rodeado por siempre, y combatir con más fuerza, para que no caiga Troya.

LAS VACACIONES DEL LOBO Y SUS CORDEROS, CUANDO EL MUNDO CON LOS OJOS SOBRE UNA PELOTA
12 DE JUNIO DE 2010

No pensaba escribir al respecto, la verdad quería dar cierta distancia sobre el tema y no meterme con una de las pocas distracciones que el pueblo hondureño tiene. Pero es imposible no comentar el descaro de la clase gobernante, quienes en una histórica falta de respeto, cien altos funcionarios, incluyendo al señor Lobo, su esposa, sus tres designados [vicepresidentes], su presidente del congreso nacional y sus respectivos vicepresidentes, sus ministros y viceministros; han tomado quince días de vacaciones, luego de tres meses de asumir el cargo, para ir a Sudáfrica con todos los gastos pagados por el fisco nacional y ver (porque no es lo mismo verla a que te la cuenten) los partidos de Honduras, o la H, como los medios de comunicación la han posicionado.

Es cierto, que como muchos hondureños que estamos en la resistencia, nos gustaría ver a Honduras ganar, colarse victoriosa entre las mejores selecciones del mundo y darnos orgullo a este pueblo que vive lleno de malas noticias. Pero no puedo. Mientras los medios de comunicación internacionales informan de una Honduras vacía de poder, olvidan mencionar que Pepe Lobo NO ha gobernado en ningún momento, ese no ha sido su trabajo, él fue contratado para aparecer ante la cámara y dejarse ver, con su sonrisa postiza, mientras otros limpian la cancha. Otros, los oscuros personajes que se esconden tras las sombras a conspirar contra este digno pueblo, para torturar, para matar nuestra esperanza.

Sabemos que este mundial, más que cualquier otro de la historia, será usado siniestramente en contra de nuestro pueblo. El show que se está montando con la complicidad, nuevamente de la prensa nacional y extranjera, me recuerda a aquel día de agosto cuando, mientras en las casas, bares, restaurantes, calles, aceras y oficinas se celebraban los goles de la selección, decenas de personas sufrían de torturas en el sótano del Congreso Nacional; para luego ser transportados a las húmedas mazmorras del batallón Cobras, de la policía de comandos antisubversivos: porque sus gritos podían arruinar la fiesta futbolera de Micheletti.

Igual pasó hace treinta y dos años, en Argentina, cuando la dictadura aprovechó la fiesta del mundial del 78 para desaparecer a miles de ciudadanos. Adolfo Pérez Esquivel, Premio Nobel de la paz 1980, quien fue desaparecido temporal, nos recuerda: "En la cárcel, como los guardias también querían escuchar los partidos, el relato radial nos llegaba por altoparlantes. Era extraño, pero en un grito de gol nos uníamos los guardias y los prisioneros. Me da la sensación de que en ese momento, por encima de la situación que vivíamos, estaba el sentimiento por Argentina".

Es esto por lo que no me permito celebrar. La resistencia hondureña está en un proceso intensivo de organización. Prácticamente en cada rincón del país estamos aprendiendo a trabajar juntos, a debatir, a discutir políticamente y a consensuar este complejo proyecto de refundación de país.

Esta fuerza, con nuestros avances y retrocesos, solo es posible pararla con el terror. Para eso han sacado a las Fuerzas Armadas, quienes, aprovechando una sospechosa denuncia del señor Lobo, quien dijera esta semana que "estaba preparándose un golpe de Estado en su contra", han vuelto a las calles, supuestamente a combatir el crimen organizado. Pero invaden las aldeas y caseríos posicionando sus armas contra el pueblo, como preparándose para algo más grande.

Mientras tanto, el lunes 14, las tres centrales obreras informarán qué harán en relación con el salario mínimo que debió ser definido por el gobierno desde diciembre pasado, el cual Lobo Sosa ha evitado tocar por no enojar a la oligarquía. Posiblemente irán a Huelga, creo que es la única salida que tienen.

En Choluteca el pueblo se ha tomado la alcaldía municipal en reclamo por la descarada corrupción del alcalde y dicen estar dispuestos a resistir en contra el ejército, hasta que el alcalde sea destituido.

Estamos a dos semanas del primer aniversario del golpe de Estado. Si la selección hondureña llega a clasificar a la segunda ronda jugará el 28 de Junio. Ese mismo día, cientos de miles de hondureños estarán en las calles y dejarán saber al mundo que acá no se rinde nadie y ese equipo, es también del patrón.

LAS EMERGENCIAS DEL LOBO, EL ANIVERSARIO DEL FNRP Y EL FANTASMA DE VALENZUELA
3 DE JULIO DE 2010

Al tiempo que el planeta se concentra en la cada vez más emocionante etapa final de la copa mundo, bajo la superficie política internacional se mueve lo que algunos analistas temen será la primera guerra nuclear de la humanidad (quizá la última) y nosotros, desde Honduras, podemos apreciar cómo, poco a poco, se posicionan las fuerzas surgidas a raíz del golpe de Estado del 2009.

La selección hondureña volvió a casa, a pesar de los hondureños y más aún de la oligarquía mediática que apostó por seguir explotando la fiebre del futbol. Con la selección volvió la numerosa delegación oficial, que haciendo lujo de su histórica irresponsabilidad, se dio unas vacaciones para disfrutar de los partidos de la H. Si bien el viaje fue censurado popularmente, da la impresión que fue altamente aprovechado por los grupos golpistas, pues pareciera que con el viaje se arreglaron las diferencias entre las distintas facciones de la derecha.

Lejos quedó la denuncia de Lobo Sosa, quien advirtió el pasado mes de mayo de un nuevo golpe de Estado fraguándose en su contra, ahora le resta importancia. Desapareció también la amenaza del grupo de voceros de la ultra derecha, quienes en su momento ofrecieron "pijamas limpias y planchadas" para la crisis política; hoy aprueban las acciones de la administración coincidiendo incluso con el tema de las órdenes de captura a Zelaya. No es casual, en ese sentido, que el "negociador" nombrado por Lobo Sosa para discutir el retorno de Zelaya sea el mismo Arturo Corrales Álvarez, quien representó a Micheletti durante el Acuerdo San José–Tegucigalpa–Diálogo Guaymuras.

A tal grado ha llegado esta "reconciliación", que vemos como la embajada de Estados Unidos, conmemorando un año más de su independencia, corrió invitaciones a varios altos ex funcionarios del gobierno de Zelaya, quienes, compartiendo la mesa con los actuales administradores del Estado, disfrutaron de las ricas conversaciones y rieron, como en los tiempos aquellos, cuando no habían golpes de Estado que limpiar, ni resistentes que manchen las paredes.

Un ausente sí hubo en la fiesta del 4 de Julio en Tegucigalpa, un fantasma que ensombrece la imagen del embajador Lloren, recordando de alguna manera el caso de Rodrigo Rosemberg en la vecina Guatemala. Roland Valenzuela, amigo cercano del presidente Zelaya, quien murió asesinado el pasado 16 de julio a manos del empresario Carlos Yacamán y dejó una interesante entrevista en donde se involucra de lleno a personalidades como Jacqueline Foglia Sandoval, oficial de logística del ejército hondureño y supuesta agente de la CIA; así como al Departamento de Estado Norteamericano en la planificación del golpe de Estado contra Zelaya. Coincidiendo esto con la denuncia hecha por el propio presidente en el exilio, quien aseguró que "si Estados Unidos saca sus manos de Honduras, los hondureños podemos entendernos". Estas acusaciones han sido rechazadas de plano por la embajada de Estados Unidos, por "absurdas", según las palabras del embajador Llorens en declaraciones a Telesur, quien además acusó al Presidente Zelaya de tener una "conducta errática".

—Francamente, no era fácil hacer esto (hablar) con el a menudo impredecible ex presidente Zelaya, pero me mantuve fiel a mi tarea. (…) mi gobierno y yo veíamos con profunda preocupación la ruptura del diálogo político entre el ex–presidente y las demás instituciones del Estado —dijo Lloren.

Puedo interpretar que la invitación hecha a los altos ex funcionarios del zelayismo para la fiesta del 4 de julio, así como los descalificativos de errático y absurdo para el presidente Zelaya, son un intento para enterrar el fantasma de Roland Valenzuela, aislando aun más al presidente Zelaya de sus cercanos colaboradores, quitando peso a la denuncia interpuesta en contra del gobierno de Obama.

Paralelamente a su regreso de Sudáfrica, el señor Lobo decretó un segundo estado de emergencia nacional en el mes de junio. El primer estado de emergencia fue a principios del mes, cuando a causa de la tormenta tropical Ágata, que si bien dejó 14 muertes (igualmente desastrosas son todas las tormentas tropicales que llegan al país) no fue al nivel que la prensa y el Gobierno de Unidad Nacional quisieron hacernos ver. El segundo estado de emergencia fue al retorno del Lobo Sosa, coincidiendo con el aniversario del FNRP, cuando era claro que la selección no pasaría de la primera fase.

Todos sabemos lo catastrófico que es el dengue en nuestro país. Muchos hemos perdido algún familiar o amigo por esta enfermedad, más en los últimos años, la infraestructura médica y de salud pública ha colapsado, vulnerabilizando a grandes sectores de la población. Sin embargo llama la atención ver que el estado de emergencia se decreta en un espinoso momento político, usando como justificación las catorce muertes que el mal ha causado en lo que va de 2010.

Sería interesante conocer las cifras registradas para los primeros 6 meses de los años anteriores. Lo que se sabe es que en el 2009 se registraron más de doce en todo el año, dieciseis en el 2008 y quince en el 2007. Viéndolo superficialmente, coincidimos que hay un aumento porcentual de casos registrados. Sin entrar a discutir sobre las causas del aumento, cabe preguntarse si es justificación suficiente para el decreto de emergencia o solamente una excusa para militarizar las ciudades.

No es que no sea importante combatir el dengue o hacer uso de toda la infraestructura estatal para erradicar el mosquito transmisor. Pero llama la atención ver cómo, con la justificación de ambas emergencias nacionales, el gobierno de Lobo Sosa ha mantenido a las Fuerzas Armadas en las calles por más de un mes, aumentando el nivel de intimidación para las organizaciones y personas que componen el FNRP.

Porque la violencia política y la violación a los Derechos Humanos sigue siendo el talón de Aquiles que impide el total reconocimiento del gobierno de Lobo Sosa a nivel nacional e internacional. Como la denuncia hecha el pasado domingo 27, del ilegal arresto y posterior liberación de Bertha Cáceres, líder indígena del COPINH, a quien se le decomisaron cerca de 500 firmas de la "declaración soberana", así como la detención y tortura el pasado 29 de Edwin Espinal, conocido activista del FNRP en la ciudad de Tegucigalpa. Esto no hace sino aumentar la preocupación en la base del frente, pues deja claro que el reconocimiento internacional no reducirá los ataques selectivos contra los líderes populares.

Esta preocupación se encuentra plasmada de alguna manera en la carta enviada por varios senadores a la Secretaria de Estado Norteamericano, Hillary Clinton, en donde piden le ordene al Secretario Adjunto, Michael Posner, "que visite Honduras con el propósito de recopilar los hechos relacionados con la actual situación de los Derechos Humanos y políticos"; pidiéndole además que informe sobre los asesinatos, asaltos, amenazas y exilio de periodistas, miembros del movimiento de resistencia, sindicatos de trabajadores, de las comunidades afro–hondureñas, indígenas y de las minorías sexuales; la expulsión decretada por la Corte Suprema de justicia (de los jueces y magistrados) que se opusieron al golpe de Estado, los recursos disponibles y el mandato para Ana Pineda, asesora especial del Presidente Lobo en Derechos Humanos, para que pueda realizar su trabajo y el potencial de la Comisión de la Verdad para conducir al país hacia la justicia y la reconciliación. Dicha carta, si bien congruente con la dinámica bipolar del estado norteamericano, indica claramente el camino que debe seguir la administración Lobo para lograr el pleno reconocimiento de todos los países de la región.

En ese sentido y cediendo a la presión del G16 reunido en conjunto el pasado 24 de junio, la Fiscalía General de la República anunció a través de un comunicado difundido a principios de la semana, que archivaría los casos que siguen en contra del presidente Zelaya. La Corte Suprema de Justicia no se ha manifestado al respecto, si bien ellos son quienes dan las órdenes de captura —la fiscalía solo las pide— porque el comunicado coincidió con las vacaciones del poder judicial. Esto ha servido para lograr la incorporación de Honduras, a pesar de la ausencia de Ortega, en la última asamblea del Sistema de Integración Centro Americana (SICA).

—Consideramos que el SICA debe esperar a que la OEA se pronuncie para que acate lo que diga ese organismo regional —señaló el mandatario nicaragüense en un discurso durante un encuentro en Managua con diputados del Parlamento Centroamericano (PARLACEN) y sus palabras, lejos de desautorizar la decisión del SICA, indican lo que probablemente será la resolución de la OEA en la próxima asamblea.

¿QUE TAN DEMOCRÁTICA PUEDE SER LA DEMOCRACIA?
11 DE JULIO DE 2010

Para aquellos que no fuimos a la asamblea nacional del FNRP en Tocoa, porque no fuimos electos por nuestras organizaciones como delegados o simplemente porque no militamos en ninguna otra organización aparte del frente, los acontecimientos de este fin de semana resultan poco claros. Por la tarde habrá terminado la asamblea, y esperamos que todo se conozca más ampliamente. Mientras tanto, se me vienen varias ideas que creo es importante explorar para entender mejor el "conflicto" que vivimos internamente.

El Partido Liberal, de origen histórico medianamente progresista, ha sido controlado por la derecha por lo menos en los últimos 60 años. Siempre, con contadas excepciones individuales, se plegó a los intereses de la oligarquía nacional y el capital transnacional. Si bien el código de trabajo, el servicio militar voluntario y ciertos cambios legales se han dado en administraciones liberales, resulta alejado de la historia tratar de decir ahora, que los cambios que se han logrado en materia social corresponden sólo a la voluntad política del partido, invisibilizando a los movimientos sociales y populares que impulsaron dichos cambios. Debe entenderse que en Honduras, nada nunca se ha hecho sino es bajo presión.

La crisis que vive actualmente el pueblo hondureño proviene en esencia de una lucha de clases. Es producto del desgaste de un modelo económico y político que favorece a los más ricos, desplazando de la riqueza a un amplio sector de la población que carece de representación dentro de las estructuras de poder.

Nunca el Partido Liberal como institución podrá, a través de sus distintos líderes, dueños y caudillos, comprender las urgencias de las clases desposeídas del país, simplemente porque ellos pertenecen a otra clase y por ende, a otra Honduras. No quiere decir esto que no haya liberales que pertenecen a las clases populares, claro está que los hay y que ellos entienden muy bien lo que es ser pobre en este país. Pero aquellos que toman las decisiones, esos que hoy urgen el rescate del partido, pues sin él no son nada políticamente, esos, NO son de la misma clase que llenó las calles en repudio al golpe de estado.

Esta es la contradicción básica del Partido Liberal en Resistencia. Formar parte del FNRP y plantearse "rescatar" al Partido Liberal, que es en esencia rescatar el bipartidismo imperante por más de cien años. Para rescatar al Partido Liberal habría que arrebatar el Partido, al Partido Liberal mismo. No ha sido claro hasta el momento cual sería la estrategia para de los liberales en resistencia para rescatar a su partido. Por momentos se les ve sentados con la embajada gringa, luego en la oficina de Rosenthal y su meta suena sumamente parecida a la de Elvin Santos o Micheletti: "volver al poder en las próximas elecciones".

Ellos, los Liberales en Resistencia, acusan ahora a la facción de izquierda del frente de no ser "incluyentes" al impedírseles "asaltar la asamblea" colocando 29 delegados más de los que por acuerdo habían obtenido en la pasada asamblea en Siguatepeque. Esta estrategia me recuerda mucho a las asambleas de los 90 en la UNAH, cuando era práctica común traer cien delegados de otro campus, normalmente del norte del país, para voltear los resultados e imponer una directiva acorde a los intereses del caudillo del frente estudiantil y era ingenuo pensar, que con tantos años de experiencia, no aprenderíamos.

La separación ideológica dentro del frente se ha evidenciado básicamente entre lo que los liberales llaman "los bloqueros", en referencia al bloque popular, pero que está compuesto también por los partidos de izquierda, (PSOCA, TR, MND, OPLN, CNRP, BP, sindicatos, gremios y movimientos sociales), por un lado y por el otro los liberales que, independientemente del apellido que usen sigue siendo un partido de derecha con toda la práctica y vicios de la política tradicional.

Hemos dicho siempre que el FNRP es una organización diversa y pluralista. Aunque el pluralismo como concepto nos pueda parecer acertado, lo cierto es que nos ha empujado a aceptar, en algunas ocasiones, el accionar contrario a la voluntad de las bases, tanto de organizaciones políticas como de individuos, que lejos de unificar con su pragmatismo político nos han debilitado.

Pongo como ejemplo la decisión de UD de participar en las elecciones de noviembre anterior, legitimando las mismas y sus inflados resultados y participar en el Gobierno de Unidad Nacional de Lobo Sosa, permitiéndole que este diga internacionalmente que su gobierno es de "Reconciliación", pues cuenta entre sus ministros a uno que "es de la resistencia". Dicha acción, aceptada por ese equivocado sentido de pluralidad, ha traído un costo político grande para el Frente y lo sigue teniendo. Por otro lado, como preludio a la asamblea, el COPINH lanzó un comunicado que ha tenido cierta réplica, tanto por las Feministas en Resistencia, como por algunos autores independientes. Los planteamientos básicos del comunicado público de COPINH, lejos de representar diferencias en los objetivos del FNRP, muestra una discusión que tarde o temprano será necesario tener. Lo que estos comunicados reclaman, más que una representación dentro de la dirección del frente, es una visión diferente del poder. Es un llamado de atención a la izquierda tradicional que sigue pensando en el centralismo democrático, el buró político o las negociaciones del *real politik* alejados de la voluntad de las bases. Es un cuestionamiento sobre el concepto de representación popular y la democracia como expresión de la voluntad de la mayoría (negando voz a las minorías). Es un reclamo a todo el FNRP, para que vea el poder como algo que se construye desde la base, desde abajo, porque la historia de los pueblos nos ha demostrado que al final, un gobierno revolucionario sin poder popular no es más que un gobierno reaccionario con discurso populista.

Mientras todo esto pasa, la maquinaria del terror no se detiene. Lobo viajó a Miami en una visita relámpago para entrevistarse con Insulsa en relación al retorno (en agosto, según CODEH) del ex presidente Manuel Zelaya, como requisito previo para lo que sería el total reconocimiento de Lobo Sosa en la Asamblea extraordinaria de la OEA a finales de julio.

—Estamos cerca de una solución, pero no creo que pueda hablar de una solución todavía, ni ser demasiado optimista —dijo Insulza.

En Tocoa, el mismo municipio en donde la asamblea se lleva a cabo, "varios comandos policiales y militares avanzan hacia las tierras donde se encuentran más de ciento noventa familias en el bajo Aguán" según informa COFADEH, violentando de esta forma el acuerdo suscrito por la presidencia con el MUCA el pasado mes de abril, echando fuego al polvorín del conflicto agrario nacional.

El gobierno de Lobo Sosa entiende muy bien, porque su maestro Colombia se lo ha demostrado, que una cosa es el reconocimiento internacional y otra muy distinta la legitimidad interna.

Esta semana, en Tegucigalpa despedimos (muertos por causas naturales), a dos conocidos luchadores del Bloque Popular, Luis Morel y Oscar Padilla; en la costa norte asesinaban frente a su casa a Julio Funes Benítez (57), sindicalista del SANAA y miembro del frente y a Jorge Alberto Castro Ramírez (41), vendedor de horchata en las numerosas marchas de 2009.

LA LENGUA DE ORTEZ COLINDRES
Y LOS VOTOS DE LA OEA
27 DE JULIO DE 2010

Enrique Ortez Colindres, célebre Canciller del gobierno de facto presidido por Roberto Micheletti Baín, famoso por haber llamado "negrito" e "ignorante" al presidente Obama, abrió la boca esta semana frente a las cámaras de Cholusat Sur y una vez más sus palabras dejan un eco que repercute ampliamente bajo la frágil cortina que cubre al país de Lobo Sosa, que por más que los medios de comunicación golpistas traten de ocultar y desvirtuar, diciendo que la locura ha alcanzado la cabeza del abogado, Ortez Colindres sabe bien lo que dice.

Quién conoce el currículum de Ortez entiende que detrás de él se encuentra siempre la embajada norteamericana y las Fuerzas Armadas, para quien funciona como asesor. En cierto momento de la crisis de junio del año pasado, se le conoció como uno de los *Think Tanks* del golpismo, autor intelectual de la aventura ultra derechista; quien sin contemplaciones dijo, en más de una ocasión ante las cámaras de televisión internacional, que "en Honduras no había habido un tal golpe de Estado, sino una sucesión constitucional" y que, en ese sentido la represión que la "resistencia" decía estar sufriendo no eran sino "inventos de los mismos revoltosos".

Ahora dice, sin titubear, que fue golpe de Estado —así lo llamó él— y que fue ejecutado por los militares, o sea que fue un golpe militar, concepto que tanto se negó a reconocer el Departamento de Estado norteamericano; así como que Micheletti no era sino un "prisionero", una especie de monigote de la cúpula castrense que lo mantuvo en el puesto sin importar las consecuencias.

—Hay que darle toda la importancia debida a esas declaraciones

porque si el asesor de los militares sabe más detalles que nosotros…
—dijo el Padre Fausto Milla, miembro de la *Comisión de Verdad*, agregando:

—si él lo ha dicho, es como si lo dijeran las mismas Fuerzas Armadas.

¿Qué hay detrás de las declaraciones de Enrique Ortez Colindres?, ¿Qué puede haber detrás de lo que parece una "autoinculpación" de las Fuerzas Armadas?

Washington ha puesto su empeño para lograr el reconocimiento internacional del gobierno de Lobo Sosa. Para ello se han mostrado dispuestos a sacrificar el acuerdo —no escrito— que las decisiones en el Sistema de Integración Centro Americana (SICA) se realizarían por consenso y, en una inusual cumbre la semana pasada, con el voto en contra de Nicaragua y sin la presencia física del presidente de República Dominicana y el Primer Ministro de Belice, se propuso desde el SICA, el retorno inmediato de Honduras al organismo a la OEA.

Porque Lobo necesita urgentemente volver al organismo internacional, no porque a la derecha le agrade la institución, contra la que descargaron muchos improperios durante las semanas agitadas de la crisis, declarando incluso que si Cuba logró vivir 50 años afuera de la OEA —cosa de risa— Honduras, por ser un país con economía capitalista, lograría igualar y hasta superar el record.

Honduras necesita de la OEA por una sencilla razón: es a través de ella que entra el dinero de la ayuda exterior y ni el Banco Mundial, ni el Fondo Monetario Internacional, ni la Agencia Internacional para el Desarrollo USAID puede desembolsar fondos en el país, mientras la OEA no reconozca al mismo, con excepción de fondos destinados para emergencia (de ahí tanta emergencia nacional decretada por Lobo Sosa).

El reconocimiento, por parte de uno de los ejecutores del golpe de Estado, del carácter de Militar de éste, más que una infortunada declaración, es una confesión expresa del crimen y, en delitos políticos, eso basta para que los sistemas de justicia tengan la obligación de proceder (a confesión de parte, relevo de prueba) complicando aún más el escenario para Canahuati, actual Canciller hondureño y la Secretaria Clinton.

Obama aceptó el pasado mes de agosto de 2009 que lo que

ocurrió en Honduras había sido un golpe de Estado, pero se negó a bautizarlo como Militar, pues las leyes norteamericanas prohíben que su país ayude económicamente a un gobierno ascendido a través de un golpe de esas características. Si ahora su más cercano asesor en el país, abogado de la embajada por más de 30 años y autor directo del rompimiento constitucional reconoce dicho extremo, quiere decir que durante todo este tiempo la Casa Blanca estuvo mintiendo al senado y han estado violando su propia ley interna.

Peor aún, si fue golpe de Estado Militar, las elecciones, tal y como lo denunciara la resistencia popular, son inválidas, pues se dieron bajo condiciones represivas.

Lobo Sosa había dicho ya que lo que hubo en el país fue un golpe de Estado:

—Llámelo como quiera, pero fue un golpe —dijo días antes de denunciar que él mismo estaba siendo víctima de una conspiración ejecutada por, en sus propias palabras "un *tutti fruti* de todos los colores" (35).

Estados Unidos no ha logrado recoger los votos necesarios para incorporar a Honduras a la OEA. Esa es la razón por la que se sacó el tema de la agenda de la asamblea del próximo 30 de julio. Además que el tema sigue causando problemas internos a los presidentes que se han mostrado dispuestos a respaldar la política norteamericana, como lo demuestra la censura de la que ha sido objeto, por parte de su propio partido, el presidente Funes en El Salvador, quien podría quedarse solo de seguir apoyando a Lobo Sosa.

Insulsa, desesperado, trata de obtener el respaldo de Zelaya ofreciéndole un acuerdo con la Corte Suprema de Justicia, prometiéndole que los cargos en contra suya serán retirados. Ha ofrecido incluso la cabeza de Micheletti dentro del Partido Liberal, a cambio de la incorporación del FNRP en la comisión de la verdad (oficialista), y el apoyo para el ingreso del país a la OEA.

En este escenario, las declaraciones de Ortez Colindres, poco aportan para conseguir el apoyo de los países latinoamericanos, a menos, y aquí viene mi especulación, que para satisfacer su exigencia se les dé, en bandeja de plata, la cabeza de los "únicos" responsables

(35)*Tutti fruti, uno de los apodos con que se conoce también al Abogado Enrique Ortez Colindres. No hay forma de saber si las declaraciones de Lobo Sosa son en referencia a él, baste la coincidencia.*

del Golpe de Estado Militar del 28 de junio: Las Fuerzas Armadas y se cree así la ilusión de que en Honduras se ha hecho justicia.

¿A QUIEN APUNTA EL HORROR?
8 DE SEPTIEMBRE DE 2010

Cuando en el 2007 comencé a trabajar en el proyecto documental "El Porvenir", buscando entender y retratar la masacre más compleja que hasta el momento se había dado en el país, en donde 69 personas perdieron la vida en el centro penal de La Ceiba, a manos de la policía penitenciaria en alianza con los presos comunes, una cosa me motivo: sabía muy bien y así quise presentarlo en la película, que si como población dejábamos que este espantoso crimen (y las otras cuatro masacres que ocurrieron en esa misma época) se perdiera en el olvido, el horror terminaría alcanzándonos.

En aquellos años oscuros de la mano dura, la opinión pública que manipulan a su antojo los medios de comunicación, logró demonizar a los jóvenes pandilleros de tal manera que, sin tapujos, muchas personas manifestaron públicamente que la matanza era buena, pues según ellos "aniquilaba delincuentes que de otra forma causarían más daño a la sociedad".

La guerra contra las pandillas se ganó eliminando físicamente a casi todo pandillero de esa época, de allí la fama de personajes como Oscar Álvarez, al punto que hoy apenas aparecen las pandillas en el espectro mediático que busca constantemente crear enemigos internos para justificar la represión estatal.

Los robos, extorsiones, violaciones, asesinatos, desmembramientos de cuerpos, masacres y demás crímenes cometidos —supuestamente— por los pandilleros, siguen ocurriendo. A diario en Honduras se reportan entre diez y catorce muertes violentas, muchas de ellas por arma de fuego y las cifras siguen en aumento colocando a Honduras en la lista de los países más violentos del continente, solo atrás de México y Colombia.

Luego vino el golpe de Estado y aquellos personajes que idearon (o dejaron pasar) las matanzas, volvieron a aparecer más fuertes e impunes. Volvió el gobierno de la "mano dura", ahora con cara "humanista cristiana", para imponer por la fuerza una reconciliación y unidad sepulturera. Quien en aquel tiempo era ministro de seguridad hoy lo sigue siendo y su práctica, ahora menos mediática porque la anti insurgencia puede llevarse únicamente en el marco clandestino, sigue igual de represora. Quien en aquel tiempo era presidente del Congreso, hoy es de la República y al igual que Ricardo Maduro, salió del país el 4 de abril de 2003, el día de la matanza, como para no ser testigo del dolor y la indignación que dejan los muertos en masa.

En este país la vida no vale nada. Literalmente hablando. Con cincuenta dólares pagas un asesino para que elimine a una persona, con cincuenta dólares más eliminas al asesino y las huellas del crimen. A cien dólares por muerto, mil novecientos lempiras al cambio actual, la impunidad de la barbarie se ha incrustado en lo más hondo de esta Honduras que hoy nos cae encima.

Ayer, mientras unos marchábamos atendiendo al llamado del FNRP para el paro cívico nacional, reclamando entre otros un aumento al salario mínimo, respeto al código de trabajo, alto a la represión y la violaciones a los Derechos Humanos, en San Pedro Sula, en un barrio que lleva por nombre Cabañas (ex presidente del siglo XIX, baluarte del morazanismo y de la ética del poder), en una pequeña zapatería, símbolo marxista del obrero, diecinueve trabajadores jóvenes eran asesinados, algunos de ellos aparentemente miembros de la resistencia.

Más allá del simbolismo de la matanza, hay que tener claro que un acto de terrorismo de esta naturaleza no se hace improvisadamente. Calculado tenían el lugar donde habrían de ejecutar el crimen, sus rutas de llegada y escape; calculado también la hora y el día. Los asesinos saben muy bien cómo crear terror, para eso han sido formados y en eso son profesionales. Mientras los cuerpos de los jóvenes eran levantados por medicina forense, Wong Arévalo, vocero incondicional del golpismo y apologista de las violaciones a los Derechos Humanos, reclamaba la inactividad de la policía y los cuerpos de inteligencia. No tanto por la matanza (que también lo hizo en menor medida) como por los vidrios de su edificio que la manifestación quebró a su paso.

—¡Este grupo es sólo comparable con el crimen organizado! –gritaba Wong Arévalo y su reclamo hizo eco con las declaraciones de la fiscalía que anuncia procesar, por "asociación ilícita" a los miembros del frente. Hay un esfuerzo en los medios de comunicación por ligar ambos acontecimientos: el ataque con piedra a los canales golpistas y la masacre de Cabañas. Mezclan maliciosamente ambos hechos, para hacer creer que la resistencia, si bien no es responsable directo de esta masacre, son igualmente detestables y peligrosos; igual que los pandilleros hace diez años, se justifica cualquier acción del sistema en contra nuestra.

Es interesante cómo, a diferencia de las otras matanzas, en este acto terrorista el golpismo reclama la inacción e "ineficiencia" del súper ministro de seguridad Oscar Álvarez y exigen acciones inmediatas al respecto. Es improbable que se haga justicia. Lo más seguro es que se apresará algún chivo expiatorio para calmar el reclamo de la opinión pública e intentarán justificar la matanza con el ya trillado "ajuste de cuentas".

Yo tenía razón. Dejamos, como sociedad, que la impunidad se incrustara como maligno cáncer y hoy el horror nos apunta.

2 DE NOVIEMBRE DE 2010

En realidad no hay epopeya, esta es siempre una elaboración de las generaciones que miran hacia atrás e idealizan (o condenan) las acciones de los hombres de guerra.

Martínez Peláez

Honduras ha cambiado, quién no entienda eso no puede comprender la magnitud de la realidad que hoy enfrentamos. Este país, no es el mismo de hace una década, de hace cuatro años, de hace un año y medio. El golpe de Estado de junio de 2009 nos colocó de frente ante la historia y las acciones que hacemos, o dejamos de hacer, están siendo escrutadas minuciosamente por las generaciones futuras. La historia no perdona: o tomamos las decisiones correctas, o nos equivocamos, o ganamos o perdemos, en la mesa o en las calles. No tenemos forma de saber —en perspectiva— la magnitud de nuestros logros y fracasos, esa es nuestra tragedia como humanos.

El FNRP se mueve impulsado por un peligroso triunfalismo, una mentira que crece cada día y amenaza con explotarnos en la cara tarde o temprano. Pretendemos capitalizar las debilidades del enemigo de clase, como fortalezas de las organizaciones populares; preferimos ver en el llamado al diálogo de Lobo Sosa una muestra de su "desesperación" y no lo que es, una estrategia bien montada para ganar tiempo y derrotarnos.

La oligarquía no está perdiendo el control de la situación política del país y pensar que estamos a punto de ganar la lucha popular encajándonos en las urnas, lejos de motivar a las masas nos preludia la desmoralización a corto plazo, la frustración a mediano plazo y la desmovilización definitiva ante la falta de victorias reales. Porque debemos reconocer —corriendo el riesgo de ser mal juzgado por los propios camaradas— que el FNRP camina sin dirección alguna.

Buscamos en cada coyuntura gremial la vitalidad necesaria para construirnos como fuerza política, sin lograr reconocer nuestra fuerza verdadera, porque hasta el momento todo indica que la derrota del régimen no está en la agenda del frente.

Si la Asamblea Nacional Constituyente, gran bandera de lucha del frente, es en realidad un medio y no un fin, porque es a través de ella que buscaremos corregir el rumbo nefasto a donde la nación entera está siendo dirigida, ¿cómo podemos pensar que la nueva constitución será una victoria para el pueblo si el pueblo no participa en su proceso? Es la base del pueblo quien le debe dar sustancia a la nueva constituyente, pero desde la calle, desde el barrio o la aldea. La nueva constitución solo será una victoria real en la medida que la incorporemos en nuestra vida cotidiana, en nuestras luchas particulares, en nuestros espacios públicos y privados.

Los gremios y sindicatos, actuales hegemónicos del frente, son incapaces de liderar la lucha revolucionaria del pueblo hondureño, lo han demostrado durante esta gesta histórica. Privilegiados en un país de excluidos, son esencialmente conservadores.

El movimiento obrero y gremialista se define por la sola oposición al gobierno, un gran *union–trade* que mantiene a la población prisionera de sus luchas, demandando beneficios —justos quizás—, pero impensables para el resto de los habitantes de este país. No es siquiera una fuerza de oposición al capitalismo salvaje, ni una fuerza de regresión opuesta a la acumulación, pues ambas escapan de su ideario político y tratan, únicamente, de ascender en capacidad de consumo para llenar con sus privilegios los centros comerciales de las ciudades principales.

La izquierda hondureña es una izquierda enajenada, pues en su sectarismo y carencia de planteamientos críticos adopta orientaciones y prácticas sociales y culturales determinadas por los intereses de la clase dominante. El salario mínimo y la burla que el régimen nos hace con su pírrico aumento; las condiciones duras de trabajo para los y las obreras –o de falta de trabajo para más del 70% de la población–; la privación de bienes adquiridos y beneficios sociales: salud, educación de calidad, vivienda, seguridad, libertad política; el saqueo voraz de los recursos naturales por parte de una pandilla de delincuentes de cuello blanco, son expresiones de dominación y enajenación, pues se asumen como parte de una situación dada y no somos capaces de ver el bosque, por culpa de los molestos árboles.

Los obreros están enajenados en la medida que su búsqueda de un mejor salario pasa por formas que corresponden a la visión e intereses de la clase dominante, jugando el juego patronal, no reconociendo su realidad como parte de la dominación de clase. Los maestros están enajenados cuando pretenden lograr el apoyo del pueblo en la defensa de sus privilegios, ignorando la realidad de un sistema de educación mediocre y excluyente. Las victorias del gremio sólo podrán ser verdaderamente justas, cuando sean victorias de todo el pueblo y no únicamente de un sector. La derecha reconoce esa contradicción y la usa indiscriminadamente en contra del magisterio.

La enajenación no es la inconsciencia de la privación, la privación de la consciencia y la alienación destruyen la capacidad de acción.

La función de los intelectuales, según Antonio Gramsci, es organizativa y conectiva. Forman parte de la lucha, pues son también clase explotada, más allá de la desconfianza que la izquierda leninista —mal interpretando al mismo Lenin— les guarde, son actores importantes en la lucha por la hegemonía popular.

El pueblo debe formar sus propios intelectuales para lograr construir una escuela de pensamiento que oriente la estrategia. Solo así podremos liberarnos del oportunismo *real–politik* que hoy nos amenaza.

La revolución es un problema de todos los que vivimos en carne propia la injusticia y la explotación, por lo tanto sólo desde la razón podrá extenderse y vencer. La lucha revolucionaria no se debe concebir como un proceso a través de la cual una organización vanguardista va escalando posiciones dentro del frente para luego apoderarse del poder político. La lucha revolucionaria es un proceso desde donde todos los sectores de la nacionalidad van construyendo su propia forma de hacer democracia y por lo tanto de liberación.

El poder es la facultad efectiva de la acción. La actitud de la organización revolucionaria debe ir dirigida a resquebrajar las relaciones sociales de poder que marginan y explotan a la mayoría, no a la conquista de las estructuras políticas del Estado. La dominación es el ejercicio monopólico de las relaciones sociales de poder. Poder, en este sentido, es igual a dominación. No estamos buscando la consecución del poder desde el Estado, luchamos por la hegemonía popular como una manera más completa y duradera de constituir un poder de clase.

ELECCIONES INTERNAS, EL FNRP Y EL PLAN NORTEAMERICANO 17 DE NOVIEMBRE DE 2010

Quien no se mueve, no siente las cadenas.
Rosa Luxemburgo.

Si no resultara tan frustrante, podría pensar que la discusión que embarca al FNRP en torno al carril electoral, es hasta constructiva, pues esta discusión se ha dado tantas veces, en tantos escenarios de la historia revolucionaria de tantos pueblos, que Honduras y el FNRP no hacen sino repetir los mismos argumentos. Desde el siglo XIX, cuando recién adquiridos los derechos electorales los partidos social demócratas y socialistas iniciaron la discusión en torno a si las urnas serían un canal o no, para lograr la revolución socialista.

De hecho Lenin se planteaba, en los primeros años del siglo XX, antes de la Revolución Bolchevique, que "Nuestra tarea no se limita, en modo alguno, a apoyar las consignas más difundidas de la burguesía reformista. Nosotros mantenemos una política independiente y sólo convertimos en nuestra, aquellas reformas que interesen incondicionalmente a la lucha revolucionaria, que incondicionalmente contribuyen a elevar la independencia y el grado de conciencia y la combatividad del proletariado. Solamente mediante esta táctica podemos hacer inocuas las reformas desde arriba, reformas que son siempre de doble filo, siempre hipócritas, que encierran siempre trampas burguesas o políticas".

Honduras es un país secuestrado por el capitalismo–imperialista. Un gran negocio para la oligarquía y sus lacayos nacionales. Nunca es neutral, pues la dominación y el control es la base de su poder económico. Tienen intereses claros y usa la infraestructura del Estado, su aparato jurídico–político, como arma de control social. Pero ese control se desgasta, se degrada, como vimos en la crisis que tuvo su clímax con el golpe de Estado y necesita, periódicamente, del ejercicio electoral para legitimar su administración.

En ese sentido, las elecciones de 2009, que colocó en la silla presidencial al ultra derechista y "ex–comunista" Porfirio Lobo Sosa, legitimaron el golpe de Estado de Micheletti. El FNRP no pudo sino observar el circo de los poderosos, confirmando que si bien las calles son del pueblo, son insuficientes para derrocar al régimen.

Las elecciones, como principal herramienta ideológica del imperialismo, están reguladas por "una carta bajo la manga", que se guarda siempre la burguesía. Ellos conocen bien sus propias reglas, pues las hicieron a su imagen y semejanza; las flexibilizarán o las harán más rígidas, según sea el nivel de la lucha de clases, pero siempre garantizarán ganar de la manera que sea.

Mucho se atacó a los líderes del partido Unificación Democrática cuando en octubre de 2009 anunciaron que participarían en las elecciones de noviembre. Sus argumentos nos sonaron vacíos, desesperados, oportunistas y sus acciones desnudaron que al final no son más que un *monigote* en manos de la derecha, descartable, como lo fue en su momento el Partido Innovación y Unidad Social Demócrata, PINU–SD, y el Partido Democrácia Cristiana de Honduras. Hoy, esos mismos argumentos vienen del FNRP. Parece ser que lo que ayer era un error, una afrenta a los mártires, una traición, hoy es una acción de realismo, de pragmatismo político.

El imperialismo es nuestro enemigo principal, luego le siguen los oligarcas y burgueses, que se alimentan del hambre de los pobres. Ellos tienen viciado el proceso electoral de principio a fin y no darse cuenta de ello, más que una acción inocente, será juzgada con todo el peso de la historia. Ya veo a los camaradas con la danza de los millones, en campañas publicitarias de sonrisas y promesas vacías, en la gran feria captadora de votos, donde los candidatos serán electos como quien elige modelos o reinas de belleza, imponiéndose el *look* revolucionario, para captar al caudal electoral de la resistencia. Los medios de comunicación de la oligarquía, comprobados enemigos del pueblo, aplaudiendo la decisión de participar en las elecciones, planteando que "esto es un ejemplo de civilidad y madurez democrática". Si esto no es legitimar el golpe de Estado, ¿qué es?

No hay atajos para el proceso revolucionario. Si queremos construir una casa, no podemos comenzar por el techo, pues aunque logremos levantar las tejas, estas caerán sobre nosotros y nos aplastarán con todo el peso de nuestros errores.

No podemos caer en el oportunismo electoral de la coyuntura, donde el ritmo de la guerra lo maneja el enemigo y el pueblo organizado debe moverse a su ritmo y con sus reglas. Si el enemigo acelera para salir de la crisis, nosotros debemos desacelerar y sólo correr cuando estemos seguros de ganar el combate.

Si queremos construir un país diferente del que han construido los gobiernos de derecha, no podemos hacerlo usando sus partidos políticos como modelos para el frente. Debemos ser una organización diferente, pero no en un sentido puramente sufragista, donde la gente busque votar por *el menos mal de los males*, sino realmente revolucionario, donde el pueblo defienda su proceso porque este fue construido desde la base y no desde el techo.

Los revolucionarios debemos avanzar hacia la construcción de una nueva sociedad, de un nuevo país con valores diferentes a los valores burgueses. Hay que derribar la antigua sociedad y no perfeccionarla o reformarla.

Rosa Luxemburgo planteaba, que "las reformas pueden contribuir a apaciguar las grandes contradicciones e irracionalidades dentro del sistema de dominación, más no contribuirán nunca a liquidar la dominación".

Para los pobres hondureños y hondureñas no puede haber capitalismo bueno, capitalismo humano, gobierno bueno, gobierno humano. Porque este sistema nos explota, nos relega, nos discrimina, nos convierte en seres prescindibles, sobrantes y condenados a la desaparición.

Los revolucionarios tenemos que trabajar lo colectivo, formar al pueblo con los valores de la revolución, movilizarlo para producir cambios reales, no campañas mentirosas para unas elecciones que no traerán más que decepción.

Con las elecciones burguesas estaremos imposibilitando recuperar el espíritu de lucha y rebeldía de la resistencia, su capacidad de insurreccion ante lo injusto que nos oprime y nos explota.

La "democracia" es solo una apariencia, presentada como justa o perfeccionable, es sólo el reflejo de una infraestructura injusta e inhumana, basada en la explotación de miles de millones de seres humanos por unos cuantos.

¿CONTRA QUÉ APUNTA LA LEY ÁLVAREZ?

Bajo el más estricto secreto se aprobó esta semana la nueva ley antiterrorista propuesta por el Ministro de seguridad Oscar Álvarez Guerrero. Álvarez entregó el Proyecto de la Ley al Congreso Nacional la noche del pasado 7 de noviembre argumentando que "fondos para grupos subversivos entran como remesas o a través de ONG" y haciendo la amenaza, según indica la nota de la Red Morazánica de Información, de sanciones drásticas para el país por parte de organismos de las Naciones Unidas si no se aprobaba dicha legislación.

Desconocemos el texto de la ley o el número de artículos de código penal que vendría a modificar, se menciona sí que vendrá a *fiscalizar las remesas, donaciones, ayudas solidarias de ONG´s y demás aportes económicos para las organizaciones* que el gobierno de Lobo Sosa o el Departamento de Estado Norteamericano podría incluir en la lista de *asociaciones ilícitas terroristas*.

A partir de esa calificación, el Estado hondureño estará habilitado para perseguir y procesar, con ley en mano, a cualquier organización política o social que se manifieste o que financie manifestaciones en contra de las acciones del gobierno o que pretenda ejercer presión sobre sus organismos. La "Ley Álvarez" es un instrumento estratégico para la criminalización de la protesta social.

Viendo lo que han sido las acciones del gobierno en los últimos meses, debemos recordar los problemas sociales que heredará Porfirio Lobo Sosa después de la tregua no declarada de las fiestas de fin de año: eliminación del Estatuto del Docente, eliminación del Código del Trabajo, eliminación del derecho a huelga y a sindicalizarse, anulación del acuerdo firmado con MUCA en relación a las tierras del bajo Aguán, concesión de los ríos aptos para la explotación hidroeléctrica a compañías nacionales y transnacionales, privatización de empresas del estado como la ENEE, SANAA, HONDUTEL, privatización de la UNAH, privatización del Seguro Social, devaluación del Lempira, crisis alimentaria, aumento en el precio de la gasolina, aumento del desempleo, más impuestos, etc.

La nueva "Ley Álvarez" llega luego de la masacre de cinco campesinos a manos de paramilitares en los campos agrícolas del bajo Aguán, que vienen a sumarse a los casi un centenar de masacrados —por razones aún no esclarecidas—, de los últimos dos meses: quince en el campo de futbol de la Colonia Rivera Hernández, dieciocho en la zapatería de Cabañitas, siete en Catacamas, más los que aparecen diariamente en pequeños números: dos, tres, cuatro, cinco.

Pero seamos realistas: nuestros políticos jamás han sido capaces de crear algo nuevo. Nuestras leyes siempre han sido *copy–paste* de otras leyes que a su vez han sido copias de otras. En materia de leyes en contra del terrorismo, el camino a seguir es claro para saber de dónde proviene su creación. Es obvio que en el caso de Honduras dicha legislación tiene un tinte político que involucra directamente al FNRP. También tiene un interés transnacional. Sabemos que nuestros legisladores son incapaces de inventar un concepto nuevo y menos en materia de terrorismo, ¿quiénes son terroristas?, ¿cuáles son los actos terroristas? y ¿qué es una organización terrorista? Esta crónica, por ejemplo, es una denuncia del terrorismo de Estado en Honduras. Es paradójico que se aplique el término a las víctimas y no a los victimarios; usan el término a conveniencia.

Para saber de dónde viene la nueva ley antiterrorista o "Ley Álvarez", veamos primero qué es El GAFI (Grupo de Acción Financiera Internacional) o la *Financial Action Task Force on Money Laundering* (FATF) o Grupo de acción financiera en contra del lavado de dinero; también conocida por su nombre en francés como *Groupe d'action financière sur le blanchiment de capitaux* (GAFI). Es una institución intergubernamental creada en el año 1989 por el G7 (países más poderosos del mundo).

El propósito de la FATF es desarrollar políticas que ayuden a combatir el lavado de dinero y el financiamiento al terrorismo. Su objetivo es "orientar" a los países del mundo en materia de persecución de financiamiento de organizaciones terroristas. Para los países que no sigan las indicaciones del GAFI y legislen en materia de financiamiento del terrorismo, según las normas internacionales, se prevé dos sanciones:

1. Declarar públicamente que los países deben tener cuidado con realizar operaciones financieras que provengan o sean destinadas a esos países.

2. La expulsión del país del seno de dicho grupo o la implementación de sanciones económicas.

Los acuerdos del GAFI, como todos los relacionados con materia de seguridad en Naciones Unidas, son vinculantes para todos los países de la ONU y Honduras no es la excepción. El GAFI ha presionado a los países de la región para aprobar leyes similares, basta seguir una pequeña búsqueda en la red para conocer la desconfianza que han creado leyes similares en el continente, como la ley antiterrorista aplicada contra el pueblo Mapuche en Chile. Buscan, no el control del movimiento de activos para fines "terroristas", sino controlar las organizaciones populares y políticas que, en abierta oposición a los intereses de las transnacionales, reaccionen en contra de la nueva fase del neo liberalismo.

Estados Unidos fue quien acuñó el término Terrorismo en las Naciones Unidas y es quien, con la doctrina Bush de *ataque preventivo*, ha llevado la pauta en la materia. La ley antiterrorista de 1996 sancionada por la Casa Blanca definió como un atentado en contra de la seguridad nacional —refiriéndose a los Estados Unidos— "aquellas acciones que se ejercen en contra de la seguridad interna e intereses económicos".

Para América Latina, el brazo colonial de los Estados Unidos es el Fondo Monetario Internacional. Desde allí vienen los cambios de legislación que disciplinadamente implementa el Congreso Nacional en contra de los intereses del pueblo hondureño.

El FMI tiene además un agregado que ofrece a sus países miembros. Entre los servicios que brinda el Departamento Jurídico del Fondo Monetario Internacional está el de "orientar" a los países miembros para *elaborar leyes que repriman el financiamiento del terrorismo*.

Para ello, el FMI ha elaborado un manual que "instruye" los países sobre cómo redactar leyes antiterroristas. La Ley Álvarez, apunta en contra del delito de *financiamiento del terrorismo*. Este delito, es un delito de intención, pues la persecución penal se inicia no solo si el hecho se comete, sino en la "intención" y la "finalidad", aunque el acto que se pretendía financiar no se consume".

Se penaliza la asociación y no el supuesto acto delictivo. *La figura de "asociación ilícita"* es la lógica a usar en este caso. La misma definición que utilizó la administración Maduro para perseguir a los miembros de maras y pandillas, esta vez, para proteger los intereses de las compañías transnacionales y del gobierno de los Estados Unidos.

Diálogo Guaymuras
Acuerdo Tegucigalpa/San José
para la reconciliación nacional
y el fortalecimiento de la democracia en Honduras

PREAMBULO

Nosotros, ciudadanos hondureños, hombres y mujeres, convencidos de la necesidad de fortalecer del Estado de derecho, al amparo de nuestra Constitución y las leyes de nuestra República, profundizar la democracia y asegurar un clima de paz y tranquilidad para nuestro pueblo, hemos llevado un intenso y franco proceso de diálogo político para buscar una salida pacífica y negociada a la crisis en que nuestro país ha estado sumido en los últimos meses.

Como fruto de ese diálogo, en el que ha predominado la cordura, la tolerancia y el espíritu patriótico de todos sus participantes, hemos redactado un Acuerdo político que habrá de permitir restablecer la convivencia ciudadana y asegurar un clima apropiado para la gobernabilidad democrática en nuestra patria. Este Acuerdo, estamos seguros, marcará el camino hacia la paz, la reconciliación y la democracia, demandas urgentes de la sociedad hondureña.

La concertación de este Acuerdo demuestra, una vez más, que los hondureños y hondureñas somos capaces de practicar exitosamente el diálogo y, gracias a él y a través del mismo, alcanzar las altas metas que la sociedad demanda y la patria nos exige.

En virtud de todo lo anterior, hemos convenido en los siguientes acuerdos.

1. SOBRE EL GOBIERNO DE UNIDAD Y RECONCILIACIÓN NACIONAL

Para lograr la reconciliación y fortalecer la democracia, conformaremos un Gobierno de Unidad y Reconciliación Nacional integrado por representantes de los diversos partidos políticos y organizaciones sociales, reconocidos por su capacidad, honorabilidad, idoneidad y voluntad para dialogar, quienes ocuparán las distintas Secretarías y Subsecretarías así como otras dependencias del Estado, de conformidad con el **artículo 246 y siguientes** de la Constitución de la República de Honduras.

En vista de que con antelación al 28 de junio, el Poder Ejecutivo no había remitido a consideración del Congreso Nacional el Proyecto de Presupuesto General de Ingresos y Egresos, de conformidad con lo establecido en el **artículo 205, inciso 32,** de la Constitución de la República de Honduras, este Gobierno de Unidad y Reconciliación Nacional respetará y funcionará sobre la base del Presupuesto General recientemente aprobado por el Congreso Nacional para el ejercicio fiscal 2009.

2. SOBRE LA RENUNCIA A CONVOCAR A UNA ASAMBLEA NACIONAL CONSTITUYENTE O REFORMAR LA CONSTITUCIÓN EN LO IRREFORMABLE

Para lograr la reconciliación y fortalecer la democracia, reiteramos nuestro respeto a la Constitución y las leyes de nuestro país, absteniéndonos de hacer llamamientos a la convocatoria a una Asamblea Nacional Constituyente, de modo directo o indirecto, y renunciando también a promover o apoyar cualquier consulta popular con el fin de reformar la Constitución para permitir la reelección presidencial, modificar la forma de Gobierno o contravenir cualquiera de los artículos irreformables de nuestra Carta Fundamental.

En particular, no realizaremos declaraciones públicas ni ejerceremos algún tipo de influencia inconsistente con los **artículos 5, 239, 373** y **374** de la Constitución de la República de Honduras, y rechazaremos enérgicamente toda manifestación contraria al espíritu de dichos artículos y de la Ley Especial que Regula el Referéndum y el Plebiscito.

3. SOBRE LAS ELECCIONES GENERALES Y EL TRASPASO DE GOBIERNO

Para lograr la reconciliación y fortalecer la democracia, reiteramos que, de conformidad con los **artículos 44** y **51** de la Constitución de la República de Honduras, el voto es universal, obligatorio, igualitario, directo, libre y secreto, y corresponde al Tribunal Supremo Electoral, con plena autonomía e independencia, supervisar y ejecutar todo lo relacionado con los actos y procesos electorales.

Asimismo, realizamos un llamado al pueblo hondureño para que participe pacíficamente en las próximas elecciones generales y evite todo tipo de manifestaciones que se opongan a las elecciones o a su resultado, o promuevan la insurrección, la conducta antijurídica, la desobediencia civil u otros actos que pudieren producir confrontaciones violentas o transgresiones a la ley.

Con el fin de demostrar la transparencia y legitimidad del proceso electoral, instamos al Tribunal Supremo Electoral a que autorice y acredite la presencia de misiones internacionales desde ahora y hasta la declaratoria del resultado de las elecciones generales, así como durante el traspaso de poderes que tendrá lugar, conforme con el **artículo 237** de la Constitución de la República de Honduras, el 27 de enero de 2010.

4. SOBRE LAS FUERZAS ARMADAS Y LA POLICIA NACIONAL

Para lograr la reconciliación y fortalecer la democracia, ratificamos nuestra voluntad de acatar en todos sus extremos el **artículo 272** de la Constitución de la República de Honduras, conforme con el cual las Fuerzas Armadas quedan a disposición del Tribunal Supremo Electoral desde un mes antes de las elecciones generales, a efectos de garantizar el libre ejercicio del sufragio, la custodia, transporte y vigilancia de los materiales electorales y demás aspectos de la seguridad del proceso. Reafirmamos el carácter profesional, apolítico, obediente y no deliberante de las Fuerzas Armadas hondureñas. De igual forma, coincidimos en que la Policía Nacional deberá sujetarse estrictamente a lo que prescribe su legislación especial.

5. DEL PODER EJECUTIVO

Para lograr la reconciliación y fortalecer la democracia, en el espíritu de los temas de la propuesta del Acuerdo de San José, ambas comisiones negociadoras hemos decidido, respetuosamente, que el Congreso Nacional, como una expresión institucional de la soberanía popular, en uso de sus facultades, en consulta con las instancias que considere pertinentes como la Corte Suprema de Justicia y conforme a ley, resuelva en lo procedente en respecto a "retrotraer la titularidad del Poder Ejecutivo a su estado previo al 28 de junio hasta la conclusión del actual periodo gubernamental, el 27 de enero de 2010".

La decisión que adopte el Congreso Nacional deberá sentar las bases para alcanzar la paz social, la tranquilidad política y gobernabilidad democrática que la sociedad demanda y el país necesita".

6. SOBRE LA COMISIÓN DE VERIFICACIÓN Y LA COMISIÓN DE LA VERDAD

Para lograr la reconciliación y fortalecer la democracia, disponemos la creación de una Comisión de Verificación de los compromisos asumidos en este Acuerdo, y los que de él se deriven, coordinada por la Organización de Estados Americanos (OEA). Dicha Comisión estará integrada por dos miembros de la comunidad internacional y dos miembros de la comunidad nacional, estos últimos serán escogidos uno por cada una de las partes.

La Comisión de Verificación será la encargada de dar fe del estricto cumplimiento de todos los puntos de este Acuerdo, y recibirá para ello la plena cooperación de las instituciones públicas hondureñas.

El incumplimiento de cualquiera de los compromisos contenidos en este Acuerdo, comprobado y declarado por la Comisión de Verificación, producirá la activación de medidas que establecerá la Comisión para el transgresor o los transgresores.

Con el fin de esclarecer los hechos ocurridos antes y después del 28 de junio de 2009, se creará también una Comisión de la Verdad que identifique los actos que condujeron a la situación actual, y proporcione al pueblo de Honduras elementos para evitar que estos hechos se repitan en el futuro.

Esta Comisión de Diálogo recomienda que el próximo Gobierno, en el marco de un consenso nacional, constituya dicha Comisión de la Verdad en el primer semestre del año 2010.

7. SOBRE LA NORMALIZACIÓN DE LAS RELACIONES DE LA REPÚBLICA DE HONDURAS CON LA COMUNIDAD INTERNACIONAL

Al comprometernos a cumplir fielmente los compromisos asumidos en el presente Acuerdo, solicitamos respetuosamente la inmediata revocatoria de aquellas medidas o sanciones adoptadas a nivel bilateral o multilateral, que de alguna manera afectan la reinserción y participación plena de la República de Honduras en la comunidad internacional, y su acceso a todas las formas de cooperación.

Hacemos un llamado a la comunidad internacional para que reactive lo antes posible los proyectos vigentes de cooperación con la República de Honduras, y continúe con la negociación de los futuros. En particular, instamos a que, a solicitud de las autoridades competentes, se haga efectiva la cooperación internacional que resulte necesaria y oportuna para que la Comisión de Verificación y la futura Comisión de la Verdad aseguren el fiel cumplimiento y seguimiento de los compromisos adquiridos en este Acuerdo.

8. DISPOSICIONES FINALES

Toda diferencia de interpretación o aplicación del presente Acuerdo será sometida a la Comisión de Verificación, la que determinará, en apego a lo dispuesto en la Constitución de la República de Honduras y en la legislación vigente, y mediante una interpretación auténtica del presente Acuerdo, la solución que corresponda.

Tomando en cuenta que el presente Acuerdo es producto del entendimiento y la fraternidad entre hondureños y hondureñas, solicitamos vehementemente a la comunidad internacional que respete la soberanía de la República de Honduras, y observe plenamente el principio consagrado en la Carta de las Naciones Unidas de no injerencia en los asuntos internos de otros Estados.

9. CALENDARIO DE CUMPLIMIENTO DE LOS ACUERDOS

Dada la entrada en vigencia inmediata de este Acuerdo a partir de su fecha de suscripción, y con el fin de clarificar los tiempos de cumplimiento y de seguimiento de los compromisos adquiridos para alcanzar la reconciliación nacional, convenimos el siguiente calendario de cumplimiento:

30 de octubre de 2009
1. Suscripción y entrada en vigencia del Acuerdo.
2. Entrega formal del Acuerdo al Congreso para los efectos del Punto 5, "Del Poder Ejecutivo".

2 de noviembre de 2009
1. Conformación de la Comisión de Verificación.

A partir de la suscripción del presente Acuerdo y a más tardar el 5 de noviembre
1. Conformación e instalación del Gobierno de Unidad y Reconciliación Nacional.

27 de enero de 2010
1. Celebración del traspaso de gobierno.

Primer semestre de 2010
1. Conformación de la Comisión de la Verdad.

10. DECLARACIÓN FINAL

En nombre de la reconciliación y el espíritu patriótico que nos ha convocado ante la mesa de diálogo, nos comprometemos a cumplir de buena fe el presente Acuerdo, y lo que de él se derive.

El mundo es testigo de esta demostración de unidad y paz, a la que nos compromete nuestra conciencia cívica y devoción patriótica. Juntos, sabremos demostrar nuestro valor y decisión para fortalecer el Estado de derecho y construir una sociedad tolerante, pluralista y democrática.

Firmamos el presente Acuerdo en la ciudad de Tegucigalpa, Honduras, el día 30 de octubre del año 2009.

11. AGRADECIMIENTOS

Aprovechamos la ocasión para agradecer el acompañamiento y los buenos oficios de la Comunidad Internacional, en especial a la Organización de los Estados Americanos y su Secretario General, José Miguel Insulza; las Misiones de Cancilleres del Hemisferio; el Presidente de Costa Rica, Oscar Arias Sánchez; el

5

Gobierno de los Estados Unidos, su Presidente Barack Obama, y su Secretaria de Estado, Hillary Clinton.

12. SOBRE LA ENTRADA EN VIGENCIA DEL ACUERDO TEGUCIGALPA/SAN JOSÉ

Para efectos internos, el Acuerdo tiene plena vigencia a partir de su firma.

Para efectos protocolarios y ceremoniales, se llevará a cabo un acto público de suscripción el día 2 de noviembre.

Tegucigalpa, Municipio del Distrito Central, 30 de octubre de 2009

Armando Aguilar Cruz

Víctor Orlando Meza López

Vilma Cecilia Morales Montalván

Mayra Janeth Mejía del Cid

Arturo Gerardo Corrales Alvarez

Rodil Rivera Rodil

Sucesión Presidencial en Honduras, con apoyo total de Sociedad Civil organizada.

Enviado por Marino Ortariz el Mar, 21/07/2009 - 8:00pm.
Fuente:http://www.hondudiariohn.com

La sociedad civil organizada no acepta el retorno del ex presidente Manuel Zelaya
Marchas en apoyo al gobierno de transición se han realizado en todas las ciudades
del país
*** *Más de 85 organizaciones de la sociedad hondureña, reiteran su total respaldo*
al gobierno de transición que preside Roberto Micheletti, y aclaran a la opinión pública
nacional e internación su posición en apoyo a la paz y la democracia de Honduras.
Tegucigalpa, Honduras.

PRONUNCIAMIENTO

Las organizaciones de la sociedad civil hondureñas, ante la desinformación generalizada fuera de nuestro país sobre la situación política por la que atraviesa Honduras, deseamos manifestar lo siguiente:

• El pueblo hondureño ama la paz y la democracia. Apoyamos el proceso de diálogo con la mediación del presidente Oscar Arias, bajo el entendido que cualquier acuerdo que se alcance sea hecho en cumplimiento estricto de nuestra Constitución y las leyes. Por esta razón, nos manifestamos en contra de cualquier opción dirigida a restituir a Manuel Zelaya como presidente de Honduras.

• Honduras es una República Democrática, con un estado conformado por tres Poderes independientes y complementarios entre sí. La República no sólo la constituye la Presidencia del Poder Ejecutivo, y no solo éste es electo por voluntad popular. El Congreso Nacional está conformado por 128 diputados elegidos directamente por el pueblo como sus representantes legítimos. La Corte Suprema de Justica es electa mediante un proceso en el cual la sociedad civil participa directamente para asegurar su capacidad e independencia.

• Estos dos Poderes del Estado, junto con el Ministerio Público, la Procuraduría General de la República, el Comisionado Nacional de los Derechos Humanos, los Partidos Políticos, las Iglesias y otras organizaciones de sociedad civil advirtieron al ex presidente Zelaya sobre la ilegalidad de sus acciones para promover una convocatoria para establecer una Asamblea Constituyente. La insistencia del ex presidente en desestimar el marco legal e institucional del país es el origen de esta crisis.

• *Apoyamos las acciones de las instituciones democráticas, quienes no han hecho más que defender el Estado de Derecho, la Constitución y sus leyes. Estas instituciones, aunque lejos de perfectas, han demostrado su crecimiento, actuando de manera independiente como efectivos balances y contrapesos ante las pretensiones anticonstitucionales del ex presidente Zelaya y ante el clamor de la mayoría del pueblo hondureño para que lo detuviesen.*

• *Apoyamos al actual gobierno de Honduras, surgido de una Sucesión Democrática ocurrida bajo condiciones de crisis, pero que se enmarca dentro de lo que manda nuestra Constitución. También apoyamos las medidas económicas que está tomando, redirigiendo la atención a las verdaderas necesidades de la nación, relegadas durante mucho tiempo por el proyecto político ilegal del Sr. Zelaya.*

• *Manifestamos que en nuestro país no ha ocurrido un golpe militar, que persiste el Estado de Derecho y que no se ha roto el orden constitucional en momento alguno. El gobierno se encuentra en manos de autoridades civiles legal y democráticamente electas.*

• *Apoyamos a nuestra Fuerzas Armadas, las cuales han cumplido su función de defender el imperio de la constitución.*

• *Manifestamos que uno de los principios fundamentales en que se sustenta nuestra sociedad es el respeto a los Derechos Humanos, y reconocemos el esfuerzo que el gobierno y las fuerzas de seguridad pública han empeñado para asegurar su vigencia para todos los hondureños, aún en estos momentos de crisis, como ha acreditado el Comisionado Nacional de los Derechos Humanos.*

• *Urgimos a la Comunidad Internacional a no dejarse engañar por aquellos que pretenden hacer creer que en Honduras existe represión y violencia. Actualmente, la mayoría de la población está dedicada al trabajo y la búsqueda de la normalidad. Lamentamos que grupos que apoyan al ex presidente Zelaya hayan realizado manifestaciones violentas al inicio de la crisis, las que afortunadamente han cesado. Apoyamos las medidas temporales que el Gobierno de la República ha tomado para salvaguardar la paz y la seguridad de personas y bienes, incluyendo la instauración del toque de queda por las noches.*

• *La propuesta de restaurar en la presidencia a Manuel Zelaya no es consecuente con la realidad social y política de nuestro país. Su actitud confrontativa e irrespetuosa hacia las instituciones del Estado legalmente constituidas, y su manifiesta intención de seguir irrespetando la constitución y las leyes para establecer un régimen contrario a la vocación democrática del pueblo hondureño, no generan condiciones para una gobernabilidad efectiva.*

Adicionalmente, el ex–presidente Zelaya tiene cargos pendientes ante la justicia hondureña por los abusos y violaciones a la ley cometidos durante su gestión.

• *Manuel Zelaya debe regresar a Honduras, pero para enfrentar un debido proceso por los cargos que el Ministerio Público ha levantado contra él por delitos de corrupción y malversación de fondos que causaron mucho daño al país.*

Por todo lo anterior solicitamos:

• Respeto a nuestra autodeterminación. La reciente encuesta publicada por CID Gallup demuestra que la mayoría de los hondureños no está de acuerdo en que Manuel Zelaya vuelva a ocupar la Presidencia de Honduras.

• Respeto a nuestra soberanía. Nos unimos al Gobierno de Honduras en su presentada pero desoída protesta ante las Naciones Unidas por las amenazas de intervención militar de parte de Hugo Chávez y rechazamos las voces que buscan provocar un derramamiento de sangre en nuestro país.

• Respeto de los organismos internacionales, por lo que hacemos un llamado a la OEA y a los gobiernos del mundo para que antepongan la paz y el bienestar del pueblo de Honduras por encima de los intereses de un individuo que atentó contra los principios democráticos, que engañó al pueblo que lo eligió, y que faltó a su juramento de defender la constitución y las leyes.

• Al Señor Manuel Zelaya, le instamos a deponer públicamente sus intenciones de ser restituido como Presidente, anteponiendo el bien de la Nación ante intereses personales y foráneos que ya suficiente daño nos han causado.

Estamos a 6 meses de que un nuevo Gobierno, electo por la voluntad popular, tome el poder en Honduras. Pedimos que nos permitan aprovechar este tiempo en recuperarnos lo más pronto posible de los efectos negativos que la gestión de Manuel Zelaya causó a nuestro país.

Invitamos a los interesados en conocer la verdad sobre lo ocurrido y sobre la situación actual en nuestro país en los sitios web: http://www.laverdadenhonduras.com y http://www.ucdhonduras.com. Asimismo, invitamos a todos los amigos de Honduras y solidarios con nuestra causa, a manifestar su apoyo en esos mismos sitios web.

Tegucigalpa, 21 de julio del 2009

Organizaciones Firmantes:

1.- Consejo Hondureño de la Empresa Privada - COHEP

2.- Colegio de Abogados de Honduras

3.- Asociación de Exportadores de Café de Honduras

4.- Asociación Hondureña de Agencias de Carga
    y Logística Internacional

5.- Asociación Hotelera y Afines de Honduras

6.- Asociación Hondureña de Compañías y Representantes Navieros

7.- Asociación Hondureña de Distribuidores de Productos del Petróleo

8.- Asociación Hondureña de Distribuidores de Vehículos
    Automotores y Afines

9.- Asociación Hondureña de Instituciones Bancarias

10.-Asociación Hondureña de Maquiladores

11.-Asociación Hondureña de Productores de Alimentos Balanceados para Animales

12.-Asociación Hondureña de Productores de Café

13.-Asociación Hondureña de Procesadores de Embutidos

14.-Asociación de Líderes Empresariales Femeninos de Honduras

15.-Asociación de Madereros de Honduras

16.-Asociación de Medios de Comunicación de Honduras

17.-Cámara de Comercio Hondureño-Americana

18.-Asociación Nacional de Artesanos de Honduras

19.-Asociación Nacional de Molineros de Arroz de Honduras

20.-Asociación Nacional de Minería Metálica de Honduras

21.-Asociación Nacional de Porcicultores de Honduras

22.-Asociación de Fabricantes de Productos Farmacéuticos de Honduras

23.-Asociación Nacional de Radiodifusores de Honduras

24.-Asociación Nacional de Avicultores de Honduras

25.-Asociación Nacional de Acuicultores de Honduras

26.-Asociación Nacional de Industriales de Honduras

27.-Asociación Nacional de Empacadores de Carne

28.-Asociación Nacional de Empresas Transformadoras de la Madera

29.-Asociación Nacional de Medianas y Pequeñas Industrias de Honduras

30.-Asociación Nacional de Universidades Privadas de Honduras

31.-Asociación de Productores de Azúcar de Honduras

32.-Agencias Publicitarias Hondureñas Asociadas

33.-Asociación de Propietarios de Farmacia

34.-Asociación de Empresas de Seguridad e Investigación Privada de Honduras

35.-Asociación de Empresas Privadas de Telecomunicaciones

36.-Asociación de Zonas Francas de Honduras

37.-Cámara de Instituciones de Financiamiento Habitacional

38.-Centro Asesor para el Desarrollo de los Recursos Humanos de Honduras

39.-Cámara Hondureña de Puestos de Bolsas

40.-Cámara Hondureña de Aseguradores

41.-*Cámara Hondureña de Productos Equivalentes*

42.-*Cámara Nacional de Turismo de Honduras*

43.-*Cámara de Comercio e Industrias de Atlántida*

44.-*Cámara de Comercio e Industrias de Cortés*

45.-*Cámara de Comercio e Industrias de Progreso*

46.-*Cámara de Comercio e Industrias de Tegucigalpa*

47.-*Cámara Hondureña de Empresas de Consultoría*

48.-*Cámara Hondureña de la Industria de la Construcción*

49.-*Consejo Hondureño de la Industria Petrolera*

50.-*Asociación Nacional de Courier de Honduras*

51.-*CROPLIFE Honduras*

52.-*Asociación Nacional de Droguerías*

53.-*Federación Camaras de Comercio e Industria de Honduras*

54.-*Federación Nacional de Agentes Aduaneros de Honduras*

55.-*Federación Nacional de Agricultura y Ganaderos de Honduras*

56.-*Federación Nacional de Instituciones Educativas Privadas de Honduras*

57.-*Fundación para la Inversión y Desarrollo de Exportaciones*

58.-*Productores Avícolas de Honduras*

59.-*Red de Instituciones Microfinanzas de Honduras*

60.-*Asociación de Tostadores de Café de Honduras*

61.-*Alianza por el Cambio*

62.-*Alianza por Honduras Paz y Democracia*

63.-*Alcaldía Municipal del Distrito Central*

64.-*Asociación Libertad y Democracia*

65.-*Barra Abogados Hondureños Anticorrupcion*

66.-*Jóvenes de la Cámara de Comercio e Industrias de Tegucigalpa*

67.-*Centro de Investigaciones Económicas Nacionales CIEN*

68.-*Consejo Nacional Anticorrupción*

69.-*Fundación Democracia Sin Fronteras*

70.-*Foro Permanente de la Sociedad Civil*

71.-*Fundación Luz*

72.-*Fundación de Desarrollo Municipal FUNDEMUN*

73.-*Fundación Hondureña del Niño con Cáncer FUNHNICER*

74.-*Generación x Cambio*

75.-*Jovenes Industriales ANDI*

76.-*Partido Innovación y Unidad PINU*

77.-*Asociación Pro Justicia de Honduras*

78.-*Unión de Profesionales del Derecho UCPDD*

79.-*Universidad José Cecilio del Valle*

80.-*Unión Cívica en Defensa de la Democracia*

81.-*Union Cívica Democrática*

82.-*Reservistas de las Fuerzas Armadas*

83.-*Asociación de Oficiales Militares Retirados de las Fuerzas Armadas*

84.-*Asociación de padres de familia de escuelas públicas*

85.-*Asociación Cívica Nacional*

El Decreto

El Presidente de la República fue sustituido el 28 de junio por el Presidente delCongreso Nacional en una sesión de este Poder del Estado y por decisión de un númerotodavía no determinado de diputados.la decisión del Congreso Nacional se contiene en el Decreto Legislativo No. 141-2009,el que en su parte resolutiva dice lo siguiente:

ARTICULO 1. El Congreso Nacional en aplicación de los artículos 1, 2, 3, 4, 5, 40, numeral 4), 205, numeral 20, y 218, numeral 3, 242, 321, 322 y 323 de laConstitución de la República acuerda:

1) Improbar la conducta del Presidente de la República, ciudadano JOSE MANUEL ZELAYA ROSALES, por las reiteradas violaciones a la Constitución de la República y las leyes y la inobservancia de las resoluciones y sentencias delos órganos jurisdiccionales; y,

2) Separar al ciudadano JOSE MANUEL ZELAYA ROSALES, del cargo de Presidente Constitucional de la República de Honduras.

ARTICULO 2. Promover constitucionalmente al ciudadano ROBERTO MICHELETI BAIN, actual Presidente del Congreso Nacional, al cargo de Presidente Constitucional de la República, por el tiempo que falte para terminara el período constitucional y que culmina el 27 de enero del año 2010.

ARTICULO 3. El presente decreto entrará en vigencia a partir de su aprobación de los dos tercios de votos de los miembros que conforman el Congreso Nacional y en consecuencia es de ejecución inmediata.

PRESIDENCIA DE LA REPÚBLICA

Tegucigalpa, MDC., 25 de junio de 2009.

Señor Presidente:

Dada la situación política polarizada que se ha presentado, la cual ha dado lugar al desencadenamiento de un conflicto nacional que ha erosionado mi base política, y debido a problemas insuperables de salud que me han impedido concentrarme en los asuntos fundamentales de Estado, cumplo con el deber de interponer mi renuncia irrevocable a la Presidencia de la República, junto con la de mi gabinete de Gobierno, efectivas a partir de esta fecha.

Con mi renuncia espero contribuir a sanar las heridas del ambiente político nacional.

Atentamente,

JOSÉ MANUEL ZELAYA ROSALES
Presidente de la República de Honduras

Señor Presidente del Congreso Nacional
Honorable Diputado Don Roberto Micheletti Bain
Palacio Legislativo
Tegucigalpa, MDC

ÍNDICE

PRIMERA PARTE EL GOLPE Y LA CALLE
28 DE JUNIO 2009 al 29 DE AGOSTO 2009

SEGUNDA PARTE. REPRESIÓN Y CASTIGO:
LAS ELECCIONES MÁS LIMPIAS DE LA HISTORIA.
3 DE SEPTIEMBRE 2009 al 29 DE NOVIEMBRE 2009

Impreso en los Estados Unidos por Casasola Editores ©
MMXIII

Editorial LACASA: Libros con perspectivas centroamericanistas

I. Libros centroamericanistas

_____ Estudios culturales centroamericanos en el nuevo milenio. Con Arturo Arias, John Beverley, Ileana Rodríguez, Marc Zimmerman y otros centroamericanistas. Co-pub. With U. of Costa Rica. ISBN 0-9767019-0. $18.00 + $3.00 envío.

_____ Marc Zimmerman. Literatura y testimonio en Centro-América: Posiciones post-insurgentes. Ciudad de Guatemala. Casa Editorial de la Universidad Rafael Landívar. ISBN 0-9767019-6-0. 2006. $10.00 + $3.00 envío.

II. Libros con ensayos centroamericanistas

_____ South to North: Framing Latin and Central American, Carib bean and Latino Literatures. ISBN 0-9767019-3-6. $10.00 + $3.00 envío.

_____ Politics & Modernity/ Europe and Latin America. Con ensayos sobre Darío, Cardoza y Aragón, Cardenal, Dalton, and Claribel Alegría. ISBN: 0-9767019-8-7. $10.00 + $3.00 envío.

_____ Giros culturales en la marea rosa de América Latina. ISBN 978-1- 4675-2777-452499. $24.99 + $3.00 envío.

____Las ciudades latinoamericanas en el nuevo desorden mundial. Ensayos por Néstor García Canclini, Jesús Martín Barbero, Claudia Ferman, Magda Zavala, etc. Siglo XXI, México. ISBN 968-23-2453-X. $18.00, + $3.00 envío.

_____ Orbis/Urbis Latino: Los "Hispanos" en las ciudades de los Estados Unidos. Con ensayos por John Beverley y Beatriz Cortez, etc. ISBN 978-1-60643-705-6. $10.00 + $3.00 envío.

_____ Ir y venir: Procesos transnacionales entre América Latina y el norte. Con ensayos por Sarah Mahler, Arturo Arias, etc. ISBN 0-9767019-5-2. $10.00 + $3.00 envío.

Contactos para ordenar los libros,
mzimmerman@uh.edu,
281-5139475,
o http://www.class.uh.edu/mcl/lacasa/pubs.asp

LIBROS DE CASASOLA EDITORES

* INVISIBLES, UNA NOVELA DE MIGRACIÓN Y BRUJERÍA,
  DE OSCAR ESTRADA.
  ISBN-13: 978-0985082512

* PARTIENDO A LA LOCURA,
  DE MARTÍN CÁLIX.
  COLABORACIÓN CON Ñ EDITORES, HONDURAS.
  ISBN-13: 978-9992656839

* EL TREN DEL AMOR,
  DE GEOVANNY R. ESPINOZA
  ISBN-13: 978-0985082543

* A VISTA DE PÁJARO, DE FRANCISCO LAINFIESTA
  COLECCIÓN CLASICOS CENTROAMERICANOS
  ISBN-13: 978-0985082567

* ALREDEDOR DE LA MEDIA NOCHE,
  DE ROBERTO CARLOS PÉREZ
  SEGUNDA EDICIÓN. ISBN-13: 978-0985082550

* FRAMING TIME,
  DE MARIO RAMOS
  COLECCIÓN DE FOTOGRAFÍAS. 978-0-9850825-0-5

* DIBUJO SOBRE EL SILENCIO
  DE CHRISTIAN DUARTE
  ISBN : 978-0-9887812-0-7

* ANUNCIO DE NECESIDADES Y RAZONES
  DE ISAAC SUAZO ERAZO
  ISBN: 978-0-9850825-7-4

www.ingramcontent.com/pod-product-compliance
Lightning Source LLC
Chambersburg PA
CBHW070346090426
42733CB00009B/1306